OEUVRES
DE
COLLIN D'HARLEVILLE

NOUVELLE ÉDITION

ORNÉE DE SON PORTRAIT

ET ENRICHIE D'UNE NOTICE SUR SA VIE.

TOME QUATRIÈME.

A PARIS

CHEZ JANET ET COTELLE, LIBRAIRES,

RUE NEUVE-DES-PETITS-CHAMPS, N° 17.

M. DCCCXXI.

OEUVRES

DE

COLLIN D'HARLEVILLE.

DE L'IMPRIMERIE DE P. DIDOT L'AINÉ,
CHEVALIER DE L'ORDRE ROYAL DE SAINT-MICHEL,
IMPRIMEUR DU ROI.

POÉSIES FUGITIVES.

APOLLON ET LES MUSES,

PIÈCE-ALLÉGORIQUE,

EN UN ACTE ET EN VERS LIBRES,

Reçue au théâtre François *.

---

* Je mets cette pièce au nombre des *Poésies fugitives*, parceque d'abord c'est bien peu de chose : et puis, elle n'a que trop mérité le titre de *fugitive*.

Elle a cependant été tout près d'être jouée, après la paix de Lunéville. Des circonstances moins favorables m'engagèrent à en suspendre la représentation, et à attendre la paix générale. Puissent *Apollon* et les *Muses* paroitre bientôt sur la scène ! je le desire moins comme auteur que comme bon François.

PERSONNAGES.

APOLLON.
MELPOMÈNE.
THALIE.
POLYMNIE.
ÉRATO.
EUTERPE.
MOMUS.

La scène est sur le théâtre François.

APOLLON ET LES MUSES,

PIÈCE ALLÉGORIQUE

EN UN ACTE ET EN VERS LIBRES.

SCÈNE I.

MELPOMÈNE, THALIE, *avec leurs attributs.*

(N. B. *Elles entrent chacune d'un côté du théâtre.*)

MELPOMÈNE.

Me trompez-vous, mes yeux? ne vois-je pas Thalie?
 Grands dieux!
   THALIE.
    Sans invoquer les dieux,
Je suis surprise aussi de vous voir en ces lieux :
 Par quel hasard, je vous supplie?
   MELPOMÈNE.
Seroit-ce donc toujours le sort qui nous rassemble?
Et ne nous voit-on point ici marcher ensemble?
   THALIE.
D'accord : mais j'aime mieux, si vous le permettez,
M'y montrer seule, eh! oui, le lendemain, la veille...
 Voyez-vous? Quand vous affectez
De m'appeler auprès de votre grand Corneille,
Je marche à votre suite, et non à vos côtés.
   MELPOMÈNE.
Eh! mais...

THALIE, *gravement.*
Puis-je savoir, auguste Melpomène,
Quel motif ici vous amène?
MELPOMÈNE.
Moi, ma sœur?...
(*à part.*)
Ah! tenons-le enfermé dans mon sein.
(*haut.*)
Vous-même, quel dessein en ces lieux?...
THALIE.
Quel dessein,
Dites-vous?
MELPOMÈNE.
Oui.
THALIE.
Je viens...
(*à part.*)
Il faut user d'adresse.
MELPOMÈNE.
Parlez.
THALIE.
Eh mais...je viens... par curiosité,
Comme autrefois nous descendions en Grèce,
Visiter ce pays charmant et si vanté!...
MELPOMÈNE.
J'ai voulu voir la France, et cette noble scène
Où tout un peuple honore et chérit Melpomène,
Et se plaît à nourrir de sublimes douleurs,
Où j'ai, quoique de loin, fait couler tant de pleurs!
THALIE.
J'ai voulu voir Paris, et ce joyeux théâtre
Où le Français, de mes jeux idolâtre,

Aime à venir oublier ses malheurs,
Où Thalie, en un mot, avec son air folâtre,
Tout *en riant* sait *châtier les mœurs* (1).

MELPOMÈNE, *parcourant le théâtre.*

Le voilà donc ce temple où je suis adorée!
De Corneille par moi la grande ame inspirée,
Ici, de son génie a rempli l'univers :
C'est ici que Racine a soupiré ses vers,
Que Crébillon parut, terrible; et que Voltaire
Remplaça presque seul Apollon sur la terre.

THALIE.

Ces noms sont beaux : pour moi, je pourrois vous citer
De comiques auteurs une famille entière :
Je me contenterai de vous nommer Molière,
Lui seul, et que long-temps il faudra regretter.

(*Du ton de sa sœur.*)

C'est lui qui de ses mains nous éleva ce temple.

MELPOMÈNE.

Avec ravissement, ma sœur, je le contemple.
J'en agrandis l'enceinte : ô sublime Baron !
O Brizard! ô Lekain! Duménil et Clairon,
Qu'êtes-vous devenus?

THALIE.

Aimable Dangeville!
Doligni, Bellecourt! et toi, charmant Préville!...

MELPOMÈNE.

Et toi que, jeune encor, je me vis enlevé!...

THALIE.

Jusqu'au dernier soupir, toi que j'ai conservé!

MELPOMÈNE.

O Molé!

1 *Castigat ridendo mores.*

THALIE.

Cher Molé! — Du moins, auguste amie,
Nous voici donc d'accord une fois en la vie.
Mais au fait: vous voulez dissimuler en vain:
Moi, je lis dans les yeux, et dans le cœur humain.
Dites-moi vos secrets: au fond, je suis prudente;
   Puis, à mon tour, je vous dirai les miens.

MELPOMÈNE, *avec mystère, et d'un air solennel.*

Puisque vous l'exigez, apprenez que je viens...

THALIE.

Vous me prenez, je vois, pour une confidente:
Est-ce un songe qu'ici vous m'allez soupirer?

MELPOMÈNE, *avec impatience.*

Prêtez-donc à ma voix une oreille attentive.
J'ai quitté le Permesse et sa féconde rive,
Pour voir mes fils nouveaux, et pour leur inspirer
Des chants, de nobles chants, dignes de célébrer
La paix...

THALIE, *vivement.*

   Nous y voilà. Même dessein m'appelle.

MELPOMÈNE.

Eh! quoi?

THALIE.

   J'ai, comme vous, appris cette nouvelle,
Et j'accours.

MELPOMÈNE.

   Vous venez dans le hardi projet?...

THALIE.

  Mais sans doute: un pareil sujet
En vaut la peine; eh oui; Mars revient de la Thrace:
La première, au passage, il faut que je l'embrasse.
Je prétends inspirer aussi mes favoris:

La verve comique a son prix.
MELPOMÈNE.
Vous aspirez... qui? vous, Thalie! ô ciel! qu'entends-je?
THALIE.
Moi-même; qu'a cela d'étrange?
MELPOMÈNE.
Vous oseriez prétendre à célébrer la paix?
THALIE.
Oui : je puis bien entonner sa louange,
Comme je ressens ses bienfaits.
MELPOMÈNE.
Cette paix est le fruit de dix ans de victoires;
Le sais-tu?
THALIE.
Soit.
MELPOMÈNE.
Hé bien, tous ces exploits nouveaux,
Qui des siècles passés effacent les histoires,
Ce mépris de la mort, qui seul fait les héros,
Ce dévouement sublime...
THALIE.
Oh! voilà vos grands mots!
Pour moi, sans affecter le style de Pindare,
Style fort beau, mais qui parfois égare,
Je dirai simplement ce que la France a fait,
Et pourrai bien produire autant d'effet.
MELPOMÈNE.
O Sophocle! Eschyle! Euripide!...
Ménandre et ses pareils vous disputent le pas!
THALIE.
Assurément, et pourquoi pas?

MELPOMÈNE.

Pourras-tu, d'un style rapide,
Suivre en sa course une armée intrépide
De périls en périls, de combats en combats...?

THALIE.

La suivre? oh! non : ce n'est pas mon affaire.
Je ne me charge point, moi, de chanter la guerre :
J'attends les guerriers au retour.
Mars a, pendant dix ans, épouvanté la terre;
Tout ce temps-là, j'ai su me taire.
Il fait la paix; alors, je parle, et c'est mon tour.

MELPOMÈNE.

Je vous trouve bien vaine et bien audacieuse.

THALIE.

Je pourrois vous nommer superbe, ambitieuse :
Ce n'est pas d'aujourd'hui.

MELPOMÈNE.

Craignez...

THALIE.

Je ne crains rien.
Devant vous, moi, que je recule?
Vos cris, votre poignard, vous le savez trop bien,
Ne valent pas...

MELPOMÈNE.

Eh! quoi?

THALIE.

L'arme du ridicule.

MELPOMÈNE.

Le ridicule? ô ciel! une sœur!

THALIE.

Que d'hélas!
Momus!...

SCÈNE II.

MELPOMÈNE, THALIE, MOMUS.

MOMUS, *sa marotte à la main.*
Qu'entends-je! à ces cris, ces éclats,
J'ai cru, moi, qu'on jouoit ici la tragédie.
THALIE.
Mais..., quelque chose d'approchant :
C'est une espèce..., là, de tragi-comédie.
MOMUS.
Si j'étois un dieu plus méchant,
Ce seroit bien matière à quelque parodie.
THALIE.
Hai... hai... seigneur Momus, vous n'êtes pas trop bon :
On connoît votre raillerie,
Mordante même!
MOMUS.
Soit. Si je plais, j'ai raison.
Mais apprenez-moi, je vous prie,
Le sujet...
THALIE.
Ce sujet est plaisant, entre nous,
Et digne, en vérité, d'un juge tel que vous :
Votre marotte ici peut servir de balance.
MOMUS.
Ah! ah! comment?...
MELPOMÈNE.
On veut me réduire au silence.
THALIE.
Oh! non, ma sœur.

MELPOMÈNE.

Thalie ose me disputer,
Partager avec moi l'honneur de présenter
Le laurier et l'olive...

THALIE.

Ou plutôt, sans emphase,
(Car ma sœur va se perdre en sa pompeuse phrase)
Je voudrois en vers doux, doux comme le repos,
Célébrer cette paix si chère, et tant promise,
Qu'après dix ans de combats et de maux,
La France goûte enfin, et que Mars a conquise :
Melpomène veut seule essayer l'entreprise :
Voilà notre affaire en deux mots.

MOMUS.

J'entends : à ce débat je ne m'attendois guère :
C'est à propos de paix que vous êtes en guerre !

THALIE.

Justement : à cette heure, entre nous décidez.

MELPOMÈNE.

Décider entre nous ? lui ! Momus ! à quel titre ?

MOMUS.

De votre sort, souvent, la critique est l'arbitre.
Sur ce théâtre, ainsi, toutes deux descendez ?

THALIE.

Vous y descendez bien, vous-même.

MOMUS.

Oh! de la terre,
Moi, je prends souvent le chemin.
A chaque nouveauté je me place au parterre :
J'écoute, et censeur salutaire,
Je critique le lendemain.

POÉSIES FUGITIVES.

THALIE.

Je ne le sais que trop.

MOMUS.

Vous ici ! quel mystère ?

MELPOMÈNE.

Lorsque Bellone et Mars sont venus ici-bas
Répandre la terreur; après tant de combats,
Lorsque la paix devient le prix de leur courage,
C'est aux Muses, je crois, d'accourir sur leurs pas,
Et de couronner leur ouvrage.

MOMUS.

Mais il faudroit ensemble être un peu mieux, d'abord.
Il seroit fort aisé de vous mettre d'accord.

MELPOMÈNE.

N'attendez rien de moi qui puisse compromettre...

THALIE.

Vous compromettre ! avec moi ? justes dieux !

MOMUS.

Thalie est votre sœur, et sur-tout en ces lieux.
Si votre dignité vouloit me le permettre,
De vous concilier j'imagine un moyen.

THALIE.

Cela vaudroit mieux, j'en convien.

MOMUS.

Sans doute : associez vos talents, vos génies :
Chacune de vous a le sien.
Le sujet est fort beau : vous le traiterez bien,
Pourvu que vous soyez unies.

THALIE.

C'est là tout mon desir.

MELPOMÈNE.

Eh quel est ?...

MOMUS.

Écoutez.
Il s'ouvre à votre verve un champ illustre et vaste,
　　Mais qui, vu de divers côtés,
　Peut vous offrir le plus piquant contraste.
Vous, noble Melpomène, avec pompe et fierté,
　　Chantez les combats et la gloire,
L'audace, l'énergie, et l'intrépidité;
　　Proclamez enfin la victoire,
Et dévouez cent noms à l'immortalité.
　　Et vous, ô piquante Thalie!
　　Avec cet abandon charmant,
　　Cet air de grace et d'enjouement
Qui vous est naturel, tracez-nous la saillie,
La verve, la gaieté, cette aimable folie,
　　Qui dans le cœur de ces guerriers françois
　　Au vrai courage, à la bonté s'allie.
Sur un ton différent, avec même succès,
Melpomène aura peint la guerre, et vous la paix.

THALIE.

　Mais ce partage est assez drôle.
Oui, vraiment notre emploi, dès-lors, seroit distinct;
Et chacune de nous, fidèle à son instinct,
　　Pourroit ainsi jouer son rôle.
Qu'en dites-vous, ma sœur?

MELPOMÈNE.

　　　　　　Je ne m'en défends pas.
Cet avis semble éclos du cerveau de Minerve.
J'y souscris volontiers, Momus; je me réserve
De tracer ces hauts faits, de chanter ces grands noms.
　Je peindrai Mars et ses fiers compagnons,
Avides de périls, et de leur sang prodigues,

Souffrant la faim, la soif, et de longues fatigues,
Bravant glaces, torrents, et d'immenses déserts,
Escaladant les monts, et traversant les mers,
Vainqueurs...qui peut compter leurs succès innombrables?
Même au sein des revers puisant un feu nouveau,
Se relevant plus grands, plus terribles...

MOMUS.

Bravo!
Melpomène, bravo!

MELPOMÈNE.

D'autant plus admirables,
Qu'ils avoient à combattre, outre mille hasards,
Vingt peuples, qui sur eux fondoient de toutes parts,
Braves, et commandés par des chefs redoutables,
Sur-tout par ce héros, digne fils des Césars,
Vaillant, mais sage et doux, généreux et sensible,
Fameux par tant d'exploits, et peut-être invincible,
Si l'on pouvoit long-temps le disputer à Mars!...
Mais je peindrai sur-tout ce dieu de la victoire,
Au-dessus des dangers, au-dessus des revers,
Suffisant presque seul aux filles de mémoire,
Pouvant tout conquérir, et mettant plus de gloire
    A pacifier l'univers.

THALIE.

Fort bien, ma sœur: pour moi... je vous laisserai dire;
    Mais lorsque vous aurez fini,
Je parlerai d'un ton naïf et tout uni:
    Je peindrai la gaieté, le rire
    Du brave et généreux soldat,
    Même alors qu'il marche au combat.
Je conterai comment... (on a peine à le croire,

Mais Clio me l'a dit) à travers les boulets,
Voloient, de rang en rang, bons mots, joyeux couplets,
Ces couplets qui les ont menés à la victoire.
  Enfin le soir... ah! celui d'un beau jour,
Le soir de la bataille, on verra sous la tente,
Toute une armée en joie, et qui rit, boit et chante
Son général, la France, et la guerre, et l'amour.

MOMUS.

Ma foi, ce tableau-là m'enchante.

THALIE.

  Sur leur passage, à leur retour,
Quels doux transports, et quels chants d'alégresse!
  Toute la France est dans l'ivresse.
Rendus à leur pays, rentrés dans leurs foyers,
  On verra ces heureux guerriers,
Qu'entourent mère, sœurs, amis, fidèle amante;
Et, ce qui rend la fête encore plus charmante,
Ils courent tous, le soir, au théâtre François,
Pour entendre bénir et célébrer la paix.

MOMUS.

C'est cela; mon idée est par vous bien saisie.
Ainsi, vous le voyez, sans nulle jalousie,
  Et sans vouloir trop s'isoler,
  Encore moins se quereller,
Toutes deux, à l'envi, Thalie et Melpomène
  Pourront faire une bonne scène.

MELPOMÈNE.

Oui, Momus; par le goût ce conseil est dicté:
J'embrasse avec transport un projet aussi sage.

MOMUS, *gravement*.

Heureux d'avoir conclu cet important traité!...

THALIE.
(gravement.)
Moi, je le ratifie.
(gaiement.)
Oui, suivant son usage,
Momus, tout en riant, a dit la vérité.
MELPOMÈNE.
Ciel! Polymnie! Euterpe!...
THALIE.
Érato, sur leur trace!
MOMUS.
Mais c'est donc ici le Parnasse!

SCÈNE III.

MELPOMÈNE, THALIE, MOMUS,
POLYMNIE, ÉRATO, EUTERPE.

ÉRATO.
Chut, nous venons *incognitò*.
MOMUS.
Oui, c'est assez la marche d'Érato.
THALIE, *à Érato.*
De grace, vous, Euterpe, et Polymnie,
Qui vous amène ici de compagnie?
ÉRATO.
Rien n'est plus naturel que de suivre vos pas.
POLYMNIE.
Sœur Melpomène, sœur Thalie,
Où vous êtes pourquoi ne viendrions-nous pas?
EUTERPE.
Vous visitez la France, et l'on suit votre exemple.

THALIE.

Mais nous sommes chez nous.

MELPOMÈNE.

Oui, je suis dans mon temple.

POLYMNIE.

Je l'admire, mes sœurs : mais, assez près d'ici,
Nous avons notre temple aussi,
« Où les beaux vers, la danse, la musique,
« De cent plaisirs font un plaisir unique. »

MELPOMÈNE.

Vos jeux sont variés, et vos succès flatteurs :
Mais ce brillant prestige aisément se dissipe.

POLYMNIE.

Un prestige? et Quinault! ah! ses vers enchanteurs,
A l'oreille si doux, charment aussi les cœurs :
   Iphigénie, Armide, OEdipe,
Des temps et de l'oubli demeureront vainqueurs.
Et je ne vous réponds qu'en muse de la lyre :
A l'éloquence aussi je préside, ma sœur;
Et vous, qui me parlez avec tant de hauteur,
Vous me devez, à moi, votre plus sûr empire :
Quand vous persuadez, c'est moi qui vous inspire.

MELPOMÈNE.

Vous, m'inspirer? qui? moi? j'existois avant vous :
Sophocle a de bien loin précédé Démosthènes.

THALIE.

Démosthènes... Sophocle !... il s'agit bien d'Athènes!
Nous sommes à Paris.

ÉRATO.

Séjour charmant pour nous!
Aussi bien que là-haut, on aime sur la terre,
Je le sais; Érato peut se glisser par-tout

Où l'on chérit le doux mystère.
EUTERPE.
Si je n'en croyois que mon goût,
A vos beaux temples, moi, je préfère une grotte;
Mais on aime en tous lieux et ma flûte et ma voix.
MOMUS.
Vous ne vous vantez pas !... à merveille ! je vois
Qu'ici, comme Momus, chacun a sa marotte.
(à Polymnie, du ton de Melpomène.)
Et de vos doctes sœurs le sublime trio,
Que fait-il?
POLYMNIE.
Il médite, il s'exerce; Clio
Se prépare à graver au temple de mémoire
Ces hauts faits qu'avec nous le ciel même admira;
EUTERPE.
Qu'à peine l'avenir croira.
MELPOMÈNE.
« En ces murs, hors des murs, tout parle de ta gloire,
« O France !... »
THALIE.
Oui, mais, du moins, Clio déchirera
Quelques pages de cette histoire.
POLYMNIE.
Uranie abaissoit ses regards satisfaits
Sur ses enfants chéris, ces savants et ces sages,
Plus heureux qu'Archimède, et qui vont désormais
Lui rendre d'assidus hommages.
ÉRATO.
Je le crois; après tant d'orages,
Le ciel paroît plus beau quand la terre est en paix.

EUTERPE.

Calliope a saisi sa trompette héroïque.

MELPOMÈNE.

Beau sujet, ô mes sœurs! pour un poëme épique!

MOMUS.

Sans doute, Calliope aura de quoi dicter :
Je vois Ajax, Nestor, Achille ;
Mais où sont Homère et Virgile ?

MELPOMÈNE, *vivement.*

« Il s'en présentera, gardez-vous d'en douter. »

THALIE.

Vous n'avez dans l'esprit que vos grands vers tragiques :

MELPOMÈNE.

Ceux que j'inspirai, moi, je puis les répéter :
Ils valent bien, ma sœur, vos petits vers comiques.

THALIE.

Petits ou non, j'en ai que l'on pourroit citer.
(*à Euterpe.*)
Pour notre aimable Terpsychore,
Elle danse plus que jamais ?

EUTERPE.

Oui, ses joyeux ébats vont signaler la paix ;
Mais dans la guerre, elle dansoit encore.

ÉRATO.

Enfin, mes sœurs, Euterpe et Polymnie, et moi,
Toujours, vous le savez, compagnes assidues,
Sur la terre, en ce lieu, nous sommes descendues
Pour chanter avec vous la paix, la bonne foi,
L'abondance et la joie, au bon François rendues.

THALIE.

Chères sœurs! en ce jour, soyez les bien venues!
Oui, venez vous unir...

MOMUS.

Vous unir, en effet ;
Car vous n'êtes pas trop, toutes tant que vous êtes,
Fussiez-vous neuf, avec tous vos poëtes,
Pour traiter dignement un si vaste sujet.

MELPOMÈNE.

Mais Apollon sait-il, mes sœurs?...

POLYMNIE.

Oui, Melpomène,
Il sait quel beau dessein près de vous nous amène ;
Il l'approuve, et lui-même il va se joindre à nous.

THALIE.

Tant mieux : au dieu des vers j'aime à me voir unie.

MOMUS.

Je suis en bonne compagnie.

ÉRATO.

Mais je crois qu'il approche.

EUTERPE.

Oui, mes sœurs, voyez-vous?...

POLYMNIE.

Cette clarté qui perce à travers une nue,
Je ne sais quoi dans l'air de plus pur, de plus doux,
Du dieu le plus aimable annoncent la venue.

TOUTES *ensemble.*

C'est lui-même.

(*Apollon descend dans un nuage.*)

SCÈNE IV.

LES MUSES, MOMUS, APOLLON.

MELPOMÈNE.
Est-ce vous, dieu des vers, dieu du jour?
APOLLON.
Le Parnasse, sans vous, est un triste séjour,
O Muses! je le sens, si les sœurs immortelles
Languissent loin de moi, que ferois-je sans elles?
THALIE.
Je ne quitte jamais Apollon pour long-temps.
ÉRATO.
Même absent, il m'inspire.
POLYMNIE.
Et de loin, je l'entends.
MELPOMÈNE.
« Phœbus nous aime aussi! » (1)
MOMUS.
Je suis son interprète,
En critiquant les mauvais vers.
APOLLON.
O combien à mon cœur ces éloges sont chers!
Eh! quoi? vous seule êtes muette,
Aimable Euterpe!...
EUTERPE.
Oh! non; mais parmi ces concerts,
Entendroit-on le son de ma douce musette?

---

1 *Et nos Phœbus amat.* VIRG. *ecl.*

APOLLON.

Quand j'étois berger chez Admète,
Ta musette ravit, embellit ces déserts.
Mais consacrez ici tous vos accents divers,
O Muses!... car je sais quel dessein vous appelle.
Secondez Apollon, chantez du fond du cœur
Cette paix si chérie, et, j'espère, éternelle,
Qui du peuple françois comble enfin le bonheur;
Paix, que l'humanité, le véritable honneur,
Sur la terre bientôt rendront universelle.
Le François nous est cher : à mon culte fidèle,
Même au sein du malheur, il m'a toujours nommé.

POLYMNIE.

Il répétoit mes chants.

ÉRATO.

Il a toujours aimé.

THALIE.

Toujours ri.

EUTERPE.

Mes chansons avoient pour lui des charmes.

MELPOMÈNE.

Infortuné lui-même, il eut pour moi des larmes.

MOMUS.

Tout en souffrant, il est vif, malin, plein d'esprit.

APOLLON.

A ces rares mortels le ciel même applaudit.
Muses, l'Olympe donne un bel exemple au Pinde :
Jupiter a pesé les destins des François ;
Il a souri : Bacchus, ravi de leurs succès,
Leur promet de nouveau la conquête de l'Inde.
Hercule, émerveillé de tant d'exploits nouveaux,
Leur pardonne d'avoir effacé ses travaux.

Dans ce bonheur commun, Neptune seul soupire :
Il s'indigne qu'un peuple usurpe son empire.
« Ose, lui dit Mercure, ose affranchir les mers;
« Et le commerce, alors, embrasse l'univers. »

POLYMNIE.

Et Plutus?

THALIE.

Le dieu des richesses?
Peut-on le demander? en guerre comme en paix,
Il est toujours aveugle, aveugle pour jamais.

EUTERPE.

Vous ne nous dites rien, Apollon, des déesses.

APOLLON.

Je parle des François. ah! croyez que des dieux
Les déesses auront et le cœur et les yeux.

ÉRATO.

Vénus est sûrement au comble de la joie?

APOLLON.

Oui, le ravissement sur ses traits se déploie :
Mars revient auprès d'elle, amant victorieux.

MOMUS.

Vulcain est-il aussi joyeux?

MELPOMÈNE.

Tout beau, Momus, un peu plus de réserve.
(à Apollon.)
Ah! parlez-nous plutôt, parlez-nous de Minerve.

THALIE.

Sans doute, elle triomphe?

APOLLON.

Elle doit triompher,
Son bras puissant vient d'étouffer
La discorde et la haine : a-t-elle pris sa lance?

C'est Pallas, autour d'elle inspirant la vaillance :
Son égide a de Mars protégé les guerriers ;
Sa bienfaisante main joint l'olive aux lauriers ;
Sublime dans la paix, sublime dans la guerre,
C'est la sagesse encor qui va régler la terre.

LES MUSES ET MOMUS.

Gloire, honneur à Minerve !

APOLLON.

O généreux transports !
Muses, réunissez vos célestes accords.
Commencez, Polymnie, et d'un chant héroïque...

POLYMNIE.

Qui ? moi, chanter, seigneur ? je n'oserai jamais :
Je ne suis point ici sur ma scène lyrique.

APOLLON.

Au nom du goût, chantez, je le permets.

MOMUS.

Fort bien : mais gare la critique :
Momus est là, doctes filles du ciel !

APOLLON.

Critiquez, Momus, mais sans fiel :
Raillez légèrement, semez le sel attique ;
Mais respect au talent ; et d'un venin caustique
N'empoisonnez point notre miel.

POLYMNIE *chante.*

Air noté (1).

Du dieu des arts illustres nourrissons,
Souvenez-vous de ses doctes leçons.
Du haut des cieux, la paix vient vous sourire :
Enflammez-vous d'un sublime délire ;

---

1 On le trouvera à la fin de ce volume.

Tous, à l'envi, venez la célébrer,
Fils d'Apollon ; cette paix immortelle,
D'un seul regard, saura vous inspirer
Des sentiments, des accents dignes d'elle.

AIR :

De la paix chantez les bienfaits.
Qu'à sa voix les beaux-arts renaissent ;
Que tous auprès d'elle ils s'empressent :
Les arts sont enfants de la paix.
De la touchante mélodie
Épuisez le charme vainqueur :
Qu'elle vienne du fond du cœur,
Et par le cœur soit applaudie.

APOLLON.

Du génie et des arts enfin voici le jour :
Tous au sein de la France ont fixé leur séjour ;
Et son plus beau triomphe est l'éclatant hommage
Que vingt peuples soumis lui font de toutes parts
Des chefs-d'œuvres... un d'eux a flatté mes regards ;
J'ai reconnu ma plus fidèle image.

ÉRATO.

Si des beaux-arts c'est en effet le jour,
C'est aussi celui de l'amour.
C'est ce que je voudrois exprimer dans mon style,
Sur un air doux et simple, à retenir facile.

MELPOMÈNE.

Chantez, mes sœurs, chantez : par vos accents divers,
Tendres, gais ou naïfs, charmez le dieu des vers.
Je ne puis qu'applaudir : même transport m'enflamme ;
Mais je n'ai qu'un accent, celui des passions.

MOMUS.

Chacune a son langage et ses expressions ;
L'une chante, une autre déclame.

THALIE.

Moi je parle; du reste, on écoute un instant,
Moi-même la première, un air tendre ou chantant;
Mais on revient aux comédies.
(*à Melpomène, gravement.*)
J'entends aussi, ma sœur, les tragédies.
ÉRATO *chante sur l'air: Femmes, voulez-vous*
éprouver?

Si l'olive avec le laurier,
En ce jour, s'unit avec grace;
Qu'au moins sur le front du guerrier
Le myrte avec eux s'entrelace.
O France! après tant de succès,
Il est temps que tu te reposes:
Le destin fixa les François
Entre les palmes et les roses.

EUTERPE.

Je voudrois bien aussi, sans étude et sans art,
Chanter au son, sur l'air de *ma tendre musette*,
Une naïve chansonnette,
Comme mes bons amis Pannard, Collé, Favart.
(*Elle chante sur l'air: O ma tendre musette!*)

Enfin tout va renaître
Chez les fils du hameau;
Gaieté, repas champêtre,
Doux son du chalumeau,
Vers gravés sur le hêtre,
Et danses sous l'ormeau;
Enfin tout va renaître
Chez les fils du hameau.

Venez, prenez courage,
Oiseaux, reparoissez:
Vous qu'un cruel orage,
Hélas! a dispersés,

Les jours d'effroi, de rage,
Pour jamais sont passés :
Venez, prenez courage,
Oiseaux, reparoissez.

THALIE.

Vos couplets sont naïfs ; l'idée en est touchante :
Je n'y puis plus tenir ; je veux chanter aussi.

(*Elle chante sur l'air du Petit matelot.*)

Il est beau d'emporter la palme,
Plus beau de conquérir la paix ;
Mais les François pour un long calme,
On le sent bien, ne sont pas faits.
Toujours armés du ridicule,
Forts de saillie et de bons mots,
Ils combattront, sans nul scrupule,
Les méchants, les fripons, les sots.

MOMUS.

Quand tout le monde chante ici,
J'en veux prendre ma part ; en vérité, mesdames,
Vous me dégoûteriez bientôt des épigrammes.

POLYMNIE.

La gaieté, le bonheur, devroient vous désarmer.

ÉRATO.

O mon pauvre Momus! si vous pouviez aimer!

MOMUS.

Je chante, en attendant ; faites *chorus*.

(*Il chante sur l'air : Vive Henri quatre!*)

Savoir se battre,
Mais adorer la paix,
Vrai diable à quatre,
Voilà bien le François :
Il aime à se battre,
Mais adore la paix,

THALIE.

Bravo !
Cet air-là ne m'est pas nouveau.

MOMUS.

Malin, caustique,
Satirique jamais,
Parfois je pique...
Guerre, guerre au mauvais :
Bon goût et critique
Vivent toujours en paix.

(*s'adressant au public.*)
J'ai cru bien faire;
A l'auteur je disois :
« Va, le parterre,
« Tout plein de bons François,
« Ne fait point la guerre
« A qui chante la paix. »

FIN D'APOLLON ET DES MUSES.

LA BONNE JOURNÉE [1].

MONORIME.

Un pauvre clerc du parlement,
Arraché du lit brusquement,
Comme il dormoit profondément,
Gagne l'étude tristement ;
Y griffonne un appointement,
Qu'il ose interrompre un moment
Pour déjeûner sommairement ;
En revanche, écrit longuement ;
Dîne à trois heures sobrement,
Sort au dessert discrétement,
Reprend la plume promptement
Jusqu'à dix heures... seulement ;
Lors va souper légèrement ;
Puis au sixième lestement
Grimpe, et se couche froidement
Dans un lit fait Dieu sait comment !
Dort, et n'est heureux qu'en dormant...
Ah ! pauvre clerc du parlement !

1 Cette petite folie est à-peu-près le seul fruit que j'aie recueilli de quatre à cinq ans de cléricature.

CLAUDINE A LA COUR,

ou

LE VOYAGE INUTILE.

CHANSON (1).

C'est donc ici qu'elle demeure :
Après quatre ans, je vais la voir !
Je crains que d'aise elle ne meure,
Dès qu'elle va m'apercevoir.
Oh ! qu'elle doit être embellie,
Depuis que nous sommes absents !
Elle étoit déja si jolie,
Et n'avoit encor que douze ans !

On ouvre... c'est elle, je gage...
— Eh ! bonjour donc : c'est pourtant moi
Qui viens exprès de mon village
Pour te voir... Mais est-ce bien toi ?
Tu promettois, je peux le dire :
Je t'ai vu mille appas naissants ;
Mais combien de nouveaux j'admire,
Que tu n'avois pas à douze ans !

---

1 Mon ami, M. Langlé, compositeur distingué, et bibliothécaire du Conservatoire de musique, a bien voulu, dans un moment de loisir, mettre en musique cette chanson, et deux autres bagatelles insérées dans ce recueil. *Voyez* à la fin du volume.

Embrassons-nous, ma chère amie...
Comment! tu ne veux pas?... allons!
La friponne s'en meurt d'envie;
Je la connois : que de façons!
Quelle fantaisie est la tienne!
Combien de fois, Claudine, aux champs,
Je t'embrassai, qu'il t'en souvienne,
Lorsque tu n'avois que douze ans!

Tu boudes... c'est que je tutoie :
Pardon, c'est l'usage chez nous;
Et puis, dans l'excès de ma joie...
Mais je vais te parler par *vous*.
Auriez-vous perdu la parole?
Dites : quel fâcheux contre-temps!
Votre babil étoit si drôle
Lorsque vous n'aviez que douze ans!

Faites-moi signe, au moins, de grace,
Par un souris, par un regard :
Eh! quoi donc! froide comme glace!
Me tromperois-je, par hasard?
Mais non; car plus je l'examine,
Voilà ces traits, ces yeux charmants,
Et cette friponne de mine
Qui me ravissoit à douze ans.

Ne vous nommez-vous plus *Claudine?*
Moi, je m'appelle encore *Alain*.
Alors, vous étiez si badine!
Je suis toujours un peu malin.
On nous voyoit sur la fougère

Jouer tous deux en vrais enfants?
Ne vous souvient-il plus, ma chère,
Que, jadis, vous eûtes douze ans?

Non... car il faut qu'enfin j'éclate :
Jamais vous ne me reverrez :
Allez, vous n'êtes qu'une ingrate ;
Mais vous vous en repentirez.
C'est fort mal, étant du village,
De mépriser les paysans...
Hélas! c'est pourtant bien dommage :
Que n'a-t-elle encor ses douze ans!

OUI ET NON (1),

CONSULTATION DIALOGUÉE.

Je viens vous consulter, compère,
Sur un point des plus délicats :
Je veux me marier, Lucas ;
Me conseillez-vous de le faire ?
— Eh ! oui, mariez-vous, Colas.
— Si j'allois faire une sottise ?
Si, quand j'aurai sauté le pas,
Un peu trop tard je me ravise,
Comme tant d'autres ici-bas ?
— Eh ! bien, ne vous mariez pas.
— J'en ai cependant grande envie.
Mon amoureuse est si jolie !
C'est Babet, la fille à Thomas ;
Morgué ! je l'aime à la folie.
— Ah ! ah ! mariez-vous, Colas.
— Oui, mais de ma femme peut-être
Maint grivois lorgnant les appas...
Car je vous avouerai, tout bas,
Que pour rien je ne voudrois être...
— Oh ! ne vous mariez donc pas.
— D'un autre côté, je m'ennuie,
Seul, à table, entre mes repas ;
Les nuits sont bien longues, Lucas :

1 Le fond de ce dialogue est dans *Rabelais*.

Au lieu qu'en douce compagnie,
Je sens... — Mariez-vous, Colas.
— Mais si Babet du haut en bas
Me traite, et fait le diable à quatre?
Moi qui n'aime point les tracas,
Je serai forcé de la battre.
— J'entends : ne vous mariez pas.
— Aussi, quel plaisir, quand on baise
Deux ou trois marmots gros et gras,
De sa façon !... j'en mourrois d'aise.
— Allons, mariez-vous, Colas.
— Mais si ma femme, trop féconde,
En mettoit dix ou douze au monde?
Voilà bien un autre embarras!
— Peste! ne vous mariez pas.
Écoutez donc, Lucas ; j'espère
Que, quand je serai vieux et las,
Ces enfants nourriront leur père.
— Alors, mariez-vous, Colas.
— Mais la mort, qui frappe à toute heure,
N'a qu'à me rendre veuf... hélas!
Compère, il faudra que j'en meure.
— Parbleu! ne vous mariez pas;
Adieu. — Peste du gros Lucas!
Or çà, messieurs les avocats,
Conseillez-moi, je vous en prie :
A loisir discutez le cas ;...
En attendant, je me marie.

TANT PIS, TANT MIEUX,

FOLIE DIALOGUÉE.

Eh! bonjour donc, compère Étienne.
— Ah! c'est toi, mon ami Lubin!
Te voilà de retour enfin?
— Oui; la santé? — Bonne; et la tienne?
— Pargué! la mienne est bonne aussi.
Quoi de nouveau, compère, ici?
— J'ai perdu ma tante Bastienne.
— Hélas! tant pis. — Tant mieux, plutôt:
J'étois sans maison; aussitôt
J'allai m'établir dans la sienne.
— Tant mieux, en ce cas. — Non, ma foi!
La maison, un peu trop ancienne,
Une nuit s'écroula sur moi.
— Tant pis. — Mais non: vaille que vaille,
J'en courrois les risques encor.
Dans les débris d'une muraille,
Ami, je découvre un trésor.
— Un trésor? — Oui. Le richard Blaise,
Qui faisoit tant le renchéri,
Me pressa, quand je fus guéri,
D'épouser sa fille Thérèse.
— Tant mieux. — Eh! non; c'est un lutin
Qui me rompit d'abord la tête:
Je suis bon, mais un peu mutin;
Et le lendemain de la fête,

Je la rossai dès le matin.
— Tant pis vraiment. — Non pas, compère :
Dès qu'une fois *martin-bâton*
Eut accouru, la ménagère
Devint plus douce qu'un mouton.
— Alors, tant mieux. — Tant mieux ? eh ! non.
Thérèse, depuis cette aubade,
Ne but ni mangea, par boutade ;
Et pour me ruiner, je crois,
Elle devint exprès malade.
— Tant pis. — Tant mieux : en moins d'un mois,
Ma femme heureusement est morte.
Ah ! tant mieux. — Le diable m'emporte,
Si tu n'as dit vrai cette fois !

MES SOUVENIRS.

Je suis las, mes amis; je puis faire une pause.
Après un long travail il faut qu'on se repose.
Je vais donc prendre haleine, au moins jusqu'à demain,
Encor ce ne sera que la plume à la main.
Je veux vous rappeler mes secrètes pensées,
Et mes plaisirs présents, et mes peines passées.
Car cet amour des vers, Dieu sait s'il m'a coûté!
Si je jouis un peu, je l'ai bien acheté.
O toi, que pour mes goûts je trouvois trop sévère,
Je ne t'accuse point: tu m'aimois, ô mon père!
Et tu fus, par tendresse, inflexible pour moi;
Je me plaignois à tort : soyons de bonne foi :
Presque toujours un père à bon droit se défie;
Et c'est l'événement qui seul nous justifie.
Il m'a justifié tout au plus à demi...
Que dis-je?... ces jours même où j'ai souffert, gémi,
N'étoient pas sans douceurs : souvent je les regrette:
Oui, je regrette, amis, cette obscure retraite,
L'humble hôtel dont trois ans j'occupai le plus haut,
Que je serois fâché d'avoir quitté plus tôt.
J'aime à me rappeler ma respectable hôtesse,
Sa longue patience et sa délicatesse;
Je n'oublierai jamais sa constante amitié.
Je la payois fort mal, étant fort mal payé :
Eh bien, elle attendoit; et je lui dois peut-être
Et mon premier ouvrage, et ceux qui pourront naître.
C'est là que j'ai trouvé quelques amis bien chers,

Possédés, comme moi, de ce démon des vers;
Bons fils, mais sourds de même à la voix de leurs pères.
Unis par le malheur, nous nous aimions en frères (1).
Vous souvient-il, amis, de nos petits repas?
Bien petits, en effet, si l'on comptoit les plats,
Mais joyeux, mais charmants, et cent fois préférables
Au luxe, au vain apprêt de ces superbes tables!
Nous n'avions pas le sou, mais nous étions contents;
« Nous étions malheureux : c'étoit là le bon temps (2)! »

Je nourrissois pourtant quelques peines secrètes,
J'affligeois mes parents, je grossissois mes dettes :
Je capitulai donc. On m'offroit de payer
Jusqu'au dernier mémoire, et de tout oublier;
Pourvu qu'oubliant, moi, vers et prose, je vinsse
Vivre, honnête avocat, au fond de ma province.
J'obéis ; je quittai donjon, hôtesse, amis :
Je promis tout, et tins ce que j'avois promis.
Tout Chartres m'est témoin (le fait est trop notoire)
Que j'ai, trois ans entiers, lassé mon auditoire.
J'étois plus las moi-même, et je rongeois mes fers.
Je les brise à la fin, et je retourne aux vers.
Je plaidois bien encor; mais ma robe discrète
Annonçoit l'avocat et cachoit le poëte.
Vous savez tout le reste : abrégeons ce récit.

1 A ceux que j'ai nommés dans ma préface, ajouterai-je vos noms,
ô vous, chers *Alix*, frères si bien unis et si dignes l'un de l'autre!
doux et noble *Desales* ; tous trois ravis sitôt à ma tendresse; et toi,
joyeux *Pons* (*de Verdun*), alors tout à la gaieté et aux muses,
maintenant voué à des occupations plus graves, mais toujours
aimable?

2 Tout le monde connoit le bon mot de la célèbre Arnoult.

L'*Inconstant* est joué ; l'*Inconstant* réussit.
L'*Optimiste* le suit ; même sort l'accompagne :
Beau moment pour bâtir des *Châteaux en Espagne!*
O bonheur !... chers amis !... car je n'ai plus pour eux
De souhaits à former ; eux-même ils sont heureux.
Ils sont, ainsi que moi, malgré tant de traverses,
Arrivés à leur but par des routes diverses.
Tels que des voyageurs au naufrage échappés,
Nous buvons dans le port ; et nos petits soupés,
Sans être moins joyeux, sont presque aussi modestes.
Réunion charmante, et passe-temps célestes !
Lorsque vers le passé nous tournons nos regards,
Et que nous nous voyons, bravant mille hasards,
Mêlant toujours l'espoir à nos plus justes craintes,
Souffrants, mais résignés, gais même dans nos plaintes ;...
Qu'il est doux, puisqu'enfin luisent des jours sereins,
De se ressouvenir même de ses chagrins !

LES DEUX AUTEURS,

DIALOGUE.

Bonjour, mon cher, je te trouve à propos.
— Ah !... je voulois te dire aussi deux mots.
Ma pièce est faite. — Oui? j'ai fini la mienne.
Elle est tragique, il faut que j'en convienne.
— J'ai réformé quelque chose à mon plan.
— Moi, je renonce au rôle de tyran.
— J'ai rétabli celui de la soubrette.
— Il étoit nul. — Je regrettois *Lisette*.
— Cela jetoit tant soit peu de langueur.
— Mon dénouement en a plus de vigueur.
J'ai... qu'en dis-tu? mis la scène en province.
— Décidément, je fais tuer le prince.
— Voici dix vers qu'en un instant j'ai faits,
Et qui, je crois, ne sont pas très mauvais.
— Que je te dise une belle tirade,
Faite d'hier. — Ce n'est qu'une boutade ;
Mais elle est drôle : écoute ce couplet.
— Oh ! ma tirade est faite d'un seul jet.
« Seigneur... » le duc s'adresse au prince Charle.
— « *Ah! cher Frontin...!* » c'est Lisette qui parle.
— Je lis mes vers ; et tu cites les tiens !
— Mais point du tout : c'est toi-même qui viens...
— Chacun son tour. — Soit. Un peu de silence :
Je vais d'abord... — Non, c'est moi qui commence.

—Moi, j'ai fini : je vais pour auditeur
Chercher quelqu'un qui ne soit point auteur.
—Toujours en tête il a sa comédie !
—Peste de l'homme avec sa tragédie !

L'INSOMNIE.

Je ne saurois dormir : eh bien, ne dormons pas.
Loin de me désoler, de soupirer tout bas,
De ma longue insomnie il faut que je profite.
Rimons ; à ce plaisir, aussi-bien, tout m'invite.
Je suis fort à mon aise, et dans un bon moment,
En cet état de calme et de recueillement
Où le vers, s'échappant d'une féconde veine,
Nettement se conçoit et s'arrange sans peine.
   Tout dort autour de moi : tout dort, jusques au vent.
Je n'entends rien, sinon l'horloge du couvent,
Qui, sans troubler la paix de ces douces demeures,
Retentit dans nos bois.—Elle sonne... quatre heures.
Déja? de tout l'hiver, je n'avois tant dormi ;
Car je n'ai si souvent reposé qu'à demi !
La nature aujourd'hui doit être satisfaite :
Cinq heures de sommeil ! c'est trop pour un poëte.
Oui, rimons jusqu'au jour. Je n'aurai pas besoin
D'aller chercher, je pense, un Apollon bien loin.
J'ai ce bon La Fontaine, ici, dans mon alcôve.
Lassé des importuns, c'est là que je me sauve :
Sous sa protection j'aime à passer la nuit ;
Et son portrait charmant, sitôt que le jour luit,
Est le premier objet que découvre l'aurore.
Mon œil en ce moment ne le voit pas encore :
Mais je sais qu'il est là, tout prêt à se montrer ;
Je le touche, il suffit : cela doit m'inspirer.
   Ah! oui, bon La Fontaine! oui, ton nom seul m'enflamme.

Dis-moi donc...; car il faut que je t'ouvre mon ame,
O mon maître chéri! te serois-tu douté
De ce haut rang d'honneur où te voilà monté?
Jamais de ton vivant tu ne l'eusses pu croire.
Tu serois le premier étonné de ta gloire.
Tu ne savois point l'art de te faire valoir:
Poëte par instinct, naïf sans le savoir,
Il n'a pas moins fallu que ton rare génie,
Pour que l'on n'ait pas pris au mot ta modestie.
Et Racine! et Boileau! couple de beaux esprits,
S'ils revenoient au monde, oh! qu'ils seroient surpris,
En voyant de quel nom la postérité nomme
Celui que, de leur temps, ils appeloient *bon-homme!*
Le bon-homme peut-être a su vous surpasser (1),
Messieurs;... non que je veuille ici vous rabaisser.
De tes sots détracteurs je ne suis point complice,
O Despréaux! que j'aime à te rendre justice!
Le bon goût n'eut jamais défenseur plus zélé;
Jamais en si beaux vers la raison n'a parlé.
Qui n'admire *Andromaque, Esther, Iphigénie,*
Tout Racine, en un mot? mais, avec leur génie,
Ces rares écrivains, si purs et si parfaits,
Il le faut avouer, ne m'inspirent jamais
Ce touchant abandon, ce charme inexprimable,
Que j'éprouve toujours en lisant une fable,
Celle des *Deux Pigeons,* du *Meunier et son fils,*
Le Chéne et le Roseau, Garo, les *Deux Amis,*
Sur-tout *les Animaux malades de la peste...*
Je finirois, je crois, par nommer tout le reste (2):

---

1 Tout le monde sait le mot simple et profond de *Molière.* Le grand homme devina le grand homme.

2 Madame *de Sévigné* comparoit le recueil des fables de La Fon-

Par-tout, sel, enjouement, abandon, vérité.
Moins délicats peut-être en leur naïveté,
Même grace respire en plus d'un charmant conte...;
Car je les ai lus tous; je l'avouerai sans honte :
Je les lis sans malice, ainsi qu'il les a faits.
Tu ne les faisois point, tes vers, tu les trouvois;
Et la postérité, qui met tout à sa place,
De ces vers, mieux que toi, sent l'esprit et la grace.
Hélas! s'il entendoit un éloge pareil,
Il diroit que j'abuse un peu de son sommeil.
Bon-homme inimitable! ah! de grace, pardonne
A ce penchant si doux auquel je m'abandonne...
Mais mon appartement, par degrés éclairé,
Laisse voir *La Fontaine*... O moment desiré!
C'est lui : voilà ses traits, son ingénu sourire:
Il va parler; pour moi, je n'ai plus rien à dire :
Aussi-bien, je serois trop hardi, j'en conviens,
De hasarder mes vers, quand j'ai parlé des siens.

taine avec un panier de cerises, dont on mange d'abord les plus belles, puis de moindres, puis on finit par manger tout.

LA SERVANTE MAITRESSE,

DIALOGUE.

LE POETE.
La Rime ! holà, la Rime ! holà.
La Rime, ici. J'enrage. Ah ! maudite servante !
Voyez si d'aujourd'hui la friponne viendra !
Malheureuse ! veux-tu ?... Mais rien ne l'épouvante ;
Et quand je perds haleine, elle est peut-être là
Qui rit en tapinois et fait la sourde oreille.
    Maudit soit qui me conseilla
De prendre à mon service une fille pareille !
J'ai beau crier, gronder, supplier, menacer :
    Elle n'en croit que son caprice ;
Et, pour mettre le comble à cet affreux supplice,
Je ne saurois l'avoir, et ne puis m'en passer.
Mais il est temps enfin que tout ceci finisse ;
Et je suis las de voir qu'on me ballotte ainsi.
Pour la dernière fois, je vais... ah ! la voici !
—Pourquoi, depuis une heure, au moins, que je t'appelle ?

LA RIME.
Vraiment !-si j'accourois à tous vos mandements,
Mais je serois sur pied, je pense, à tous moments.
Souvent vous m'appelez pour une bagatelle,
Pour quelque billet doux, à madame une telle,...
Dont on ne peut jamais découvrir le logis,
Pour des chansons ; enfin, vous m'obligez de dire
Des choses dont parfois moi-même je rougis.

Vous me faites mentir, extravaguer, médire...
LE POÈTE.
Ce que tu dis est faux, au moins exagéré :
Qu'importe? c'est à toi d'obéir en silence.
LA RIME.
Oh! quand il me plaira, monsieur, j'obéirai.
LE POETE.
 Mais voyez un peu l'insolence!
LA RIME.
C'est ce dont avec moi vous êtes convenu.
LE POETE.
Comment?
LA RIME.
  De mon humeur je n'ai point fait mystère,
Et mon maître *Boileau* vous en a prévenu.
« Cette fille, a-t-il dit, est un peu volontaire :
« On fait, pour l'appeler, des efforts superflus :
« D'elle-même elle vient, quand on n'appelle plus,
« Dit *oui* pour *non*, babille alors qu'on la fait taire,
 « Et quand il faut parler, se tait.
« Voyez : la voulez-vous prendre telle qu'elle est? »
Vous m'avez prise, hé bien, c'est à vous, s'il vous plaît,
 De supporter mon caractère.
LE POETE.
Oh! puisqu'il est ainsi, sors donc, et de ce pas.
LA RIME.
Qui? moi? vous plaisantez!
LE POETE.
    Je ne plaisante pas.
Sors, te dis-je; chez moi je veux être le maître.
LA RIME.
Je ne sortirai point.

LE POETE.

Quoi! tu prétends?...

LA RIME.

Tout doux!
Malgré vous et vos dents, je resterai chez vous.
Priez-moi de rester, je m'en irai peut-être.

LE POETE.

Reste donc; mais du moins sois plus docile.

LA RIME.

Adieu.

LE POETE.

Elle a, ma foi, tenu parole.
Mais de bon cœur je m'en console,
Ou plutôt j'en rends grace à Dieu.
Je vais donc désormais, sans débats, sans querelle,
Vivre seul...; si j'allois, par hasard, m'ennuyer?
Cette Rime étoit drôle, et savoit m'égayer.
Elle prenoit sans cesse une forme nouvelle :
Son caprice parfois me désoloit; mais quoi?
Chez une fille, enfin, est-ce donc un grand crime?
Déja je bâille... Ah, ah! ne vois-je pas la Rime?

LA RIME.

Eh! oui, c'est moi, je t'aime : allons, réjouis-toi :
Mais ne m'appelle plus, mon cher maître; attends-moi.

LA PAIX LA PAIX!

Ah! ah! des vers! voyons : cet homme est-il des nôtres?
Ceci fera-t-il suite aux *Actes des apôtres?*
— Non, messieurs, bannissez un espoir superflu :
Vous nommez un journal que je n'ai jamais lu.
— Monsieur est démocrate! — Oh! non. — Aristocrate?
— Mon Dieu, non, je vous jure; et mon oreille ingrate
Ne peut s'accoutumer à tous ces noms nouveaux.
— Eh! mais, qu'êtes-vous donc, en ce cas? — En deux mots,
Un citoyen loyal. — J'en ai l'ame ravie;
Mais il faut être, enfin, d'un parti dans la vie.
— Je vous déclare, moi, que je ne suis d'aucun.
Expliquons-nous pourtant : car j'en ai bien pris un;
C'est de vivre avec tous en bonne intelligence;
C'est, puisque j'ai besoin moi-même d'indulgence,
D'en avoir pour autrui; sans être indifférent,
D'être doux, modéré, sur-tout très tolérant;
De n'être point surpris qu'ici-bas chacun tienne
A son opinion, et de garder la mienne.
— Êtes-vous contre ou pour la révolution?
— Eh! pourquoi me tenter par cette question?
Je gage qu'avec vous pour peu que je m'explique,
Vous m'allez répliquer... Dieu sait quelle réplique!
Si je veux me défendre, alors vous prendrez feu :
Et moi, je finirai par oublier mon vœu;
Et dans ce long débat qu'un mot aura fait naître,
Par affliger, blesser, un bon ami peut-être;
Car j'oserai le dire, et j'en fais vanité,

J'ai des amis, j'en ai d'un et d'autre côté.
Eh! pourquoi voulez-vous, messieurs, que je m'expose
A perdre une si douce, une si rare chose?
Un grand bien, un beau droit va vous être rendu :
Mais moi, me rendra-t-on l'ami que j'ai perdu?
Et d'ailleurs, qui m'oblige à rompre le silence?
Suis-je donc nécessaire au bonheur de la France?
O que je la plaindrois! mais, grace au ciel, je croi
Que tout pourra fort bien se terminer sans moi.
Mon inutilité ne manque point d'excuses.
Je cultive en secret le commerce des muses :
Car on fera des vers encor, c'est mon espoir.
Fatigués tout le jour, il faudra bien, le soir,
Revenir, tôt ou tard, aux plaisirs doux, honnêtes.
Puis, franchement, messieurs, grace au bruit que vous faites
Lorsque vous parlez tous à-la-fois et si haut,
Je n'ai ni les poumons, ni la force qu'il faut :
On ne m'entendroit point. Tout ce que je puis faire,
C'est d'aller, de venir, dans ma petite sphère,
D'adoucir les esprits, de calmer les débats.
Je m'approche de l'un, et je lui dis tout bas :
« Vous souffrez, vous perdez; mais quoi! vous êtes père :
« Et moi, je perds aussi, je souffre : hé bien, j'espère. »
Et lorsque je rencontre un cœur trop ulcéré,
« L'infortuné, me dis-je, est un objet sacré (1) :
‹ Quand il seroit injuste, il est bien excusable.
‹ Je suis homme (2), et dois plaindre un homme inconsolable. »
Je lui laisse exhaler et sa bile et son fiel,
Espérant tout du temps, et laissant faire au ciel.

1 *Res est sacra miser.*
2 *Homo sum ; humani nihil à me alienum puto.* TER.

Je dis à l'autre : « Eh mais, quelle fureur vous pousse ?
« Ayez donc une joie et plus calme et plus douce :
« Supportez le bonheur avec humanité,
« Et montrez-nous qu'au moins vous l'avez mérité. »
Du reste, autour de moi qu'on murmure, qu'on fronde,
Je vais criant par-tout : « Ami de tout le monde ! »
Non, en valet poltron et prompt à s'alarmer,
Mais en homme qui sent le doux besoin d'aimer,
Trouvant tout naturel de chérir ses semblables,
Et, pourvu qu'ils soient bons, les voyant tous aimables.
La liberté, sans doute, est un bien précieux ;
Mais la paix ! ah ! la paix est un présent des cieux.
Mon bon patron saint Jean, et non pas Jean-Baptiste
Prêchant dans le désert, mais Jean l'Évangéliste,
Disciple bien aimé du maître le plus doux,
Disoit toujours : « Enfants, aimez-vous, aimez-vous,
« Puis, *aimez-vous*, encor. » Morale enchanteresse !
Et moi, je le répéte, et je le dis sans cesse.
« Aimons-nous, aimons-nous. » Voyons des mêmes yeux,
Soyons du même avis, cela vaudroit bien mieux :
Mais, si nous épousons des sentiments contraires,
Souvenons-nous du moins que nous sommes tous frères.

STANCES

A LA MÉLANCOLIE.

Aliment et poison d'une ame trop sensible,
Toi, sans qui le bonheur me seroit impossible,
Tendre mélancolie! ah! viens me consoler :
Viens calmer les tourments de ma sombre retraite,
    Et mêle une douceur secrète
    A ces pleurs que je sens couler.
Loin de moi, vains plaisirs que le monde idolâtre!
Ces rires insensés, cette gaieté folâtre,
Semblent braver ma peine, et ne font que l'aigrir.
J'aime mieux mes soupirs, ma tristesse, mes larmes :
    Ma langueur a pour moi des charmes;
    Je souffre... et ne veux point guérir.

Fidèles au malheur, comme à la solitude,
Nourrissez de mon cœur la longue inquiétude,
Souvenirs qui touchez, même en nous déchirant;
    Que je dise à ma dernière heure :
    « On me plaint, on m'aime, on me pleure; »
    Que je sourie en expirant.

L'AIR DE FAMILLE,

CHANSON (1).

Quand, pour couronner son ouvrage,
Dieu fit le père des humains,
Et sur son immortelle image
L'eut formé de ses propres mains,
Dieu dit : « Se suffire à soi-même
« Seroit pour l'homme un triste honneur :
« Je veux qu'il soit aimé, qu'il aime ;
« Là seulement est le bonheur. »

Dieu créa donc aussi la femme,
Et l'embellit comme à plaisir :
Dans ses yeux, au fond de son ame,
Il verse amour, pudeur, desir.
Je laisse à juger les tendresses
Que lui prodigue un jeune époux :
Maintenant encor, leurs caresses
Nous servent de modèle à tous.

Il fallut alors, et, je pense,
La chose avoit bien sa douceur,
Que, sans scrupule et sans dispense,
Le frère s'unît à la sœur.
Mais aujourd'hui qu'aux sœurs des autres
Nous faisons agréer nos soins,

---

1 La musique de cette chanson est à la fin du volume.

Si nous n'épousons pas les nôtres,
Nous ne les en aimons pas moins.

De cette union fraternelle
Naquit un si nombreux essaim,
Qu'enfin la maison paternelle
Ne put les tenir dans son sein.
Lors, en des cabanes voisines,
Que sans architecte on bâtit,
Avec ses charmantes cousines
Joyeusement on s'assortit.

C'est de là, tous tant que nous sommes,
Que nous venons, petits et grands ;
A le bien prendre, tous les hommes
Ne sont-ils pas un peu parents ?
Aussi, moi, toute femme ou fille
A le droit de m'intéresser :
Je lui trouve un air de famille,
Et j'irois presque l'embrasser.

LES TROIS VERTUS,

RÉCIT DIALOGUÉ,

Lu à la séance publique de l'Institut national, le 15 germinal an 7.

Je ne viens point charmer votre loisir
D'une anecdote arrangée à plaisir,
D'un conte en l'air;... non que je les condamne :
Jean La Fontaine au conte de Peau-d'Ane
Prêtoit l'oreille, et Jean s'y connoissoit.
Moi, j'ai dessein de vous conter un fait,
Un entretien, simple, mais véritable,
Assez moral pour un propos de table.

En un soupé, qu'embellissoient d'ailleurs
Esprit et grace, étoient de fins railleurs,
Qui s'égayoient... (Car le babil volage,
Leste et tranchant, le malin persiflage,
Comme autrefois, sont de mode à présent.)
Ils rioient donc d'un sujet fort plaisant,
Des trois vertus, dites *théologales,*
Et qu'ils faisoient rimer à *cardinales,*
La charité, l'espérance et la foi.
Tous d'applaudir comme à l'envi ; pour moi,
Qui, jusqu'alors, écoutois en silence,
J'éclate enfin : « Quoi ! la foi, l'espérance,
« La charité, du sarcasme et du fiel

« Seront l'objet !... Ces trois filles du ciel,
« Qui, sur la terre ensemble descendues,
« Du malheureux compagnes assidues,
« Sèchent ses pleurs, affermissent ses pas,
« Et pour charmer notre exil ici-bas,
« Comme trois sœurs, étroitement unies,
« Devroient par l'homme être à jamais bénies ! »
Ce peu de mots, dit d'un ton sérieux,
Loin d'imposer à mon cercle joyeux,
Rendit sa verve et sa gaieté plus vives.
« Je vois venir (cria l'un des convives)
« Un beau sermon, en trois points. » — Sur un mot,
Dis-je, on va donc me juger un dévot !
Je ne le suis, ni ne veux le paroître :
Religieux, il seroit beau de l'être
Comme l'étoient Nicole et Fénélon.
Mais en un mot, ce n'est point un sermon
Dont il s'agit ; mon dessein, au contraire,
Est d'écarter le dogme et le mystère.
Je le déclare ; en ce moment, à moi,
La charité, l'espérance, la foi,
Ne s'offrent point comme vertus chrétiennes :
Là, se perdroient vos clartés et les miennes.
Plus réservé sur de pareils sujets,
J'en parle peu, mais je n'en ris jamais.
J'entends ici... toute ame honnête et tendre,
Tout esprit droit, avec moi peut entendre,
Par *foi*, justice, intégrité, candeur (1) ;
Par *espérance,* instinct ou douce erreur,

1 On m'a reproché d'avoir dénaturé la *foi,* en ne la montrant que comme une vertu morale : le reproche est sévère ; je ne chercherai point à m'excuser. Je dirai seulement que ce ne sont point

Charme des maux les plus inconsolables :
Par *charité*, l'amour de ses semblables.
Toutes les trois, sous cet unique aspect,
Ont encor droit à l'amour, au respect
Du monde entier; et moi, foible interprète,
Mais plein au moins du sujet que je traite,
Je vais chanter leurs dons et leurs attraits;
Et nous verrons si vous rirez après !

Ce début frappe, il fait trêve aux saillies;
Et je crois voir deux femmes très jolies
De l'œil, du geste, encourager ma voix.
Je reprends donc, plus hardi cette fois :

Croire, espérer, aimer, voilà tout l'homme.
Foi, noble foi ! car d'abord je la nomme,
Et vous savez ce que j'entends par *foi* :
Oui, des humains c'est la plus sainte loi;
Oui, les beaux jours de Saturne et de Rhée
Ont reposé sur cette foi sacrée,
Sur cet instinct délicieux et pur,
Par qui, marchant d'un pas et droit et sûr,
L'homme est fidèle à tenir sa parole,
Et n'a, pas même en un sujet frivole,
Dit un seul mot qui ne partît du cœur.
C'est cette foi, que le grand orateur,
En son beau style, et dans sa noble phrase,
Du bien public a proclamé la base (1).

les *vertus théologales* que j'ai définies : mon dialogue est intitulé simplement *les Trois Vertus*.

1 *Nulla etenim res vehementiùs rempublicam continet, quàm fides.* Cic. de Officiis, lib. 2.

C'est elle, Horace, elle que tu chantois,
La foi sans tache, *incorrupta fides*.
Pudeur, justice et vérité, lui donnent
Un nouveau lustre, à l'envi la couronnent (1);
Mais, pour toi-même, ô foi, si je t'aimois,
Je t'aime encor pour un de tes effets :
C'est de la foi que naît la confiance.
Lorsqu'on se sent fort de sa conscience,
Quand sur sa foi, ferme et solide appui,
On se repose, ah ! de celle d'autrui
Peut-on douter ? Loin, loin cette pensée :
Une ame fière en seroit trop blessée.
Sois sans reproche, et tu seras sans peur.
Moi, soupçonner un langage trompeur !
Que mon semblable à ce point s'avilisse !
Par le soupçon, je m'en croirois complice.
Tel put se faire un jeu du démenti,
Mais de ma bouche il n'est jamais sorti.
Je puis un jour me voir trompé ; n'importe :
La confiance est chez moi la plus forte :
Un simple *oui* m'est un gage sacré.
Long-temps encore, ah ! toujours je croirai
A la franchise, à la reconnoissance,
A la pudeur, à la fidèle absence.
Dans ma croyance à ce point affermi,
Vous jugerez si la voix d'un ami
Pourroit jamais me trouver incrédule !

1 *Ergò Quinctilium perpetuus sopor*
Urget, cui pudor et justitia soror,
Incorrupta fides, nudaque veritas,
Quandò ullum invenient parem ?
CARM., l. I.

Même en amour, je m'en ferois scrupule :
Ah! c'est que j'aime, et j'estime, et je crois....
C'est encor là ce que j'appelle *foi*.

Je pris haleine : ici nouveau silence :
On se regarde, il semble qu'on balance
Entre le rire et l'approbation.
« Je goûte assez sa définition,
« (Dit un des chefs) je ne suis pas crédule ;
« Mais cette foi n'est point si ridicule :
« Puis-je accueillir d'un sourire moqueur
« Un sentiment que je trouve en mon cœur ? »
Il dit : bientôt circule un doux murmure,
Qui me paroît d'un favorable augure.
Ah! dis-je alors, je vous ai bien jugés ;
Me voilà fort, et vous m'encouragez :
Puis-je, d'ailleurs, avoir moins d'assurance,
Lorsque je viens vous parler d'espérance ?
Dans tous vos cœurs n'est-elle pas aussi ?
Douce espérance! oui, ton nom seul ici
Déja répand un baume salutaire :
Le juste ciel te devoit à la terre ;
Et tu naquis, ange consolateur,
Le même jour que naquit le malheur.
Sous divers noms chaque peuple t'adore :
Quand tous les maux échappoient à Pandore,
Tu demeuras en ses fragiles mains,
Plus que jamais nécessaire aux humains.
Milton, le *Dante*, ont d'un seul trait terrible
Peint leur enfer : « De ce séjour horrible
« Fuit l'espérance, elle qu'on voit par-tout. »
Je me mourois : à mon chevet, debout,

Tu sus distraire et suspendre ma pèine :
Tu me montrois la guérison prochaine :
Je vis encor pour chanter tes bienfaits.
Qui peut compter les heureux que tu fais ?
Est-il au monde un mortel qui n'espère ?
Du lambris d'or à la simple chaumière,
Les champs, la ville, et les camps, et les mers,
Tout vit d'espoir en ce vaste univers.
Voyez sourire un père de famille :
C'est que déja de sa naissante fille
Il a nommé l'époux et les enfants :
Il les voit tous, justes, bons, triomphants,
Et les bénit, à son heure dernière,
Long-temps avant qu'ils aient vu la lumière.
Prestige heureux ! voyageur et soldat,
Pendant l'orage, au plus fort du combat,
Dans l'avenir, embrassent leur patrie,
Leurs vieux parents, leur maîtresse chérie.
Nous-même, auteurs de timides essais,
Tout en tremblant nous croyons au succès,
Souvent bercés d'apparences légères,
Heureux, au moins, heureux de ces chimères.
Et vous aussi, vous tous qui m'écoutez,
Ces plaisirs purs vous les avez goûtés :
Dites s'il est une douceur pareille
A cette voix qui répéte à l'oreille
Et d'une mère, et du foible orphelin,
Et du vieillard penchant vers son déclin :
Espère, espère; et lorsqu'en sa détresse,
Las de gémir et d'attendre sans cesse
Un meilleur sort, l'infirme, le vieillard,
L'infortuné, disent : « Il est trop tard » ;

La même voix à l'espoir les convie,
Et crie : « Espère une meilleure vie. »

— Une... meilleure ?... ah, ah ! — Vous souriez ?
Dis-je à mon tour. — « Quoi, vraiment, vous croyez
« Qu'une autre vie, après la dernière heure,
« Saura renaître, et plus longue et meilleure ? »
— Oui, jeune homme, oui ! je le crois, je le sens :
C'est un besoin, pour moi, des plus pressants.
Sans cet espoir, il seroit impossible
A tout mortel raisonnable et sensible,
Je ne dis pas de supporter ses maux,
Mais d'expliquer ces horribles fléaux
Dont le fardeau pèse sur notre tête.
Le vice heureux, la vertu... je m'arrête :
Une autre vie !... à ce penser si doux,
L'ame respire, et le ciel est absous.

— « Ces vérités n'ont pas besoin de preuves,
« (Me dit quelqu'un) mais sont-elles bien neuves ?
« Votre espérance est un sujet usé. »
— D'accord : eh bien !... n'a-t-on pas épuisé
Maint autre genre, et le froid badinage,
Et la satire, et le libertinage ?
Puisqu'on s'obstine à répéter le mal,
Moi, je répète, et d'un courage égal,
Des vérités pures et consolantes.

Oui, reçois-moi sous tes ailes brûlantes,
O charité ! viens, prête à mes accents
Ton feu divin, tes charmes ravissants.
Avec transport, charité, je t'embrasse :

De tes deux sœurs prompte à suivre la trace,
L'une des deux nous fait croire à l'honneur;
L'autre promet et montre le bonheur;
Mais toi, peut-être es-tu le bonheur même.
D'une ame aimante, ô volupté suprême !...

« Aimante ! ah ! oui... (me dit la jeune Églé,
« Qui m'écoutoit et n'avoit point parlé):
La charité, dont le nom vous enflamme,
« Qui semble empreinte en vos yeux, dans votre ame,
« Je la sens bien ; mais parlons sans détour,
« N'est-ce pas là ce que l'on nomme *amour?* »
Églé rougit d'avoir été hardie
Jusqu'à ce point; elle fut applaudie;
Et puis chacun de répéter : « Mon cher,
« Ta charité, c'est de l'amour, c'est clair. »
Quand on m'eut bien plaisanté de la sorte :
Amour, leur dis-je, ou *charité*, qu'importe,
Pourvu qu'on aime? Encore j'insistai :
Non, votre amour n'est pas ma charité.
Cette tendresse, et légère et volage,
N'a qu'un printemps, la mienne n'a point d'âge,
Jamais ne s'use, et, loin de s'attiédir,
Semble plus vive à son dernier soupir.
Charmant d'ailleurs, l'amour est égoïste :
La charité ne respire, n'existe
Que pour autrui : l'amour veut de l'amour;
L'amitié même exige un doux retour :
La charité, plus pure en son essence,
Dispenseroit de la reconnoissance.
Que lui faut-il? elle aime pour aimer,
Et se nourrit, et se sent consumer

De cette ardeur sans cesse renaissante.
Que l'on attaque une personne absente,
Qu'on la soupçonne : ah ! sa voix la défend,
Comme on feroit son père ou son enfant.
Vous la voyez chercher de préférence
Les lieux qu'habite ou détresse ou souffrance,
Et faire encor des heureux en chemin.
On la peignit *une bourse à la main* (1) :
Soit. Mais son cœur, inépuisable source,
S'ouvre et s'épanche encor mieux que sa bourse ;
Source plus douce au sein de nos revers
Qu'un peu d'eau vive au milieu des déserts.
S'il suffisoit d'aimer pour la bien peindre,
Je la peindrois : mais qui pourroit l'atteindre,
Et la surprendre, et la suivre en tous lieux,
Quand elle échappe et se dérobe aux yeux,
Quand, d'une vie aux bienfaits consacrée,
La moitié même est peut-être ignorée ?
Le crime éclate, et hautement agit :
C'est la vertu qui se cache et rougit,
Dont la pudeur craint le bruit et la pompe.
Aussi, combien le vulgaire se trompe !
Il croit le mal plus commun qu'il ne l'est :
La charité le répare, et se tait.
Vincent de Paule (2) entend de la nature
Le cri plaintif et le touchant murmure :
Il en tressaille : en son sein paternel,
Il vous réchauffe, enfants qu'un sort cruel

---

1 Boileau, *Lutrin*, ch. VI.

2 Saint Vincent de Paule, entre autres actes de bienfaisance, a fondé le premier hospice des *Enfants-trouvés*.

Prive en naissant des regards de vos mères.
Ainsi par-tout ne voyant que des frères,
De *Las-Casas* (1) le zèle dévorant,
Trop foible, hélas! contre un fougueux torrent,
Lui déroba du moins quelques victimes.
Beau dévouement! transports vraiment sublimes!
Qu'on aime à voir l'énergique bonté
Ravir sa proie à la méchanceté!
Et toi, sur-tout, et toi,... quelle ame ingrate
Ne s'attendrit au seul nom d'Hippocrate?
Tu prodiguas, pendant quatre-vingts ans,
Ton art, tes soins, aux mortels languissants :
Dans tes écrits tu ravis, tu pénètres.
Ton ombre encor..., j'en appelle à nos maîtres,
Ou nous conserve, ou nous rend la santé.
Vous tous, enfin, qui de l'humanité
Séchiez les pleurs, ou vengiez la querelle,
Titus, Henri, Fénélon, Marc-Aurèle,
Dans la mémoire à jamais vous vivrez ;
Et vous aussi, bienfaiteurs ignorés,
Anges de paix et d'amour... car vous l'êtes,
Soyez bénis pour tant d'œuvres discrètes :
L'œil qui voit tout vous en garde le prix...
O charité! pour tes vrais favoris,
Du bien qu'on fait le plus touchant salaire
Est... ce bien même, et celui qu'on va faire.
Plaisir céleste! ineffables douceurs!
Charité pure!... Eh! pourquoi de ses sœurs
La séparer? Cette immortelle troupe

---

1 Qui n'a lu dans *Raynal* ces discours brûlants de charité, où l'archevêque *Las-Casas* plaidoit, contre ses propres compatriotes, la cause de l'humanité?

A tant de grace, et forme un si beau groupe!
Réunissons tous leurs charmes vainqueurs :
Et... puissions-nous les unir dans nos cœurs!
C'est à nos cœurs, mieux qu'à de vaines rimes,
De rendre hommage à trois vertus sublimes.
Heureux celui qui, ferme dans sa foi,
Croit à l'honneur, jugeant d'autrui par soi ;
Qui se résigne à sa longue souffrance,
Et la tempère, au moins, par l'espérance ;
En qui, sur-tout, l'ardente charité
Bénit, consacre, espoir et loyauté !

J'avois fini : nul ne prit la parole.
Plus de sourire et de babil frivole.
Sur tout le cercle en promenant mes yeux,
Je vis couler des pleurs délicieux :
J'avois touché mon petit auditoire.
En s'en allant... (pour finir cette histoire)
On répétoit, du même ton que moi,
« La charité, l'espérance et la foi ! »

LE POËTE ET SON JARDINIER,

DIALOGUE (1).

LE POETE.

Eh! c'est toi, Mathurin?

LE JARDINIER.

Moi-même.

LE POETE.

Toujours gai,
Je vois?

LE JARDINIER.

Un jardinier doit l'être au mois de mai.

LE POETE.

Mais tu l'es en tout temps.

LE JARDINIER.

Et vous, notre bon maître,
Toujours pensif, rêveur!... Si je puis m'y connoître,
Vous avez du chagrin. Oh çà! de bonne foi,
Croiroit-on bien qu'ici le plus joyeux c'est moi?

LE POETE.

Eh? pourquoi pas, mon cher?

LE JARDINIER.

Étant ce que vous êtes,

---

1 Cette pièce n'a été lue à l'Institut qu'en séance particulière. Comme j'y parle un peu de moi, je ne voulus pas la lire à la séance publique. J'espère que le lecteur me pardonnera de la lui offrir.

Cependant... au village on sait ce que vous faites,
C'est de la comédie; et je ne suis qu'un sot,
Ou, comme moi, chacun entendra par ce mot
Quelque chose de gai, de plaisant, qui fait rire;
Or je ne comprends pas, puisqu'il faut vous le dire,
Comment vous faites rire, en ne riant jamais.

LE POETE.

Jamais?...

LE JARDINIER.

Ou rarement.

LE POETE.

Je suis sérieux; mais...

LE JARDINIER.

Franchement, sérieux est bien voisin de triste;
Tenez; vous avez fait... comment donc? l'*Optimiste* :
C'est comme qui diroit l'homme toujours content;
Moi, je suis bien cet homme; en diriez-vous autant?
Vos ouvrages et vous ne vous ressemblez guère;
Ici tous les enfants ressemblent à leurs pères...

LE POETE.

Fort bien. Mais tu crois donc la comédie un jeu
Pour celui qui la fait? Tu te trompes un peu.
Puisque nous en parlons, il faut que je t'explique,
Mathurin, ce que c'est qu'un poëte comique.

LE JARDINIER.

Très volontiers.

LE POETE.

Écoute.

LE JARDINIER.

Allez, j'écoute bien.

LE POETE.

Le poëte comique est un homme de bien

5.

Qui de vices, sur-tout de travers innombrables,
Voudroit tout doucement corriger ses semblables;
Va-t-il d'un magister prendre l'air imposant?
Au contraire; il annonce un spectacle amusant;
On y court. Il présente alors maint personnage;
Chacun parle, ou du moins doit parler son langage,
Quelquefois vicieux, ridicule soûvent;
Et tel des spectateurs, dans ce tableau vivant,
Pour peu qu'il le voulût, pourroit se reconnoître,
Mais reconnoît plutôt ses voisins, qui, peut-être,
Lui rendent la pareille, aveugles comme lui.

LE JARDINIER.

C'est donc comme chez nous? chacun y rit d'autrui.

LE POETE.

Oui; mais tout en riant, au fond la comédie
Marche droit à son but, avec art s'étudie
A corriger les sots, les fripons, les méchants;
Et n'amusant jamais que les honnêtes gens,
Avec l'air du plaisir qu'elle promet et donne,
A le secret d'instruire aussi bien que le prône...

LE JARDINIER.

Je commence à comprendre; et même à ces sermons
On ne dort pas, je gage?

LE POETE.

     Eh! non, quand ils sont bons.
Ce que tu prenois donc pour un vain badinage
Est plus rude cent fois que votre jardinage,
Veut un plus long travail.

LE JARDINIER.

     A-t-on rien vu d'égal?
Vous donnez du plaisir, et n'avez que du mal.
Oh! cette comédie est vraiment singulière.

LE POETE.

Je crois t'avoir parlé quelquefois de Molière,
Mon maître, mon modèle...

LE JARDINIER.

Oh! oui, je m'en souvien,
Et vous m'en avez lu; cela m'amusoit bien.
A ce qu'il me paroît, c'étoit un habile homme,
Jamais je n'oublierai son *Bourgeois Gentilhomme*,
Qui veut, à soixante ans, rapprendre l'alphabet;
Et sa servante!... Enfin, croiriez-vous que Babet,
Quand par hasard encore elle songe à Nicole,
Fait ni plus ni moins qu'elle, et rit comme une folle?

LE POETE.

Oui?

LE JARDINIER.

Ce Molière-là devoit être bien gai?

LE POETE.

Il étoit sérieux au contraire.

LE JARDINIER.

Est-il vrai?

LE POETE.

Mélancolique même. Au fond du cœur, sans doute,
Il ressentoit ce charme et ces douceurs que goûte
L'honnête homme qui voit, qui sent la vérité;
Mais rien dans ses discours n'annonçoit la gaieté;
Et c'est le seul côté par où je m'en rapproche.

LE JARDINIER.

On ne vous auroit pas jadis fait ce reproche;
Car je vous ai connu bien plus gai qu'aujourd'hui.

LE POETE.

Peut-être en mon jeune âge: il s'envole; avec lui,
L'heureuse insouciance, et l'enjouement folâtre.

O! combien le chemin qui conduit au théâtre
Est escarpé, pierreux, de ronces hérissé!...

LE JARDINIER.

On aplanit, ratisse, arrache.

LE POETE.

Eh! oui, je sai
Que rien ne te résiste.

LE JARDINIER.

Oh! cela, je m'en pique.

LE POETE.

Mathurin, tu n'es pas un poëte comique.
C'est le plus rude état qui soit au monde entier :
Et je retournerois à cet ingrat métier!
J'aimerois mieux sans cesse arracher ronce, ortie...
C'en est fait; plus de vers, et plus de comédie.

LE JARDINIER.

Plus de vers?... Oui! que j'aille, en un dépit soudain,
Jetant bêche et râteau, crier: *Plus de jardin!*...
Il faut que vous rimiez, comme il faut que je plante.
J'ai bien encor pour vous une idée excellente.
Mais je n'ose...

LE POETE.

Pourquoi?

LE JARDINIER.

Sur un sujet pareil
Il n'est pas trop aisé de donner un conseil.

LE POETE.

Parle toujours.

LE JARDINIER.

Hé bien, dans le fond de mon ame,
Je vous souhaiterois...

LE POETE.
Eh! quoi donc?
LE JARDINIER.
Une femme.
LE POETE.
Une femme?
LE JARDINIER.
Oui, monsieur; c'est ce qu'il vous faudroit.
De l'ennui, du chagrin cela vous guériroit.
Ah! l'homme n'est pas né pour vivre solitaire.
Vous nous parliez d'un *Vieux Célé...*
LE POETE.
Célibataire?
LE JARDINIER.
Ah! oui : vous y donnez une forte leçon
Pour que l'on se marie, et vous restez garçon!
A tous vos beaux discours on ne se fiera guères!
Vous faites des sermons; oui; mais de vos confrères
Vous suivez donc l'exemple, et comme eux vous trichez;
Car vous ne faites pas ce que vous nous prêchez...
LE POETE.
Je m'étois déja fait ce reproche à moi-même.
LE JARDINIER.
Il est si doux d'avoir quelqu'un, là, qui nous aime!
Vous avez le cœur bon, et vous resteriez seul?
LE POETE.
J'aurai mes sœurs; ton fils n'est-il pas mon filleul?
LE JARDINIER.
Ce n'est pas votre enfant.
LE POETE.
Les piéces que j'ai faites,
Ce sont là nos enfants, à nous autres poëtes.

LE JARDINIER.

Ceux-là ne disent mot, et ne caressent pas.
Vous aimez à jouer avec les miens. Hélas!
Vous verriez d'un autre œil cette chère campagne,
Si vous la partagiez avec une compagne;
Si vous aviez sur-tout l'espoir de la laisser
A vos enfants; alors, soit dit sans vous blesser,
Au lieu de peupliers, vous planteriez des chênes.
Mais bon! je perds le temps en remontrances vaines.
Vous ne m'écoutez pas; vous rêvez...

LE POETE.

Eh! oui, tien,
Je songe à mettre en vers ce naïf entretien.

LE JARDINIER.

En vers? c'est trop d'honneur que vous voulez me faire.

LE POETE.

Un poëte, bon homme au fond, quoique sévère,
Boileau..., mais le pourrai-je imiter sans orgueil?
A su rendre immortel son jardinier d'Auteuil,
Antoine, en lui parlant dans une belle épître;
A l'immortalité je n'ai pas même titre;
Mais tu vivras, du moins, aussi long-temps que moi.

LE JARDINIER.

C'est tout ce que je veux. *Mathurin* peut, je croi,
Figurer dans un vers tout aussi bien qu'*Antoine*.
Mes enfants n'auront pas de moi grand patrimoine;
Mais on dira: « Leur père, homme franc, sans chagrin,
« Étoit le jardinier du bon... »

LE POETE.

Eh! Mathurin,
Qu'importe ce qu'un jour de nous on pourra dire?
Soyons heureux et bons; cela doit nous suffire.

Mais, adieu; car tes yeux ont besoin de sommeil.
LE JARDINIER.
Bonsoir, monsieur; songez à mon petit conseil:
Le hameau tout entier par ma voix vous invite.
LE POETE.
Hé bien, j'y penserai.
LE JARDINIER.
    Pensez-y donc bien vite.
Il s'agit du bonheur, et les moments sont chers;
Des vers, une femme...!
LE POETE.
    Oui? commençons par les vers.

L'HOMME ET SA CONSCIENCE,

DIALOGUE.

LA CONSCIENCE.
Enfin te voilà seul, et je veux te parler.
L'HOMME.
Qu'entends-je?
LA CONSCIENCE.
Écoute-moi.
L'HOMME.
Mais qui vient me troubler?
Triste comme je suis?...
LA CONSCIENCE.
Eh! c'est pour cela même,
Lorsqu'on sent une peine, un embarras extrême,
Que l'on souffre en secret, c'est alors que je vien.
L'HOMME.
Laissez-moi.
LA CONSCIENCE.
Vainement tu fuis cet entretien:
Te voilà malheureux! il faut que tu m'entendes;
Il faut que dans ton cœur avec moi tu descendes.
L'HOMME.
Eh mais... qui donc es-tu, génie, ange ou démon?
LA CONSCIENCE.
Ton bon ange, en effet...
L'HOMME.
Hé bien, parle, ton nom?...

Oui, ton nom? car c'est trop lasser ma patience.
LA CONSCIENCE.
Puisqu'il faut me nommer, je suis ta conscience.
D'où vient que ce seul nom te cause un tel effroi,
Quand tu n'as point d'ami plus fidèle que moi?
Allons, de ta journée il faut me rendre compte...
Au front voilà déja le rouge qui te monte!...
Tant mieux: cette pudeur marque un assez bon fonds;
J'espère encor de toi; rougis, soit, mais réponds.
L'HOMME.
De quel droit? à quel titre?...
LA CONSCIENCE.
-Eh! demande inutile!
Pour ton propre intérêt, sois confiant, docile;
Et, puisque tu m'as su mille fois éprouver,
Ne me conteste plus le droit de te sauver.
L'HOMME.
Me sauver, dites-vous?... et de quoi?
LA CONSCIENCE.
Tu l'oublies,
Ingrat!... de mille excès et de mille folies,
De toi-même en un mot: tu n'es point un méchant;
Mais je démêle en toi plus d'un fatal penchant
Qui te rend mes secours, mes leçons nécessaires;
Va, je te connois bien: et tiens, soyons sincères;
Ne t'ai-je pas surpris desirant, espérant,
Ou l'exil d'un rival, ou la mort d'un parent?
Que sais-je?...
L'HOMME.
Quoi! me faire un crime de pensées,
Qu'en y réfléchissant j'ai bien vite chassées?

LA CONSCIENCE.

Et ces réflexions, qui te les inspira?
Que d'actions, d'ailleurs...!

L'HOMME.

Allons!... nous y voilà ;
De la morale...!

LA CONSCIENCE.

Eh bien!... la mienne est saine et pure,
Mais toute simple ; oui, c'est la loi de nature.
Un Dieu, de bonnes mœurs, la douce humanité,
C'est mon seul cri.

L'HOMME.

J'en sens toute la vérité,
Et n'ai point, grace au ciel, de principes contraires :
Je crains Dieu, j'ai des mœurs, et je chéris mes frères.

LA CONSCIENCE.

Bon : d'après ton aveu, te voilà donc parfait!
Ce qu'on paroît, souvent on croit l'être en effet.
Tu crains Dieu, me dis-tu ; je consens à le croire :
Mais est-il quelquefois présent à ta mémoire?...
Prends garde; car je suis dans le fond de ton cœur :
Bénis-tu, chaque jour, ton immortel auteur?
T'ai-je entendu jamais célébrer sa puissance?
Ressens-tu le besoin de la reconnoissance?
N'est-ce pas l'effroi seul qui t'arrache un *ah! Dieu?*
Réponds.

L'HOMME.

Il est bien vrai que j'en parle très peu.

LA CONSCIENCE.

Est-ce de longs discours qu'un tel sujet réclame?
Je ne voulois qu'un mot, qu'un simple élan de l'ame :
J'en dirois trop moi-même : au nom de l'Éternel,

Mets la main sur ton cœur, et regarde le ciel ;
Il suffit. Mais parlons de tes mœurs, mœurs si pures !
Et l'on n'en peut douter, car c'est toi qui l'assures.

L'HOMME.

Je me pique en effet...

LA CONSCIENCE.

J'entends ; de goût, d'honneur,
De délicatesse, oui ; mais en es-tu meilleur ?

L'HOMME.

Eh mais, je ne vois pas de quoi je suis coupable ;
De scandale, d'excès, je me sens incapable :
Quel mal fais-je, en un mot ?

LA CONSCIENCE.

J'admire, en vérité,
Ton air de confiance et de sécurité.
Mais tu ne crains donc pas qu'ici je te reproche
Ta hauteur, ton dédain pour tout ce qui t'approche,
Des gens de bien, d'honneur, lâchement délaissés,
Et les heureux du jour sans pudeur encensés ?...
Telle femme, à ta foi qui s'étoit confiée,
Pour un moins digne objet bientôt sacrifiée,
Et cette double soif du plaisir et de l'or,
Et...

L'HOMME.

Vous ne passez rien.

LA CONSCIENCE.

Que de fautes encor
Je pourrois !... j'en ai dit assez pour te confondre.
Quel mal fais-je, dis-tu ?... J'aurois pu te répondre :
« Mais quel bien as-tu fait ?... avec tant de moyens,
« En quoi sers-tu l'état et tes concitoyens ?...
« Au moindre sacrifice as-tu su te résoudre ?...

« Sur-tout... car à ce prix de tout je puis t'absoudre,
« As-tu senti la tendre et touchante pitié? »

L'HOMME.

Oui, certes; mille fois j'ai servi l'amitié!

LA CONSCIENCE.

Est-ce là me répondre?... Obliger ce qu'on aime
Ce n'est point un bienfait, c'est se chérir soi-même :
Laissons là tes plaisirs; ces plaisirs qu'entre nous
Tu dépouilles encor du charme le plus doux,
Le secret; tu ne sais obliger qu'avec pompe.

L'HOMME.

Je n'ai rien dit pourtant...

LA CONSCIENCE.

Ce n'est pas moi qu'on trompe.
Grace à ta modestie, on ne l'a que mieux su :
Tu fuis; mais en fuyant tu veux être aperçu.
Parlons des vrais bienfaits. As-tu, dans le silence,
Consolé l'infortune, assisté l'indigence?

L'HOMME.

Quel bien ferois-je? hélas! moi-même ayant si peu,
Presque pauvre?...

LA CONSCIENCE.

Toi, pauvre?... y paroît-il, bon Dieu!
Qu'on te propose un bal, une fête, un spectacle,
Alors ta pauvreté n'est plus qu'un foible obstacle :
Ainsi, pour tes plaisirs, tu ne manques de rien,
Et n'es pauvre jamais que pour faire du bien.

L'HOMME.

Vos reproches sont durs.

LA CONSCIENCE.

Les vérités t'offensent.
J'ose te dire, moi, ce que tes amis pensent.

Hier, à ce repas, je te crioîs en vain :
« Songe aux infortunés qui périssent de faim. »
Cruel, étrange oubli !... mais sur l'heure on l'expie :
J'ai gâté tous tes mets, comme une autre Harpie.
Ce devoir me regarde, et je le remplirai ;
Et, loin de me haïr, tu dois me savoir gré
De ces regrets cuisants, de ces moments d'angoisse :
Ils empêchent du moins que le mal ne s'accroisse.
Songes-y bien : ce frein qu'en frémissant tu mords,
Peut devenir pour toi l'aiguillon du remords.
Ce mot t'effraie ? ah ! crains la chose ; entends l'orage
Qui commence à gronder dans le lointain.

L'HOMME.

Courage !
Grondez, puisque pour vous c'est un si grand besoin.
Mais il est... et j'en puis citer plus d'un témoin,
Des consciences, là, d'un meilleur caractère,
Que l'on fait, à son gré, parler ou bien se taire ;
Avec qui, tôt ou tard, on peut s'accommoder ;
Le prodigue à la sienne a su persuader
Qu'il étoit généreux, et l'avare économe,
Le lâche un esprit doux : tel s'érige en grand homme,
En profond politique, et n'est qu'un intrigant ;
Tel se dit un héros, qui n'étoit qu'un brigand.
Même en se repaissant de vengeances, de haines,
On se croit au-dessus des foiblesses humaines,
Aussi, voyez leur air et tranquille et serein ;
Ils semblent n'avoir tous scrupule ni chagrin :
Avouez-le, et croyez à tant d'expériences,
Pour une vraie il est dix fausses consciences.

LA CONSCIENCE.

Voudrois-tu par hasard que la tienne le fût,

Et qu'à ton gré sa voix ou parlât ou se tût ?
Pour ton bonheur, plutôt, je suis incorruptible.
L'HOMME.
Encor si vous étiez un peu moins inflexible !
LA CONSCIENCE.
Tu crois donc qu'il en est qui se laissent fléchir,
Que d'un joug incommode habile à s'affranchir,
Avec sa conscience, un beau jour on s'arrange ?
Je sais bien qu'on le dit ; et ce système étrange
Plairoit fort, je l'avoue, à de certaines gens :
C'est le dernier recours, c'est l'espoir des méchants.
Vain réfuge ! au silence on ne peut nous réduire,
On ne peut nous tromper, encor moins nous séduire.
Ces heureux, que tu crois dans un calme profond,
Regarde, le contraire est écrit sur leur front.
Leurs soucis, leur pâleur, et cette inquiétude,
Et cette peur que tous ont de la solitude,
Tout décèle le trouble et l'effroi de leur cœur ;
Je sais qu'on répondra par un rire moqueur.
En un vain tourbillon, oui, sans doute on s'agite,
On s'étourdit... que sais-je ?... un moment on s'évite ;
Mais à sa conscience on ne peut échapper.
D'une funeste erreur je veux te détromper.
Ce sommeil, ce néant, qu'invoque le coupable,
Seroit pour tes pareils un malheur véritable,
Non, tu n'en es pas là, j'en réponds ; et tu peux
Te réconcilier avec moi, si tu veux.
L'HOMME.
Si je le veux ?... ah ! oui ; j'en fais l'aveu sincère :
Je ne puis avec vous être toujours en guerre.
LA CONSCIENCE.
Eh bien ! faisons la paix : je te l'offre.

L'HOMME.
                        A l'instant.
De moi-même déja je suis moins mécontent.
Vous m'avez soulagé.
    LA CONSCIENCE.
                Tu fuyois mes approches,
Pourtant! crains mon silence, et non pas mes reproches :
Préviens-les donc, sois juste; et satisfait de toi,
Tu ne craindras jamais d'être seul avec moi.

LA CAMPAGNE ET LES VERS.

Dans un de ces loisirs qu'un Dieu daigna me faire (1),
Loisirs qu'à la richesse, aux grandeurs, je préfère,
J'errois dans la campagne, un poëte à la main ;
Mon livre, et mille objets semés sur mon chemin,
M'offroient, comme à l'envi, ces images chéries,
Si propres à nourrir de tendres rêveries !
J'admirois par quel charme et quels accords touchants,
L'amour des vers s'allie avec l'amour des champs.
Attrait délicieux ! puissante sympathie !
Que je plains le mortel qui ne t'a point sentie !
Un doux instinct unit deux goûts si purs, si chers :
On tressaille à ces mots, la campagne et les vers !
Cette double pensée émeut, ravit, enflamme :
Dans ces nobles élans, besoin d'une belle ame,
Le poëte a d'abord célébré l'Éternel :
Qui put mieux l'inspirer que l'aspect d'un beau ciel ?
Quels accents dut prêter à sa reconnoissance,
Ce chef-d'œuvre imposant de bonté, de puissance,
Que l'univers étale à nos yeux enchantés !
La verve a moins d'essor au milieu des cités,
Où, rabaissé toujours vers de foibles images,
On marche environné de ses propres ouvrages ;
Aux champs nous ne voyons, n'admirons en tout lieu,
Que ceux de la nature, et les bienfaits d'un Dieu (2).

1 *Deus nobis hæc otia fecit.* Virg. Ec. I.

2 Cette pensée est tirée des *Études de la nature*, de mon respectable collègue, M. Bernardin de Saint-Pierre.

Là, plus religieux, l'homme est aussi plus tendre.
Si le premier accent que sa voix fit entendre
Fut un cantique, un hymne à la divinité,
Le second fut d'amour, et chanta la beauté.
La beauté, dans ton sein, peut-être a plus d'empire,
O campagne! l'amour plus tendrement soupire :
Tout nous parle d'aimer, en ton riant séjour;
Tout ce que l'on entend semble un concert d'amour;
Et la vive nature, à l'amant vrai, fidèle,
Inspire un abandon simple et touchant comme elle.
C'est là que vous naissez, douces affections,
Sentiments délicats, franches expressions :
L'ame, l'accent, les traits, tout, dans la solitude,
Des goûts purs, innocents, contracte l'habitude.

Mais en quels nobles tons y sauroient éclater
Et la lyre et la voix dignes de la chanter!
Voûte étoilée, éclat de la naissante aurore,
Soleil, astre des nuits plus inspirant encore,
Forêts, vallons, coteaux, verdure, aimables fleurs,
Riche variété de sites, de couleurs,
Toujours nouvelle; et vous, ame de ce grand monde,
Vents, dont le souffle agite et le feuillage et l'onde;
Bêlement des troupeaux dans la campagne errants,
Des ruisseaux doux murmure, ou fracas des torrents;
Écho, bruit des travaux et des danses rustiques,
D'oiseaux joyeux ramage ou chants mélancoliques,
Vous enflammez nos cœurs, et vous nous invitez,
Vous nous aidez vous-même à peindre vos beautés.
Quels lieux furent en vers plus riches, plus fertiles?
Les champs à Théocrite ont dicté ses Idylles,

Ce modéle si rare, et si bien imité(1),
Simples, agrestes même en leur naïveté,
Mais vivantes de verve et de traits énergiques :
Ils virent naître aussi ces belles Géorgiques
Qu'au sexe aimable et tendre, avec tant de succès,
A fait connoître, aimer, apprendre en vers françois
Ce traducteur, poëte, et qu'on traduit lui-même(2).
Virgile, auteur divin, qu'on admire et qu'on aime,
Quel pur enthousiasme, et quels transports sacrés,
A ton génie heureux les champs ont inspirés!
O! qui n'aime à te suivre en ton séjour champêtre,
Et mollement couché sous l'ombrage d'un hêtre (3),
Avec toi ne répéte : « Heureux l'agriculteur!
« Heureux, s'il connoissoit, s'il sentoit son bonheur(4)! »

Bords fleuris, beaux vallons, où commença ma vie(5),
Vous la consacrer toute eût borné mon envie :
Au moins je la partage entre la ville et vous.
Je ne m'en défends pas, votre aspect m'est plus doux :
Mais pourrois-je oublier que c'est au sein des villes
Que j'appris à bénir les champêtres asiles?
Je vous trouvai plus beaux, décrits en si beaux vers :

1 . . . . . *Sicelides musæ*, etc.
Virg. Buc.

2 La traduction des *Géorgiques* est peut-être encore le meilleur ouvrage de M. Delille; et ce n'est pas peu dire.

3 *Tityre, tu patulæ recubans sub tegmine fagi.*
Virg. Ecl. I.

4 *O fortunatos nimium, sua si bona norint, agricolas!*
Id. Georg. lib. II.

5 Bords de l'Eure, entre Chartres et Maintenon, *lieux charmants!*...

Quand j'ai revu Paris, vous m'en êtes plus chers.
Là, doublement heureux, je sais avec délice,
Marier librement l'étude et l'exercice ;
Et lorsque j'ai taillé mes jeunes arbrisseaux,
Arrosé mon parterre, élagué mes berceaux... ;
O! si d'un seul regard tu daignois me sourire,
Dieu des vers! que j'aurois de plaisir à décrire
Les prés, les eaux, les bois, ces troupeaux, cet essaim,
Tout ce que la campagne enferme dans son sein!
Simple, et laissant bien loin bel esprit et manière,
J'aurois naïvement, comme le bon Vanière (1),
Dit les soins, les trésors sans cesse renaissants,
Ces nombreux animaux à l'homme obéissants,
Son vigilant gardien, ses compagnons d'ouvrage :
J'aurois voulu tout peindre ; oui, j'eusse eu le courage
De nommer dans mes vers tous les fruits du verger,
Et jusqu'aux moindres dons du fécond potager :
Le naturel l'emporte, et brave un froid usage.
Sur-tout, pour animer ce vaste paysage,
Je ne me serois point interdit la douceur
D'en présenter l'heureux, le digne possesseur :
La plus belle contrée est un désert, sans l'homme.

Toi, qu'invoque mon cœur, si ma voix ne te nomme,
Vénérable vieillard, digne de l'âge d'or,
Au déclin de tes ans, joyeux, robuste encor,
Vrai sage! on t'auroit vu, tel que je te contemple,
De la simplicité donnant à tous l'exemple,
Parcourant tes guérets, rappelant tes troupeaux.

1 Qui n'a lu et relu ce *Prædium rusticum*, peinture si fidèle et si naïve des beautés et de la vie des champs? Je regrette de n'avoir pas cité Rapin, chantre si brillant des jardins.

Réglant tout d'un coup d'œil ; et, les jours de repos,
De ton père à tes fils répétant les louanges,
Les instruisant dans l'art des moissons, des vendanges,
Béni dans ta famille, et par-tout respecté !...
En ce tableau vivant et plein de vérité,
On eût, j'ose le croire, appris à te connoître,
O campagne ! et mon vers t'eût fait aimer peut-être.

Et j'exprime ces vœux, sans étude, sans art :
Tout plein de mon sujet, comme un franc campagnard,
Sans égoïsme, en moi je peins ce qui se passe ;
Quand je dis *moi,* c'est vous, c'est tout autre à ma place.

Heureux, si l'on ne peut, d'un trop timide accent,
Célébrer ce qu'on voit, ni chanter ce qu'on sent,
D'applaudir en secret aux tableaux qu'en retrace
Maint poëte charmant ! O trop aimable Horace !
On te suit, on te parle, on se croit à Tibur :
Car cet amour des champs, si délicat, si pur,
En tes divers écrits, tout l'annonce et l'inspire,
L'ode sublime ou tendre, et jusqu'à la satire.
Combien, Virgile et toi, vous fûtes lus, relus !
On a peine à comprendre, on ne se souvient plus
Que vous ayez coûté tant de pleurs au collége (1).
Qui ne t'admire, Ovide ! et pourtant le dirai-je ?
Celui qui dans ses bois, au pied d'un arbre assis,
En deux langues a lu *Philémon et Baucis,*
Admire du latin l'esprit, le sel attique,
La saillie, et sur-tout le luxe poétique :

1 Qui croiroit que c'étoit dans les classes une tâche pénible (*pensum*), disons mieux, un châtiment, que de copier cent vers de Virgile ?

Mais en françois, que d'ame et de simplicité !
Quel naturel exquis, et quelle vérité !...
On diroit que, des deux, l'ancien est La Fontaine.

C'est ainsi, bon Gesner, que s'épanche ta veine.
Tes Idylles, *Daphnis*, lus en des bois, des prés,
Frais, riants, comme ceux qui les ont inspirés,
Font jouir à-la-fois du peintre et du modèle.
La tendre Deshoulière, à son instinct fidèle,
Ne voyoit que ruisseaux, que moutons, que vergers :
Et Racan sembla vivre au milieu des bergers.
Le sublime Thomson, philosophe et poëte,
Nourrit son beau génie au sein de la retraite :
L'ami des champs, des vers, doit bénir les *saisons*,
Doit les bénir deux fois; car il est deux Thomsons.
Sans marcher son égal, digne au moins de ton maître,
Saint-Lambert, tu t'es peint, sans y songer peut-être :
Tes écrits, tes vertus, retracent à nos cœurs
D'un patriarche heureux la vieillesse et les mœurs (1).
Combien d'illustrés noms honorent la campagne !
Oui, c'est là qu'ont écrit Buffon, Rousseau, Montagne,
Vrais poëtes par l'ame; oui, nous devons aux champs
La prose la plus tendre, et les plus nobles chants.
Ceux même à qui la ville étoit si nécessaire,
Molière, et des rimeurs le critique sévère,
De leur siècle, à Paris, observant les travers,
Dans leurs jardins d'Auteuil alloient chercher des vers (2).
Ces profonds écrivains, ces poëtes sublimes,

1   *Fortunate senex !*
        VIRG. Ecl. I.

2 Quel amour des champs respirent l'épître à Lamoignon, et celle au jardinier *Antoine* ?

Amour sacré des champs, c'est toi qui les animes :
Le chantre d'*Ilion* peignit un vrai jardin (1) :
Celui qui retraça les berceaux frais d'*Éden* (2) ;
Celui qui de pasteurs entouroit Herminie (3),
Tous ceux qui dans leur ame ont puisé leur génie,
Vivoient dans la retraite, ou de loin l'adoroient.
   Quels regrets, quels adieux leurs muses soupiroient,
Si le triste devoir, à leur paisible asile,
Les arrachoit, ou bien dès qu'au sein de la ville,
Les arts et l'amitié les avoient rappelés !
Vous les entendez tous, comme autant d'exilés,
Et se plaindre et gémir : l'un soupire, et s'écrie :
« Dieux ! quand te reverrai-je, ô campagne chérie (4) ! »
« Heureux, dit l'autre, heureux qui, libre de tous soins,
« Cultive en paix son champ, et jouit sans témoins (5) ! »
« O que j'aime à jamais les fleuves, les bocages (6) ! »
Dit un autre ; « O vallée ! ô fortunés rivages !

---

1 Jardins d'*Alcinoüs* ! tous nos jardins anglois ne vous ont point fait oublier.

2 Adam et Ève, au paradis terrestre, sont à mon gré ce qu'a fait Milton de plus touchant, et peut-être ce qu'il y a de plus beau en anglois.

3 C'est dans cet épisode, vraiment champêtre, que le Tasse me paroit le plus exempt de *concetti*, tribut que semblent devoir les meilleurs poëtes italiens.

4   *O rus, quando ego te aspiciam !*
                               Hor. Sat. I., lib. I.

   O ubi campi !
                    Virg. Georg., lib. II.

5 *Beatus ille qui procul negotiis*, etc.
                                 Hor. Carm. II.

6 *Flumina amem, silvasque inglorius !*
                                 Virg. Georg., lib. II.

« Qui fixera mes pas sous vos ombrages frais (1) ! »
L'un regrette ses prés, et l'autre ses forêts :
Ils redemandent tous leur demeure champêtre.
Les vrais amis des champs se font tous reconnoître
A ces longs souvenirs, à cet accent plaintif,
A ce je ne sais quoi, si tendre, si naïf !
Leur style en est plus doux, leur morale plus pure :
Rien de forcé, de faux ; c'est par-tout sa nature,
  Je n'ai peint qu'à demi de si touchants effets.
Si, de la solitude étalant les bienfaits,
Je disois les douceurs qu'on goûte à la campagne,
L'innocence, la paix qui toujours l'accompagne ;
Si, chantant tour-à-tour ses jeux et ses travaux ;
Je la montrois versant un long oubli des maux,
Prompte à guérir de l'or cette soif importune,
Soulageant la douleur, consolant l'infortune,
Calmant nos passions, tempérant nos desirs,
Et, comme à nos chagrins, fidèle à nos plaisirs,
Ne nous faisant goûter que de pures délices ;
Enfin, n'en offrit-on que de simples esquisses,
On vous verroit, du moins si l'on avoit des yeux,
Solitude chérie, « ô champs aimés dès cieux ! »
Vœu de tous les états, charme de tous les âges,
Nous rendre plus heureux, plus libres et plus sages.

1   *O qui me gelidis in vallibus Hœmi*
   Sistat, et ingenti ramorum protegat umbrâ !
                              Virg. Georg., lib. II.

DIALOGUE

ENTRE PROSE ET POÉSIE.

POÉSIE.

A moi, Prose, deux mots.

PROSE.

Ah! Poésie, c'est toi!

POÉSIE.

Un moment, sans témoin,
Causons.

PROSE.

Volontiers.

POÉSIE.

Nous nous voyons souvent, mais d'un peu loin,
Presque en passant; jamais nous n'avons, ce me semble,
Parlé, dialogué, ce qu'on appelle, ensemble.
Chère Prose, une fois donnons-nous ce plaisir;
Aussi bien, toutes deux nous avons du loisir.

PROSE.

Il n'est que trop vrai.

POÉSIE.

Ne crains point mes grands airs, mon style; on sait, ma chère,
« Passer du grave au doux, du plaisant au sévère. »
Sans me piquer ici d'éblouir, de briller,
Oui, je veux bien descendre au style familier.

PROSE.

Tout comme il te plaira. J'ai aussi plus d'un ton,
et je me conformerai au tien.

POÉSIE.

Avec ta modestie, en honneur, tu m'amuses :
Dès le berceau, formée au commerce des muses,
Je pris un noble essor : je ne sais quel accent,
Plus de feu, plus de verve, un tour vif et pressant,
Tout mit entre nous deux un immense intervalle.
Aussi, toujours ta sœur, et jamais ta rivale,
Qui de mes favoris jusqu'à toi dérogea?

PROSE.

Qui? *Voltaire*, par exemple.

POÉSIE.

Tu crois qu'entre nous deux son cœur se partagea?...
Je me souviens encor de certaine éptihète,
Trop maligne, entre nous, pour que je la répète.

PROSE.

Mauvaise plaisanterie. Voltaire s'est-il *avili* en écrivant sous ma dictée *Zadig*, *l'Ingénu*, *Candide*, et tant d'autres ouvrages plus importants? Va, quoique chacune de nous ait sa physionomie et son style, nous n'en sommes pas moins toutes deux élèves de la grammaire, de la grammaire dont, par parenthèse, nous avons quelquefois oublié les leçons; nous n'en sommes pas moins sœurs, même sœurs jumelles.

POÉSIE.

C'est moi qui suis l'aînée.

PROSE.

Toi, l'aînée? la prétention est plaisante.

POÉSIE.

Elle est nouvelle, au moins.
C'est la première fois que, même sans témoins,
Deux femmes, à l'envi, briguent le droit d'aînesse :

Mais je tiens à mon rang bien plus qu'à ma jeunesse.
Nous, jumelles! quoi, Prose, as-tu pu l'oublier?
Je chantois, tu savois à peine bégayer;
Soumise encore aux lois de la froide grammaire,
Quand j'inspirois déja Moïse, Orphée, Homère.
Qui de nous deux, d'abord, osa s'ouvrir les cieux?
Qui chanta la première et l'Olympe et les dieux,
Et ces vaillants héros, presque tous mon ouvrage,
Et que ma voix fit dieux, autant que leur courage?
C'est ainsi que ma veine épanchoit ses trésors,
Ma pauvre Prose! et vous, que faisiez-vous alors?

PROSE.

Je faisois ce que je fais à présent : j'avois moins d'éclat, mais cependant j'existois. Parmi les sœurs, telle brille davantage, telle autre est plus utile. Sans me vanter, j'ai quelquefois réformé ton ouvrage: tu avois tout confondu, j'ai débrouillé ce chaos : tu enfantois des fictions, je fis parler la vérité : tu avois créé la fable, c'est à moi que l'on doit l'histoire.

POÉSIE.

Oui! beau présent, dont l'homme étrangement profite!
Je l'ai dit quelque part : « l'erreur a son mérite. »
Mais toi-même..., et je ris de ta naïveté,
On diroit que jamais tu n'as rien inventé!
N'as-tu pas, soit erreur, soit défaut de mémoire,
Introduit bien souvent la fable dans l'histoire?
Sans être plus brillants, ton Hérodote et toi,
N'êtes ni plus exacts ni de meilleure foi.

PROSE.

Cela est bientôt dit; et si je voulois justifier Hérodote,... mais nous nous écartons. Tu te crois donc la première langue du monde! Eh! ma sœur! ne fus-je pas, avant toi, l'interprète des plus tendres affections de l'ame? N'ai-je pas, la première, fait bégayer à l'enfant le nom de père, inspiré les épanchements de l'amitié, murmuré les doux mots à l'oreille de l'amour?

POÉSIE.

« Murmuré de l'amour les doux mots à l'oreille!... »
J'admire dans ta bouche une phrase pareille.
Ma bonne sœur, crois-moi, parle tout uniment:
Traite à fond la science et le raisonnement:
Sers, j'y consens, d'organe à l'amitié touchante;
Mais oserois-tu bien m'imiter quand je chante,
Quand je saisis l'accent, le cri des passions,
Quand par le feu, la verve et les expressions,
Je peins les sentiments les plus profonds de l'ame?
Apprends que les transports d'une brûlante flamme,
Et l'art charmant des vers sont nés le même jour,
Et que j'ai soupiré le premier chant d'amour.

PROSE.

Fort bien! vous verrez que l'on n'a jamais soupiré qu'en vers, et qu'il faut être poëte pour dire *je t'aime!* Eh! ma chère sœur, il a toujours suffi pour se faire entendre, d'un mot, d'un regard; cela dit tout. Le silence même est souvent ce qu'il y a de plus éloquent; et l'amour pourroit se passer de nous deux. Va, qui chante ou raconte les faveurs de sa maîtresse, et même ses rigueurs, n'a point encore aimé, ou n'aime plus.

POÉSIE.

Dieux! s'il en est ainsi, le monde est bien crédule.
Anacréon, Térence, et toi mon cher Tibulle,
Vous tous, dont le vers doux, par les graces formé,

Peignit si bien l'amour, vous n'auriez point aimé?
Et toi, Virgile aussi! peintre de la nature,
Le sentiment, chez toi, n'étoit qu'une imposture;
Et jamais, dans un tendre et sincère abandon,
Ton cœur n'a partagé les douleurs de Didon!

PROSE.

Tu exagères ici, comme à ton ordinaire. J'estime, j'aime Virgile, parcequ'il est à-la-fois plein de feu et sage, harmonieux et vrai; et *vrai*, entendez-vous, ma sœur? c'est un mérite rare chez vos favoris. Vous sacrifiez souvent la justesse à la grace, et la raison au desir de briller : vous n'avez pas toujours formé des Boileau. Mais, après tout, c'est peut-être la faute des vers eux-mêmes.

POÉSIE.

Belle excuse, vraiment! la faute des vers mêmes?
Quoi! de mes ennemis tu redis les blasphèmes!
Voudrois-tu, dans un froid et ridicule accès,
De ton La Mothe-Houdard réveiller le procès,
Et m'accusant encor de quelque plaisant crime,
Me faire, sans retour, bannir avec la rime?

PROSE.

Non, non. Je critique les vers, mais je ne veux pas les proscrire : je ne hais pas jusqu'à ce point mes plaisirs. J'honore la douce prosodie, l'harmonie des tours, la pompe des images, la hardiesse même des inversions; mais, pour le reste, dont tu es si fière, ton rhythme, ta césure, tes rimes sonores et souvent vides de sens, tes épithètes retentissantes, tous ces graves riens...

POÉSIE.

Rhythme, Césure... ô ciel! *Rime* sur-tout, des riens!

Tu parles bien en Prose. Eh! mais, tous ces liens,
Cette gêne piquante, et ces nobles entraves,
Dont je m'honore, moi, que j'aime et que tu braves,
Loin d'étouffer chez moi le sens, l'expression,
Lui donnent plus de nerf, plus de précision :
Et toi, libre, facile, en un mot sans excuse,
Tu te laisses aller et traînante et diffuse.
Avec sa période et son style pompeux,
Ton ami Cicéron n'est-il pas trop verbeux?

PROSE.

J'ai rendu justice à Virgile : parle avec égard de Cicéron; Cicéron, le modèle de l'éloquence, et toujours pur, clair, plein de sens : cite-moi vingt vers de suite qui aient ce mérite.

POÉSIE.

Je pourrois, en réponse à ta belle critique,
Citer Racine entier, et tout l'*Art poétique*.
Nomme-moi, nomme un seul de tes chers prosateurs,
Dont la raison... que dis-je? ah! malgré tes hauteurs,
Tu sens trop ce que vaut la noble poésie :
Tu peux la décrier, mais c'est par jalousie.

PROSE.

Qui? moi, jalouse? et de quoi? N'ai-je pas eu, comme toi, mes succès, mes élèves, mes amis? Si tu parles d'Homère, je nommerai Platon et Plutarque : crois-tu que Démosthène et Tacite ne balancent pas la gloire des Sophocle, des Pindare? Que Corneille et Molière éclipsent Pascal et Bossuet? De nos jours, tu n'as eu presque à te vanter que de Voltaire; et moi, je compte Montesquieu, Buffon, Bernardin de Saint-Pierre; enfin, chacune de nous a eu son Rousseau.

POÉSIE.

Ils sont à moi tous deux : oui, nobles interprétes
Du génie et du goût, vous êtes tous poëtes.

PROSE.

Voilà encore de tes chimères! ainsi l'on brouilleroit tout. Sœur jalouse et ambitieuse! si j'allois, à mon tour, te disputer tes poëtes?

POÉSIE.

Je pourrois t'en céder plus d'un, sans nuls regrets :
J'en aurois tout l'honneur; car je t'enléverois
Tout ce que dans ta langue il est d'auteurs sublimes,
Et tu n'aurois de moi que des faiseurs de rimes.

PROSE.

Cessons ce débat : quel fruit en recueillerions-nous? Disputons plutôt à qui sera le plus utile. Crois-moi, ma sœur, réprime un peu les saillies de ton imagination : elle t'a égarée plus d'une fois : reviens sur tes pas.

POÉSIE.

Courage! il te sied bien de venir me prêcher,
Comme si tu n'avois rien à te reprocher!
Lorsque tu prends ainsi les airs d'une matrone,
Tu ne m'en fais que mieux songer à ton Pétrone :
Si j'égayai parfois des contes, des couplets,
N'as-tu pas inspiré Bocace et Rabelais?

PROSE.

Oui, sur lesquels tu as encore enchéri. Si tu n'a-vois dicté que des fables à ton La Fontaine!

POÉSIE.

Ah! ce seroit dommage : on admire ses fables;
Mais il a fait encor d'autres vers bien aimables.

PROSE.

Aimables, oui. La grace y respire; au moins le goût, et même la délicatesse s'y font sentir. Mais à présent, avec plus de licence, on ne sait pas de même se faire pardonner ses écarts. Sans doute, ma sœur, tu dictes encore des vers charmants : mais combien d'autres fades, médiocres...!

POÉSIE.

Ce reproche peut-être est un peu mérité :
Mais tu parles ici de médiocrité,
Toi, Prose! et tes romans?... Ah! tu baisses la vue:
Tu rougis et te tais; te voilà confondue.

PROSE.

Je l'avouerai, je me justifierois mal à cet égard. Mais, ma sœur, n'allons pas, en nous querellant l'une l'autre, servir de risée à nos ennemis communs. Profitons plutôt de cette précieuse rencontre. Écoute : tu le vois trop, le mauvais goût se propage; et c'est un peu notre faute. Nous nous permettons souvent, plus que jamais, de dire ce qu'il faudroit taire, et même de l'imprimer. La réserve, la délicatesse, ce tact exquis, ce sentiment des convenances, semblent être passés de mode; et c'est dommage : car nous y perdons de la grace, et le public du plaisir. Hé bien, essayons de reprendre un ton modeste, des airs plus décents. Retournons à ce langage pur, délicat, qui nous étoit naturel...

POÉSIE.

Je goûterois assez ton projet, chère sœur :
Mais je crains de tomber dans un autre malheur;
Oui, d'avoir, pour cesser d'être licencieuse,
Le plus grand tort de tous, celui d'être ennuyeuse.

PROSE.

Eh! l'on s'ennuie, au contraire, de tout ce mauvais goût : rien ne blase comme l'indécence.

POÉSIE.

Mais oui : comme en folie, en immoralité,
Le mal, il faut le dire, à son comble est monté ;
En redevenant sage, et sans être hypocrite,
De la nouveauté même on aura le mérite :
Ton style, à toi, seroit noble, simple, éloquent,
Mon vers pur, sage et vrai; cela seroit piquant.

PROSE.

Je t'en réponds. Mais si nous publions cet entretien, souvenons-nous, ma sœur, et que cela soit dit une fois pour toutes, d'employer chacune notre style : n'empiétons plus l'une sur l'autre : convenons bien de ce point avant de nous séparer.

POÉSIE.

Oui, parlons désormais chacune notre langue.
D'abord, eusses-tu fais la plus belle harangue,
Nul poëme, ma sœur, s'il n'est écrit en vers.

PROSE.

Tant mieux : je conserverai mon Télémaque.

POÉSIE.

C'est un fort bel ouvrage, entre nous, que je perds.
Mais puisqu'il t'appartient... et d'ailleurs, Télémaque
Est encore bien loin du Cid et d'Andromaque.

PROSE.

Tu veux renouveler la querelle ; mais je n'en ai pas le loisir.

POÉSIE.

Sur-tout n'affecte pas, dans tes pompeux discours,
Mon ton sublime et fier, mes images, mes tours ;

Et si je t'ai permis, Prose, la comédie,
Ne te hausse jamais jusqu'à la tragédie.

PROSE.

Je te le promets. Mais, ma sœur, que je te dise aussi un mot à l'oreille. Si tu me défends d'usurper ton domaine, ne te rapproche pas trop du mien; et quand tu me conseilles de n'être pas trop poétique, prends garde à ton tour de ne pas devenir un peu... tu m'entends. Adieu.

UNE JOURNÉE DE PARIS.

Muse... si j'ai toutefois une muse,
Viens me sourire ; et qu'ici je m'amuse
A peindre un jour, un seul jour de Paris.
Je sais que, même à l'instant où j'écris,
Déja peut-être il a changé de face :
N'importe, il faut que je me satisfasse.
Plaçons la scène à-peu-près vers ce temps...
Douteux, qui n'est l'hiver ni le printemps,
Saison, je crois, à Paris, des meilleures.

Or je commence : il a sonné six heures...
Pendant une heure ; amants, filous, rentrez :
Le réverbère a pâli par degrés ;
Mais le jour luit... non pas pour tout le monde ;
Car mille gens dans une paix profonde
Dorment encore, et d'autres vont dormir :
De ce contraste un sage peut gémir ;
Moi, je suis peintre et ne suis point critique :
Passons. J'entends s'ouvrir mainte boutique
Avec fracas ; le forgeron d'abord,
Voisin cruel du crésus qui s'endort,
Frappe à grands coups ; maint épicier régale
De son nectar la troupe matinale
Des charbonniers, des forts, dignes rivaux,
Des femmes même, hommes par les travaux
Et par la voix, classe bruyante, utile :
Le villageois, nourricier de la ville,
Dans sa charrette, ou bien sur sa jument,

A son hameau s'en retourne en dormant;
Le lourd maçon, que le gain seul éveille,
Gagne à pas lents l'échafaud de la veille,
Lorsque déja le joyeux savetier
Fait de ses chants retentir le quartier.

Tout se ranime; on voit de rue en rue
Aller, venir la nouvelle recrue
De nos journaux, impromptus qu'a produits
La nuit féconde; ainsi, toutes les nuits,
Gémit pour nous la complaisante presse;
Pour nous aussi, combattant sa paresse,
Jusqu'au matin le boulanger pétrit :
Et ces billets qu'un ami nous écrit,
Dix nuits peut-être ont fatigué la poste.
Les mendiants déja sont à leur poste;
C'est un état: on rencontre en chemin
Fort peu d'oisifs; un panier à la main,
Vers son marché la cuisinière trotte;
Telle en revient, portant sa lourde hotte,
Objet d'envie, hélas! pour son enfant.
Quels cris aigus! j'en distingue un charmant;
C'est la laitière apportant crême et beurre.
Tous les commis... partiront dans une heure,
Lorsqu'à leur aise ils auront déjeuné.
Je vois de loin cet angle fortuné
Où le colleur va poser vingt affiches
De comédie; ici, pauvres et riches,
Comme à l'envi, de ce peuple romain
Ont la fureur : « le spectacle et du pain (1)! »
Pour cet ivrogne, et spectacle et pain même,

1 *Panem et circenses.*

Sont peu de chose; et son bonheur suprême,
C'est, tous les jours, de pouvoir être gris
Dès le matin... De pitié tu souris,
Sobre passant; et tu cours, je parie,
Nourrir, doter ta chère loterie
Du gain d'hier, des habits que tu vends,
Du nécessaire, enfin, de tes enfants.
Mais écartons une idée aussi triste.

J'entre au café : rentier et nouvelliste
Lèvent le siége, et se serrent la main,
Pour s'oublier jusques au lendemain.
Le soir, viendront de nouveaux personnages,
Qui, désertant leurs ennuyeux ménages,
Autour d'un poêle épargnent... oui, j'entends,
Lumière, feu, tout, excepté le temps :
Mais que m'importe? Il sent mieux qu'il existe,
L'étudiant, l'homme de loi, l'artiste,
Qui, dès l'aurore, arraché de son lit,
Compose, peint, grave, calcule, écrit,
Travaille enfin : si de sa solitude
L'un d'eux s'échappe ; il va, changeant d'étude,
Vous contempler, modèles du vrai beau,
Étudier long-temps un seul tableau,
Se pénétrer d'un art si difficile :
L'autre retourne à ce touchant asile,
Où l'être, hélas, qui vint au jour privé
D'un double sens, l'a presque retrouvé,
Entend, répond, achève enfin de naître,
Et lisant tout dans les yeux de son maître,
L'a, comme moi, béni sans le nommer.
Tel cherche ailleurs ce qui peut la charmer,

Et va revoir ce beau Jardin des Plantes,
Suit pas à pas mille routes savantes,
Va, vient, s'arrête, et ne les quitte enfin,
Que pour aller, dans un trésor voisin,
D'un triple règne observant mille espèces,
Admirer l'ordre autant que les richesses.
Ainsi l'élève embrasse d'un regard
Belle nature et chefs-d'œuvre de l'art ;
Chacun au gré de son penchant, on vole
De cours en cours, et d'école en école ;
Et trop heureux d'être écolier toujours!
Je le sens bien : chaque matin, je cours
Rapprendre encor langues romaine et grecque,
Graces à toi, docte bibliothèque,
Vaste dépôt, recueil intéressant,
Qui, jusqu'à nous, d'âge en âge, croissant,
Sus, à travers l'incendie et la guerre,
Tous ces fléaux qui désolent la terre,
Et conserver et grossir ton trésor.

Où suis-je? O Dieu! muse! prends ton essor,
Vole au-dessus de ces publiques pestes,
A l'étranger, même au passant funestes,
Dont le jargon... vous croyez qu'il s'agit
Des êtres vils, dégradés, dont rougit
Leur propre sexe, et que doit fuir le nôtre :
Scandale affreux! mais je parlois d'un autre ;
L'agioteur, l'usurier ténébreux,
Ces chrétiens-juifs, sont bien plus dangereux.
Je l'ai franchi, ce perron si perfide!
J'échappe même au carrickle homicide...
Ce jeune fou qui le mène, qui part

Comme l'éclair, va bâiller quelque part :
Le même ennui peut-être attend ces dames,
Ce long cortége et d'hommes et de femmes
Qui du beau monde annonce le réveil.
Maître et jockey, couple à-peu-près pareil,
Plus d'une Hébé, novice cavalière,
Tous, à travers le vent et la poussière,
Volent au bois célèbre en rendez-vous
Si différents ; ceux-ci semblent plus doux :
Aussi je vois nos belles sous les armes.
C'est en tremblant que j'admire leurs charmes,
Qu'un vent du nord... imprudente beauté !
Quel vêtement quitteras-tu, l'été ?
Si tes vingt ans bravent la maladie,
Tu pourrois craindre au moins d'être enlaidie.
Mais elle fuit, et ne m'écoute pas :
Je m'en console, et porte ailleurs mes pas.
J'approche... ô Dieu ! jouissance imprévue !
J'arrive bien ; c'est un jour de revue.
Noble spectacle ! armes, habits, chevaux,
Tout m'éblouit ; les hommes sont plus beaux :
Dans tous les rangs quelle attitude fière !
J'entends déja la musique guerrière :
Le général que je viens d'entrevoir,
D'un seul coup-d'œil, d'un mot, fait tout mouvoir.
De Frédéric un vieux soldat s'écrie :
« Suis-je à Postdam ?... » O France ! ô ma patrie !
Ces jeux de Mars doivent plus que jamais
Nous être chers ; nous leur devons la paix.

Le cœur tout plein de ce bienfait unique,
Je m'éloignois de ce triple portique,

Que le vulgaire appelle encor guichet,
Nom qui m'attriste ; et de ce parapet,
Longue boutique, où je marchande un livre
A chaque pas, d'un côté j'aime à suivre,
Mais d'un regard presque respectueux,
Ce Louvre immense et si majestueux
Qui règne au loin ;... de l'autre la rivière,
Roulant en paix son onde nourricière,
Bains, batelets ; ces beaux quais si vivants,
La terre et l'eau, ces deux tableaux mouvants.
Ainsi ma route est une promenade.
Je te salue, auguste colonnade,
Chef-d'œuvre unique, et pour moi toujours neuf !

Me voilà donc sur l'antique Pont-Neuf !
Est-il en France et dans l'Europe entière,
Lieu plus vivant ? O la riche matière,
Pour qui sauroit, d'un œil vif et perçant,
Interroger l'air de chaque passant,
Et deviner son état, sa pensée,
Le but secret de sa marche empressée ?
Mais pense-t-il, ce fat toujours errant,
Lorgnette en main ? ce lourd chartier, jurant,
Injuriant, frappant ses pauvres bêtes ?
Et vous sur-tout, vrais badauds que vous êtes !
Sur ce trottoir, asile des piétons
(Qui ne nous sauve encor que sur les ponts),
Autour de vous il s'amasse une foule
D'autres oisifs, pour voir.... quoi ? l'eau qui coule.
De mille mains j'accepte, il le faut bien,
Papiers secrets ; d'autres mains n'offrent rien,
Tout au contraire : à l'étranger qui passe,

D'un air poli, le plus pressé fait place,
Sans s'étonner, sur-tout depuis un an,
Qu'on soit Anglois, Russe, Turc ou Persan.
Mais au milieu d'un pont où tout conspire
A m'égayer, je regarde et soupire.
D'une pensée on est bientôt distrait
Sur le Pont-Neuf. Cet homme-ci paroît
Un avocat, car en marchant il plaide.
A chaque pas, jeune ou non, belle ou laide,
Vous rencontrez femme allant et venant,
L'œil éveillé, toujours se dessinant,
Jeune homme en veste, une pipe à la bouche,
Donne le bras à beauté peu farouche;
L'aveugle, exprès couché sur le pavé,
Chante à des sourds un éternel *ave*.
En mille sens on vous tourne et retourne;
L'un devant l'autre, un quart d'heure, on séjourne
En enrageant; on heurte, on est heurté;
Et froissé, las, éclaboussé, crotté,
Au bout du pont, qu'à franchir on s'apprête,
De bœufs encore un troupeau vous arrête.

Mais ma carrière est fournie à moitié;
Prenons haleine: au sein de l'amitié,
Oui, j'ai besoin de passer quelques heures:
Paix, confiance et joie intérieures,
Là seulement le cœur sait vous goûter.
Puis, cher lecteur, je ne peux tout conter.
Il est un point sur-tout que je dois taire,
Le petit brin d'amour, le doux mystère,
Jolis billets du matin et du soir,
Les rendez-vous, les secrets du boudoir...

J'écris l'histoire, et non les anecdotes :
Je garderai ces détails pour mes notes.
J'ai respiré, je me sens frais, dispos :
Promenons-nous... aux boulevards nouveaux?
Non : desirant que quelqu'un m'accompagne,
Je ne dois pas courir à la campagne.
Vieux boulevards, vous êtes bien poudreux,
Et trop étroits pour un peuple nombreux :
Et, qui pis est, vous n'êtes plus de mode.
Le Luxembourg sans doute est plus commode,
Mais un peu triste : il m'en souvient encor,
Là, brandissant sa canne à pomme d'or,
Le nouvelliste, en Prusse, en Allemagne,
Traçoit au loin le plan de la campagne :
Il parle ailleurs ; sous maint berceau discret,
Et qui n'est plus, là jadis on erroit,
En répétant... bigarrure assez drôle,
Son plaidoyer, son sermon, ou son rôle.
Long-temps désert, cet antique séjour
Va s'embellir : vous reviendrez un jour,
Riants ébats, touchantes rêveries...
En attendant, je cours aux Tuileries.

Noble jardin! et simple et grand! du seuil
De ce palais, quel superbe coup-d'œil!
Dans le lointain quelle immense avenue!
L'œil est ravi, l'ame encor plus émue.
Et chaque jour, un chef-d'œuvre nouveau
Vient embellir un lieu déja si beau.
Le croiroit-on? la brillante assemblée,
Sur un trottoir, dans une seule allée
S'entasse ; on traîne une queue après soi

Que je déchire, hélas! bien malgré moi;
L'amateur lorgne; et portés l'un sur l'autre,
Dans ce jardin que dessina Le Nôtre
Si largement, on n'ose respirer.
Je m'en console, et je m'en vais errer
Dans votre sein, riants Champs-Élysées.

Les ames, là, semblent électrisées
Par le plaisir; je vois d'abord tout près
Un bon papa qui traite à peu de frais,
Mais de bon cœur; la bouteille de bière,
Et six gâteaux, pour la famille entière :
Un jeune couple, assis dans ce chalet,
Songe bien moins à sa jatte de lait
Qu'à se sourire; aimable tête-à-tête!...
N'en disons rien, car ils ont l'air honnête.
Le jeu de boule a fixé mes regards :
Maint connoisseur accourt de toutes parts;
A chaque coup on approuve, on condamne;
Pour mesurer, tel a prêté sa canne :
Que j'aime à voir cet invalide adroit,
Qui, jeune encor, privé de son bras droit,
Tire de l'autre, à trente pas, ou roule
Tout doucement, et marche avec sa boule!
Que d'autres jeux! quelle variété
D'amusements, de ton et de gaieté!
Les spectateurs font eux-mêmes spectacle :
Sur ces gazons, sauvés là par miracle,
Se sont groupés mères, bonnes, enfants;
Voyez sur-tout ces écoliers ardents
Sauter, courir, et d'une ardeur égale
Lancer, attendre et renvoyer la balle.

Courses et jeux me rappellent, hélas!
Mon jeune temps. Le rire et ses éclats,
Danse folâtre et bruyantes guinguettes,
Montrent au fond tout un peuple en goguettes :
J'aimerois mieux qu'il y fût moins souvent.

Mais, dira-t-on, quand dînez-vous? — Comment?
J'ai dîné! — Bon! — En diverses demeures,
On peut dîner ici depuis deux heures
Jusques à sept : n'en soyons pas surpris;
Nous savons bien qu'il est plus d'un Paris.
Le bon marchand, l'ouvrier, leur voisine,
Et le vieillard fidèle à sa routine,
Et le savant qui songe à l'Institut,
Tel qui sur-tout dès le matin courut,
Classe nombreuse en son plan obstinée,
Dîne au milieu de sa longue journée.
Mais de Paris la brillante moitié,
Qui sourit même à l'autre de pitié,
Dîne le soir... J'entends qu'ici l'on crie
Au ridicule, à la bizarrerie :
« C'est tout brouiller, tout confondre. » — Mais non :
Tous ces repas n'ont changé que de nom.
On s'est muni d'un déjeuné robuste;
C'étoit dîner : mais... comme tout s'ajuste,
J'espère, moi, que ce dîner bâtard,
Le vrai soupé, commencera plus tard.
Je puis sourire à ces dîners nocturnes;
Mais j'aime peu tes tables taciturnes,
Restaurateur : être dans un festin
Gêné, froissé, sans avoir un voisin!

On a dîné! le théâtre commode,
Qui sut toujours se prêter à la mode,
Ouvre la nuit; ce qui dérange un peu
L'homme occupé, trop fidèle à son vœu,
Qui la nuit dort, tout le jour étudie,
Mais a, le soir, besoin de comédie.
François, Bouffons, Vaudeville, Feydeau,
Grand Opéra, choisissez: maint tréteau
Reçoit nombreuse et belle compagnie:
De Montansier la salle est très garnie,
Quand on déserte et Molière et Regnard:
Le rire au moins s'est sauvé chez Picard.

Mais cependant l'heure fuit et s'envole...
Que dis-je?... heureux qu'un goût, même frivole,
Nous sauve, hélas! d'écueils plus dangereux!
Dans le pourtour d'un jardin trop fameux,
Ce vrai bazar, s'il faut que je le dise,
Quelle cohue et quelle marchandise!...
Mais au sortir d'un aussi mauvais lieu,
Vous conduirai-je à ces maisons de jeu,
Vrai coupe-gorge? Un vil prêteur sur gage
N'en est pas loin, trop digne voisinage!
Un jeu d'enfer, horrible même à voir,
Où le plaisir ressemble au désespoir.
L'un s'en retourne avec son gain perfide;
L'autre, en chemin, médite un suicide.

Mais changeons d'air: Muse, reposons-nous
Sur des objets plus consolants, plus doux;
Suis-moi, viens voir des mœurs plus épurées,
Des plaisirs vrais et d'aimables soirées.

La fin du jour amène ce repos
Bien acheté; lassé de ses travaux,
Au doux loisir maint artisan se livre;
Le savant même a pu quitter son livre;
Le commerçant aussi s'est renfermé
Dans son ménage et tendre et bien aimé.
Les bons époux enfin se réunissent :
De vrais amis, que tous les deux choisissent,
Viennent encore animer l'entretien;
On jouiroit, même en ne disant rien.
Plus gais ailleurs on rit, on cause, on joue
A mille jeux, innocents, je l'avoue.
Là, se prépare entre deux jeunes gens
Un doux hymen; les pères indulgents
De leur jeunesse eux-mêmes se souviennent :
Quelques parents, quelques voisins surviennent;
L'heureux vieillard fait son petit piquet;
Tous ces enfants par leur joyeux caquet,
Leurs cris, leurs jeux, cassent un peu la tête,
Mais c'est charmant : là, règne un air de fête :
La jeune fille y chante simplement;
Quelquefois même on y danse, et gaiement.
Mainte famille ainsi s'est endormie
Sans nuls regrets, et dans sa bonhomie,
Comme le jour, met à profit la nuit.

Long-temps après, c'est-à-dire à minuit,
Des élégants la fine fleur, l'élite,
L'homme du jour, la femme que l'on cite,
Tous à regret s'arrachant du miroir,
On se demande : « Où passe-t-on le soir? »
Grand embarras! ici thé magnifique,

Bien composé; l'Amphitryon se pique
D'y rassembler tout au plus cent amis :
A ce régal tel jeune homme est admis,
Qui troqueroit contre un seul mets solide
Cet appareil si friand, mais si vide :
Un tel repas pour lui n'est qu'un dessert.
Là, d'amateurs c'est un brillant concert,
Concert savant, et si savant qu'on n'ose
Y figurer, sans être un virtuose.
Ailleurs, grand bal : cinq ou six favoris
De Terpsychore, émules de Vestris,
Sont applaudis presque autant qu'au théâtre :
Tout aussi-bien, on s'y montre idolâtre
De la pirouette ; et quels tressaillements
La molle walse et ses enlacements
Leur cause à tous !... soit ; de l'ancienne danse,
Moi, je regrette et franchise et décence.
Le bal masqué n'aura lieu que demain :
Et que de gens en prendront le chemin !
Ce jeu couvert, qui bientôt me fatigue,
Sert le babil, la malice, l'intrigue,
Même l'amour; mais quoi! toute une nuit!...
Moi, j'ai cru voir qu'à travers tout ce bruit,
Foule, poussière et chaleur qu'on essuie,
On n'ose pas s'avouer qu'on s'ennuie.

Et la bouillotte !... ah ! voilà le grand jeu,
Le jeu divin : la bouillotte tient lieu
Et d'entretien, et d'esprit, et de joie,
Enfin, de tout : le noble jeu de l'oie
Régna jadis ; le jeu d'oie eut son temps ;
Il amusoit les bonnes, les enfants ;

Il faisoit rire autant que don Quichotte;
—C'est quelque chose, eh! oui; mais la Bouillotte
Occupe, attache, absorbe uniquement,
Dure sur-tout, dure éternellement,
Et réunit tous les goûts, tous les âges,
Tous les états, jeunes, vieux, fous et sages;
La beauté même est peu de chose auprès;
Le jeu, le jeu l'emporte; mais après
Cette Bouillotte, on n'a plus rien à dire,
Et je finis. Je n'ai voulu décrire
Qu'un jour; encor j'en ai fixé le temps.
Un mois plus tard, tout-à-fait au printemps,
Tout eût changé: mais ce tableau mobile,
Qui demandoit un pinceau plus habile,
Nous offriroit même variété:
Dans tous les temps, cette vaste cité
Frappe, éblouit, par son piquant contraste
De ris, de pleurs, de misère, de faste,
Et d'arrogance et de simplicité:
Lâche égoïsme, et noble activité;
Savoir profond, comme ignorance crasse,
Langage ignoble et style plein de grace,
Bassesse, honneur, enfin vice et vertu,
Voilà Paris, lecteur; qu'en penses-tu?

UNE JOURNÉE DES CHAMPS.

J'ai de Paris décrit une journée :
Je l'essayai ; car ma muse étonnée
De tout ce bruit, de tant d'objets confus
Saisis à peine et sitôt disparus,
Dans ce pays toujours plus étrangère,
N'en put offrir qu'une esquisse légère.

Né campagnard, et dans mes bois nourri,
Toujours fidèle à ce vallon chéri
Où le bonheur, où la paix m'accompagne,
Je peindrai mieux un jour de la campagne.
Encor, messieurs, je vous le conterai
Plus volontiers que je ne le peindrai :
N'attendez point qu'en de pompeuses rimes
Je vous retrace et les beautés sublimes
Et les trésors qui décorent nos champs ;
D'autres l'ont fait en de plus nobles chants.
Moi, je dirai mes travaux, mes études,
Mes simples jeux, mes douces habitudes,
Les lieux bien moins que les événements,
Plus que les faits, sur-tout, mes sentiments :
Enfin, des champs j'annonce une journée,
Mais c'est la mienne, et presque mon année.

Cet ermitage, en tous les temps si cher,
Je vous le montre, exprès, un jour d'hiver,

D'hiver bien rude : eh ! oui, vous le dirai-je ?
En ce moment, il géle, il vente, il neige ;
Et je suis seul ; et dans ce temps, affreux
Par-tout ailleurs, moi, je me trouve heureux.
A nos plaisants je fais beau jeu sans doute :
Qu'on raille, soit ; mais du moins qu'on m'écoute.

Je sens qu'ici je vais parler de moi ;
Il le faut bien : mais ce sera, je croi,
Sans vanité comme sans pédantisme ;
Et ce moi-là n'est pas de l'égoïsme.

Il est minuit : notre vallée, en paix,
Repose et dort... Mais, non, je me trompois ;
Car plus d'un bruit résonne à mon oreille.
Mon chien d'abord, en aboyant, m'éveille :
Je lui pardonne : un si fréquent aboi
M'apprend qu'il veille, et qu'il veille pour moi.
Un son plus doux m'a frappé ; c'est l'horloge,
Qui me répond sans que je l'interroge.
Et notez bien que cette horloge-ci
M'éveille seul, et jamais, Dieu merci,
Du paysan ne troublera le somme ;
Car, de lui-même, à point nommé, mon homme
S'éveillera ; l'instinct plus sûr, plus prompt,
Et l'habitude, avant le jour, seront
Pour l'avertir des époques meilleures ;
Puis, l'appétit lui marquera ses heures.

Un bruit lointain, d'un ton bien différent,
Jusques à moi n'arrive qu'en mourant ;
C'est le moulin : son tic-tac monotone,

8.

Même de près, aussi bien qu'un long prône,
Sait par degrés endormir : et sitôt
Que le bruit cesse, on s'éveille en sursaut.

Et ce n'est point un jeu vague, inutile ;
C'est un trésor. A la Beauce fertile
De sa belle eau l'Eure offre le secours,
Et fait tourner cent moulins en son cours.
Noble contrée, où les champs et les hommes
Sont tout à vous!... Eh! oui, messieurs, nous sommes
Vos laboureurs ensemble et vos meuniers :
Et jusqu'au bout vrais pères nourriciers,
Nous vous portons cette belle farine
Qu'un art secret blanchit, épure, affine,
Et qui prépare un si beau pain !... hélas !
Ferme et moulin ne le connoissent pas :
Le pur froment pour Paris, c'est la règle :
Pour nos hameaux le pain d'orge ou de seigle ;
Mais on l'y mange avec plus d'appétit.

Voyez pourtant ! je suis encore au lit ;
Et j'ai déja joui de la campagne.
Si je contois mes châteaux en Espagne !...
Ceux du matin, car le soir je m'endors :
O doux réveil ! il me semble qu'alors
J'ai retrouvé, comme par héritage,
Mes prés, mes bois, mon petit apanage :
Je rentre enfin dans ma propriété.
O quel délice et quelle volupté !
De mon alcôve, et j'ordonne et j'arrête
Mille travaux ; car j'ai tout dans ma tête
Et dans mon cœur : on sourira, mais quoi?

C'est mon bonheur, mon tout enfin, c'est moi.

Mais le coq chante, et proclame l'aurore
Un peu d'avance; il n'est pas jour encore :
Puis franchement je pourrois sommeiller
Un peu plus tard; je m'endors le dernier.
Tout ce fracas ne laissant paix ni trève
Aux paresseux, à la fin je me lève;
Puis, le jour perce à travers mes volets.
Pour mon début, j'écris, bons ou mauvais,
Les petits vers que la nuit a vus naître.
Ma porte s'ouvre... «Ah! c'est notre bon maître! »
Un cri de joie est parti de ma cour.
De toutes parts, on s'empresse, on accourt,
Mon jardinier, tous ses enfants, leur mère,
Et ma nourrice, et vénérable et chère,
Et mon filleul, ce petit Mathurin...
« Bonjour, monsieur, et bonjour, mon parrain; »
Car c'est pour eux la maison paternelle.
Et mon bon chien, si bien nommé Fidèle,
Il me caresse, et je le lui rends bien;
Il saute à moi, me lèche, et mon gardien
Vient de sa nuit chercher la récompense.
Ah! même aux champs, un jour d'hiver, je pense,
Est un beau jour, quand il commence ainsi.

Et puis le ciel, je crois, s'est éclairci :
Il fait moins froid; cette horrible tempête
S'est apaisée, et la neige s'arrête.
Il étoit temps; car il en est tombé!...
Tout semble neige; elle a tout absorbé,
Et sauvé tout; elle sert de défense

Aux jeunes blés, notre douce espérance.
Si cette neige est un don précieux,
Elle est encore un plaisir pour mes yeux.
Que j'aime à voir ce long amphithéâtre,
Noble, imposant, ces toits comme d'albâtre,
Ce puits, ces murs de neige couronnés,
Mille accidents par elle dessinés !
La vaste plaine ! ô Dieu ! sa robe verte
D'un voile blanc semble s'être couverte :
Et mon jardin, que l'on croiroit perdu !...
Bientôt plus riche, il me sera rendu.
Voyez ces bois, naguère, hier encore,
Noirs et flétris, et qu'aujourd'hui décore
Un vif éclat ! ces flocons trompent l'œil ;
Et l'on diroit qu'au sortir d'un long deuil
L'arbre a déja des fleurs, mais sans verdure ;
Ah ! s'il n'est plus pour toute la nature
Qu'une couleur, cette uniformité
Paroît sublime en son immensité.

— « Oui, je conçois que ce tableau vous plaise,
« (Me dira-t-on) vous parlez à votre aise
« Dans un salon bien clos, bien échauffé... »
— Vous l'avez dit ; et j'y prends mon café.
— Votre café ? — Mais oui ; c'est mon usage,
Et mon délice. — Ah, ah ! monsieur le sage,
Ce déjeûné n'est pas trop campagnard.
— Bon ! l'Amérique aussi nous a fait part
De ses trésors ; la folâtre Amalthée,
La belle Io, la fraîche Galathée,
A ce nectar joignent leurs doux cadeaux ;
Et Cérès même a doré ces gâteaux.

Ajoutez-y, pour parler sans emblème,
Journaux piquants, lettres de ceux que j'aime;
Pour un ermite il n'en faudroit pas tant.
Doux superflu! ne croyez pas pourtant
Qu'au coin du feu lâchement je demeure
Comme aux arrêts; j'ai pu donner une heure
Au seul repas que je fasse à loisir :
Mais à présent je change de plaisir;
Car j'en prévois pour toute ma journée.

J'entends d'ici le bruit de la cognée :
Elle m'appelle : oui, je m'arme d'abord
De bons sabots, et puis me voilà fort.
En houppelande, en feutre épais, j'ai presque
De Robinson la tournure grotesque.
De mon manoir je franchissois le seuil;
Fidèle jappe; il demande de l'œil
S'il me suivra, n'attend pas ma réponse,
Et court devant, aux bûcherons m'annonce...
— Des bûcherons? malgré la neige!... — Bon!
Je m'attendois à cette objection.
Voici le fait. Hier, dans l'avenue,
Ils arrachoient... la nuit est survenue :
Prévoyant peu ce changement soudain,
Aux ouvriers j'avois dit « à demain. »
Eux, ce matin, en dépit de la neige,
Sont revenus; et moi, les renverrai-je?
Les pauvres gens! je pourrois bien, je croi,
Me passer d'eux; ils ont besoin de moi.
Si je pouvois inventer quelque ouvrage!...
Il s'en présente : « Oui, leur dis-je, courage :
« Si vos noyers restent encor debout,

« Grace à la neige, il est remède à tout.
« Braves amis, sans mettre bas les armes,
« Changeons de but; attaquons ces vieux charmes,
« Depuis deux ans, par vous même abattus,
« Sous ce hangard, l'un sur l'autre étendus;
« Marchons. »—Jugez si l'on me remercie!
Les coins, la hache, et la masse et la scie,
Sont mis en jeu : on sait plus d'un métier
Dans nos hameaux; on se fait un chantier.
Le plus hardi, du premier coup de hache
Entame un charme, avec peine en arrache,
Son fer tranchant, et redouble à grand bruit.
Le charme enfin s'entr'ouvre; on introduit
Un coin subtil; un second le remplace,
Et sur le tout tombe une lourde masse.
L'arbre vaincu se fend en deux; alors,
Allant, venant, avec de longs efforts,
La scie aiguë en cent morceaux partage...
Mais quoi! peindrai-je et sciage et cordage?
Tout ce travail est le même à Paris,
Tout, excepté le plaisir et le prix.

Mères et sœurs, qu'un coup-d'œil encourage,
Vont ramassant les débris de l'ouvrage,
Branches, copeaux, bûchettes même... Ainsi
Cette moisson a ses glaneurs aussi.

Mes travailleurs, qu'à peu de frais je traite,
Déja de l'œil dévorent... je regrette
De n'être pas témoin de leur gaieté :
Mais j'ai chez moi grande société.
Chaque matin, je reçois la visite

De mille gens, et pas un parasite.
Ils n'en sont point, ces nombreux animaux
Que je nourris, ni ces pauvres moineaux,
Bien affamés; en été, je les chasse;
Mais en hiver, je dois leur faire grace.
Et loin de moi ce cruel oiseleur,
Qui, lâchement abusant du malheur,
A la perdrix que la faim rend avide,
Offrit du pain, et n'étoit qu'un perfide !
Je ne l'ai point trompé, ce lourd oiseau
Qu'au soir je guette, et que j'atteins dans l'eau;
Il n'étoit pas un enfant de ma terre :
C'est une prise enfin de bonne guerre...

Pour revenir aux visites que j'ai,
Savez-vous bien qu'ici je suis chargé
De mille emplois et de plus d'un mystère,
Que du hameau je suis le secrétaire ?
Eh! oui, tantôt c'est un vieillard en pleurs,
Qui me confie en secret ses malheurs;
Par l'aveu seul sa peine est soulagée :
C'est une mère, encor plus affligée,
Qui redemande à grands cris son garçon,
Depuis douze ans absent de la maison,
Son pauvre André; toujours les tendres mères,
Nous dit Horace, ont détesté les guerres.
Susanne enfin me prie, en rougissant,
D'écrire un mot pour son ami Vincent.
Jugez par moi comme elle est écoutée !
En écrivant sous sa douce dictée
Chagrins secrets et tendres souvenirs,
Je l'interromps souvent par mes soupirs.

Au beau milieu d'un vers ou d'une scène,
On vient souvent... je m'interromps sans peine :
J'obligerai ; ce plaisir, aussi pur
Que ceux d'auteur, est d'un succès plus sûr.

Il faut dîner pourtant ; l'heure m'invite,
La faim aussi : je dînerai bien vite ;
Je suis pressé de voir mes bûcherons :
Ils vont finir, et demain... nous verrons.
Que dans trois jours la neige disparoisse,
Et je reprends maint ouvrage qui presse :
Tous ces noyers, et tant d'autres travaux !
Pour un vieil arbre, en planter dix nouveaux,
Fouiller ce champ, défricher cette côte,
Aplanir même une allée un peu haute....
Pour tout cela l'hiver est le beau temps ;
Et sans l'hiver que seroit le printemps ?

Je veux pourtant faire ma promenade :
Un jour sans elle, et je serois malade.
J'entends d'ici les mugissements sourds
De la génisse, hélas ! pour quelques jours
Captive encore au fond de son étable ;
Un bêlement plaintif et lamentable
Me fait gémir aussi pour mes moutons :
Je les plains tous ; je les plains, mais sortons.

— Par la neige ? — Oui. Comme elle vous effraie !
Rassurez-vous : mon jardinier m'y fraie
Plus d'un passage ; et par d'étroits chemins,
Je puis monter jusqu'à mes hauts sapins,
Tout étonnés d'être aussi sans verdure.

Là, je m'arrête; et bravant la froidure,
J'écoute au loin ces corbeaux croassants,
Troupe affamée, et ce bruit sourd des vents
Qui par degrés recommencent et grondent,
Ces aboiements qui long-temps se répondent,
Et le son clair de ces doubles fléaux
Battant la gerbe en mouvements égaux,
Accord parfait, et qu'il est doux d'entendre.
Je jette un œil mélancolique et tendre
Sur tous ces prés qu'une nuit a flétris,
Sur ce coteau dont la vigne a son prix,
Sur la forêt, le hameau, la rivière,
Et mon clocher levant sa flèche altière
Et dominant sur le vallon entier.

Je redescends par un nouveau sentier,
Jusqu'à mes bois, mes charmilles chéries,
Source, aliment de tendres rêveries.
Il est sur-tout une allée!... ah! jamais
Je n'oublierai que, dès quinze ans, j'aimais
A soupirer sous son ombre discrète
Peines d'amour et chagrins de poëte;
Que, libre au moins, j'y pus verser des pleurs.

Je vous salue, ô bois consolateurs!
Je vous ai vus aux jours de la verdure,
Riants, charmants, rayonnants de parure:
Votre séjour alors fut visité:
On vous fêtoit tant que dura l'été;
L'hiver vous frappe, et l'on vous abandonne!
Mes amis même ont tous fui dès l'automne:
Je reste, moi; vous m'êtes toujours chers:

Si vous sentez l'outrage des hivers,
De votre deuil à vos pieds je m'afflige,
Fidéle ami ; je soupire... que dis-je?
Même à présent, ô combien de douceurs
Peut vous devoir un ami des neuf Sœurs,
Toute ame tendre ! ô quel charme s'allie
A mes regrets, à ma mélancolie !
A vos rameaux ce givre suspendu,
Et ce tapis sous vos pieds étendu,
Et ce ruisseau, dont la triste froidure
Suspend la course, enchaîne le murmure ;
Ce mur de buis qui se marie à l'if,
Ce foible cri du passereau plaintif
Qui vole et fuit, cette rare fumée
D'une chaumière, où d'un peu de ramée
Un bon vieillard se réchauffe à demi,
Ce presbytère où j'avois un ami,
Ce nid désert où furent deux colombes,
Ces nobles pins qui protégent les tombes
De nos parents, et ce long souvenir
De tant de peine et de tant de plaisir !...
Tout porte à l'ame une langueur secrète,
Je ne sais quoi... d'une douce musette
Le son lointain ranime mes esprits ;
J'allois pleurer, et bientôt je souris :
Touchant emblème, hélas ! de nos souffrances,
De nos regrets et de nos espérances !

Mais le jour baisse, et par degrés me fuit :
Bien qu'en mes bois je craigne peu la nuit,
De ma maison pourtant je me rapproche,
Quoiqu'à pas lents ; j'entends par-tout la cloche,

Dans nos hameaux sonnant trois fois le jour,
Pour le départ, le repos, le retour.
À ce rappel, j'obéis; tout ce monde,
Qui me cherchoit, se plaint à moi, me gronde:
« Rester si tard dans les bois! »... Bonnes gens!
J'entre chez eux, et nous causons: j'apprends
Les bruits du jour; car il a ses nouvelles
Notre village, et même ses querelles,
Sa médisance: on croira que je ris,
Mais nous avons jusqu'à nos beaux-esprits.
On parle blés, fourrage, vins... que sais-je?
Un peu de tout, et d'abord de la neige.
Si l'on en croit le voisin Roch, Nestor
De son village, on n'en a point encor
Tant vu tomber, depuis... sept cent soixante.

Félix accourt: nouvelle intéressante
Qu'il vient m'apprendre, un agneau nouveau-né;
C'est le premier que janvier m'ait donné,
Mois des agneaux, comme on sait: vos étrennes
Ont plus d'éclat; mais je chéris les miennes.
Notre entretien enfin ne tarit pas;
On parle haut, et l'on rit aux éclats;
Et l'on travaille encor que l'on babille:
La bonne femme et son aimable fille
Tournent le rouet, agitent le fuseau;
Les fils, armés de serpette et couteau,
De son écorce ont dépouillé le saule,
Et l'on en fait l'échalas et la gaule,
L'un ferme appui du précieux sarment,
Des espaliers l'autre utile ornement.
Le jeune Roch, tout en aidant aux frères,

Avec la sœur a ses petits mystères.
On chante même; en un mot d'un veillon
Ce joli cercle est un échantillon.

Une grande heure ainsi s'est écoulée;
Je quitte enfin la joyeuse assemblée,
Qui me poursuit par son touchant refrain :
« Bonsoir, cher maître, et bonsoir, mon parrain. »
Adieu, leur dis-je; et, pour dernière escorte,
Mon chien me suit, me suit jusqu'à ma porte;
J'ouvre. — Il voudroit pénétrer plus avant,
Et contre moi se serre étroitement :
Je le caresse, et pourtant le repousse;
Il fait entendre une plainte si douce !
Et... d'un ami je me suis séparé.

Dans mon asile enfin je suis rentré :
Quel feu m'attend ! c'est un vrai feu de joie;
Qu'en vos salons le faste se déploie,
Messieurs : pour nous, en nos larges foyers
Nous jetterions des arbres tout entiers.

Me voilà seul : ici je recommence
Une autre vie, et jouis en silence.
Autour de moi que d'inutiles jeux !
C'est bien dommage : il faut être au moins deux.
Cartes, jetons, ailleurs grande ressource,
Dorment ici dans le fond d'une bourse,
Et pour long-temps; en ce trictrac muet,
Le dé repose à côté du cornet;
Dans leur prison, pêle-mêle enfermées,
Dames, échecs, pacifiques armées,

Tout est rentré dans ses quartiers d'hiver.
Foibles regrets! le travail m'est plus cher.
Je vous retrouve, amis sûrs et fidèles,
Consolateurs, et guides et modèles,
Livres chéris, si souvent feuilletés,
Vingt fois par jour et repris et quittés ;
Vous pardonnez à cet air d'inconstance :
Si je reviens, après un peu d'absence,
Vous m'attendiez : en ces paisibles lieux,
Je lis bien plus, sur-tout je lis bien mieux.

Sur cette idée un moment je m'arrête.
Mon jardinier, Mathurin, n'est pas bête :
Je dois le croire ; il trouve mes vers bons,
S'il les entend en goûtant mes jambons
Et mon vin vieux ; on seroit un Voltaire,
Si l'on pouvoit régaler le parterre.
Mais revenons au pauvre Mathurin.
Il règne en paix sur le plus beau jardin !...
Il tond des bois... charmants, voit à la ronde
Prés et coteaux les plus riants du monde :
Y pense-t-il? savoure-t-il son sort?
Non. Il travaille, il vient souper, s'endort,
Sans nul souci, mais sans nulle espérance.
Je vis aux champs; mais quelle différence!
Je sens le prix, au moins, de mon séjour :
Je vois mourir et renaître le jour
Avec délice ; à la fin j'aime à suivre
Et la nature et ce qu'en dit mon livre ;
Virgile en main, j'écoute d'un ruisseau
Le doux murmure : une ruche, un berceau,
Une chaumière, à l'instant me retrace

Des vers touchants de Tibulle ou d'Horace.
Ah! Mathurin peut être exempt d'ennui;
Mais j'ai, je pense, un sens de plus que lui.

Je l'ai fini, cet attachant volume
Du Spectateur et je reprends la plume :
Changer d'étude est un délassement :
Ah! j'ai changé de plaisir seulement.
Ne croyez pas que toujours je compose :
En ce moment je fais bien mieux, je cause
Avec l'ami le plus cher à mon cœur :
Sa lettre est là; c'est presque lui. L'erreur
Qu'ici j'embrasse est bien plus naturelle,
Lorsqu'une amie et sincère et fidéle,
De loin souvent daigne me consoler.
Je la bénis, et je crois lui parler;
Je lis sa lettre : il me semble l'entendre.
Je ne sais quoi de plus doux, de plus tendre
Ajoute un charme à tout ce qu'elle écrit :
Mes chers amis ont toujours de l'esprit,
Et c'est dommage; au contraire, une femme
A son ami n'écrit qu'avec son ame.

Comme un instant le soir s'est écoulé :
Au coin du feu... ce mot m'a rappelé
Des vers charmants : ô ma muse! silence :
Quand de retour, après sa longue absence,
Le rossignol (1) recommence à chanter,
Tout autre oiseau se tait pour l'écouter.

1 M. Delille avoit reparu; et les premiers vers qu'il lut en public avoient pour titre : *le Coin du feu.*

Je vous ouvris mes champêtres demeures,
Et vous ai bien donné les vingt-quatre heures.
Ai-je tenu ce que j'avois promis?
Aux champs, l'hiver, et loin de mes amis,
Je suis heureux: jugez si l'on doit l'être
En ces beaux jours où tout semble renaître,
Où la prairie et les bois et les fleurs
Ont retrouvé leur parfum, leurs couleurs,
Où le zéphyr agite onde et feuillage,
Où les oiseaux raniment le bocage!...
Ah! le plaisir en nos champs ramené,
Et par l'hiver encore assaisonné,
Pour nous alors est le bonheur suprême,
Quand on le goûte auprès de ce qu'on aime.

LES LECTURES D'AUTOMNE,

ANECDOTE.

N. B. Le premier poëte de France venoit de réciter, dans une société où j'avois le bonheur de me trouver, plusieurs morceaux détachés de ses divers poëmes. J'avouerai que, dans mon ravissement, je sacrifiai, sans même y songer, l'amour-propre au plaisir d'offrir mon tribut à cet aimable enchanteur... Le dirai-je? cet épanchement a paru flatter, toucher même jusqu'au fond du cœur celui qui en étoit l'objet; et ce souvenir me détermine à le faire imprimer.

    Grace à notre légèreté,
    Ou plutôt à notre foiblesse,
C'est un besoin pour nous que la variété.
Admirer trop long-temps nous fatigue, nous blesse.
Ici, quoique ravis par mille accents divers,
Avons-nous respiré? Quel état! je m'empresse
De venir alléger le poids qui vous oppresse,
    Et vous délasser des beaux vers.
Ma muse peut, je crois, vous rendre un tel service:
Un récit fort naïf va remplir son objet.
A raconter peut-être est-elle un peu novice:
Mais vous l'écouterez en faveur du sujet.

Au sein d'une féconde et riante campagne,
En un séjour paisible, et bien loin de Paris,
Où l'on trouvoit de bons, sinon de beaux esprits,

Un loyal chevalier et sa digne compagne,
Unis de cœur, doués de goût et de raison,
Chaque année, au retour de l'arrière-saison,
Aimoient à réunir une estimable élite
De bons voisins, comme eux, pleins de sens, de mérite,
Passant la vie entière en leurs vastes châteaux,
Bénis du pauvre, aimés de leurs heureux vassaux,
  De l'honneur et de la nature
Suivant de père en fils les primitives lois ;
Patriarches françois, honorant à-la-fois
  La noblesse et l'agriculture ;
Instruits d'ailleurs, non pas sur des sujets légers,
Mais nourris des auteurs de Rome et de la Grèce,
Et vous verrez bientôt si ce point m'intéresse !
Conversant tour-à-tour dans leurs bois, leurs vergers,
Avec Virgile, Homère, Anacréon, Horace,
Même à tel autre accent n'étant point étrangers,
Et lisant dans le texte et Thomson et le Tasse.
De tels cultivateurs n'étoient pas malheureux.
Mais à ces braves gens... j'en suis fâché pour eux,
Notre littérature étoit peu familière.
Expliquons-nous : sans doute, ils connoissoient Molière,
Corneille, La Fontaine, et Racine et Boileau,
Et même les bons vers de Malherbe, Rousseau :
Mais nos auteurs vivants, nos poëtes modernes,
Leur étoient inconnus ; pourquoi ? je n'en sais rien.
  Les jugeoient-ils trop subalternes ?
Étoient-ils trop près d'eux ? cela se pourroit bien.
Je ne me pique point d'expliquer ce mystère,
  Moi qui ne suis qu'historien.
A peine avoient-ils lu, franchement j'en convien,
  Quelques volumes de Voltaire ;

.9.

Car, comme a dit quelqu'un qui n'est pas sans esprit,
Dans Racine on lit tout, dans Voltaire on choisit.

La dame du château, plus juste et plus heureuse,
A ses plaisirs si purs, en femme généreuse,
  Voulut bien les associer;
Ils en valoient la peine : elle eut la fantaisie
De les instruire, eh! oui, de les initier
  Dans la moderne poésie;
Sûre qu'après avoir goûté cette ambrosie,
Ils s'uniroient bientôt pour la remercier.
« Oui, je veux, leur dit-elle, en ma longue lecture
« Vous réduire au françois pour toute nourriture :
« Je ne vous donnerai que du bon, que du beau ;
  « Mais vous n'aurez que du nouveau. »
Or, mes amis, suivez un peu cette aventure,
Que, pour peu de clarté, j'ai dû prendre *ab ovo*.

Vous jugez si d'abord madame de Marsenne...
(Marsenne étoit le nom des maîtres du château,
Et le nom du lieu même où se passe la scène;
  Car ici point d'*incognito*.)

Vous jugez si chacun la remercie !... et vite,
A tenir sa promesse, on l'engage, on l'invite.
« Très volontiers », dit-elle ; et, dès le premier soir,
Autour d'un grand foyer elle les fait asseoir;
Et sans préparatif et sans cérémonie...
J'oubliois : dans le cercle étoit un étranger,
Un étranger, du moins pour cette compagnie,
Que des malheurs avoient forcé de voyager,
Et de retour enfin, après dix ans d'absence,

Espérant, méritant, donnant des jours meilleurs,
Inconnu, vous disois-je, à nos voisins ; d'ailleurs,
De monsieur de Marsenne intime connoissance.
Souvenez-vous de lui : j'ose vous assurer
Qu'à mon récit bientôt il saura figurer.

La lecture commence : observez que la dame
Lisoit seule, et pour cause ; elle lisoit fort bien,
Comme alors qu'on sent tout : qui sent mieux qu'une femme?
Bien lire est un don rare, et qui ne gâte rien.
Les bons vers sont meilleurs ; personne ici n'ignore
Qu'étant bien récités, ils valent mieux encore.

Elle lut tour-à-tour maint ouvrage charmant.
 Tantôt c'étoit un long poëme,
Qui sembloit court ; tantôt ce n'étoit qu'un fragment,
Une épître, et par-tout du feu, du sentiment,
De ces vers qu'on admire, et de ces traits qu'on aime.
Il régnoit un silence!... on écoutoit, Dieu sait!
On eût craint d'interrompre un moment la lectrice,
 Et le cœur seul applaudissoit.

Mais si de chaque ouvrage alors on jouissoit,
Du reste... et l'on verra si c'étoit un caprice !
Le nom de chaque auteur fut toujours un secret ;
Le beau sexe est encor souvent le plus discret.

L'aimable automne ainsi s'étoit presque écoulée,
(Pour lire longuement, ce sont là les beaux jours.)
Madame de Marsenne, ayant fini son cours,
S'adresse en souriant à la noble assemblée :
 « Enfin, dit-elle, chers amis,

« J'ai donc exécuté ce que j'avois promis ;
« Et je viens d'introduire en ce séjour champêtre
« Ce qu'on a fait de mieux, depuis trente ans peut-être.
« Vous desirez savoir le nom de chaque auteur.
« Hé bien, indiquez-moi l'ouvrage le meilleur,
« Et l'auteur préféré va se faire connoître. »

Elle se tut ; alors, un vieillard dont l'aspect,
Le regard calme, doux, et la démarche auguste,
Annonçoient la belle ame et l'esprit droit et juste,
Veut parler : tout le monde écoute avec respect.

« Ah ! dit-il d'une voix et d'un ton énergiques,
« Plus même qu'à son âge on n'auroit espéré,
    « Madame a lu, je l'avouerai,
« De beaux vers, tour-à-tour brillants et pathétiques,
    « Des vers brûlant d'un feu sacré,
    « Et dont la verve eût pénétré
« Dans les cœurs les plus froids et les plus léthargiques :
« Mais quel auteur jamais peut être comparé
    « Au traducteur des Géorgiques ? »

« J'estime assurément l'ouvrage en question »,
(Répond avec l'air fin, le sourire ironique,
Morsan, homme d'esprit et tant soit peu caustique ;)
« Mais ce n'est, après tout, qu'une traduction.
« Rajeunir de la sorte un monument antique
« A l'immortalité rarement nous conduit ;
    « Vous savez le mot du critique :
« Traduis toujours, jamais tu ne seras traduit. »

Il rit, mais seul. « Monsieur ! un bon mot est facile,

« (Repartit le vieillard) ; mais c'est un beau succès
« Que de forcer sa langue à devenir docile,
« De lutter corps à corps, même contre Virgile,
« De rendre un vers latin par un seul vers françois,
« D'être fidèle et noble ; et pour moi, je pensois
« Que Virgile auroit eu cette grace, ce style,
« S'il fût né parmi nous, s'il eût été... De mille
    « Qui l'avoient tenté, celui-ci,
« Quel qu'il soit, a l'honneur d'avoir seul réussi. »

Or, chacun d'applaudir au vieillard vénérable.
— Certes, je rends justice à ce rare écrivain, »
(Dit son neveu, sincère et pourtant agréable ;)
« Mais chacun suit son goût, et je préfère enfin
« L'auteur original, et le poëte aimable,
« Qui, sans traduire ainsi Vanière ni Rapin,
« Tant d'autres, nous créa lui-même un vrai jardin.
« Que d'abandon, de grace ! il plaît, attache, éveille :
« Quel brillant coloris ! Flore, sur son chemin,
« Semble avec complaisance épancher sa corbeille ;
« C'est le chantre des bois, ou plutôt c'est l'abeille
« Qui vole, et de cent fleurs compose un doux butin.
« Je veux relire encor ces Jardins, dès demain. »

— « Des jardins, c'est fort bien » (reprend un galant homme,
Sévère dans ses goûts et grand cultivateur,)
« Mais si l'utilité fait le prix d'un auteur,
« C'est à l'Homme des Champs qu'il faut donner la pomme.
« Sans puiser à la source et d'Athène et de Rome,
« Voilà des vers françois, des vers à la Boileau :
« J'estime un tel poëte ; enfin, dans ce tableau,
« Ne remarquez-vous pas qu'il nous a peints nous-mêmes,

« Nos travaux, nos plaisirs, et jusqu'à nos systèmes?
« *Bravo!* l'Homme des Champs, messieurs, l'Homme des Champs! »

—« Des champs et des jardins! sujets neufs et touchants!
« Eh! messieurs les auteurs, parlez-nous de la ville,
« De Paris; si le sort à jamais m'en exile,
« Consolez-moi; laissez votre éloge banal
« Des bois, des prés, des eaux, enfin de la nature:
« A quoi bon en tracer l'éternelle peinture,
« Quand sous les yeux sans cesse on a l'original? »

Celle qui plaisantoit ainsi, mais sans malice,
Étoit la jeune et vive et piquante Clarice,
Fille du bon vieillard qui le premier parla,
Légère, et qui d'abord cédoit à son caprice :
Voyant qu'on sourioit elle continua.

 « Relisons encor, je vous prie,
« Ce poëte charmant, dont la muse fleurie
« Suit dans tous ses écarts la douce illusion,
« Comme on suit un ruisseau fuyant dans la prairie;
« Peint les songes du jour, la tendre rêverie,
« L'espoir, le souvenir, l'amour, l'ambition,
« Mille erreurs; et pourtant au vrai toujours fidéle,
 « Même au sein de la fiction,
« Saisit, embrasse et peint l'Imagination
« En vers légers, brillants et variés comme elle.
« Quel ami consolant! quel aimable enchanteur!
 « Je ne connois pas ce poëte,
« Mais il peut se vanter d'avoir fait ma conquête;
« Je crois que, par instinct, il devina mon cœur. »

—« Moi, je lis dans les yeux de notre aimable Rose »,

(Dit madame Marsenne en regardant la sœur
    De ce jeune et sage Monrose
Qui parle des Jardins avec tant de douceur,)
« Qu'elle voudroit aussi nous dire quelque chose.
« N'est-il pas vrai?—Madame...—Hé bien, parlez.—Je n'ose.
« Osez donc, lui dit-elle, et d'un ton caressant. »

—« L'imagination, dit Rose en rougissant,
« Pour les humains sans doute aura toujours des charmes ;
« Oui, mais s'il est plus doux de répandre des larmes,
« Si la mélancolie... et je crois qu'on la sent,
« A pour toucher nos cœurs de plus puissantes armes ;
« Je connois un sujet bien plus intéressant,
« Madame ; et vous venez vous-même de nous lire...»

—« Eh quoi donc?...chère enfant! mais comme elle soupire!
«—Ah! c'est que de ces vers j'ai reconnu l'accent,
« (Poursuit Rose ; elle ajoute:) O comme on s'abandonne
« Aux consolations de la tendre amitié !
« OEdipe, s'appuyant sur sa chère Antigone(1),
« Gémit d'un long exil, de la perte d'un trône :
« Elle l'embrasse et pleure ; il a tout oublié.
    « Ah! tous nos cœurs sont de moitié
    « Dans les doux soins qu'elle lui donne ;
    « Et si j'avois une couronne,
« Elle seroit pour toi, chantre de la Pitié. »

—« Bon! la pitié! vertu d'un cœur foible et timide »,
(Reprend Linval, brave homme et chasseur intrépide,
Mais aux muses sachant consacrer ses hivers)

---

1 On appelle de ce nom madame Delille, qui en est bien digne par ses tendres soins pour son époux, presque privé de la vue.

« Pleurer mal-à-propos, amis, c'est un travers.
« Les vers! voilà le point qu'il faut que l'on décide,
« Et je réserve, moi, la palme des bons vers
    « Au traducteur de l'Énéide (1).
« L'éloge en pareil cas seroit très superflu,
« Si l'ensemble répond à plus d'un beau passage
    « Que madame ici nous a lu ;
« Ce poëte n'est pas à son apprentissage. »

—« Monsieur est un vrai connoisseur,
« Et sûrement Virgile est un fort beau génie »,
(Répondit d'un air sombre, et du ton d'un censeur,
Forlis, qui n'est que froid, et se croit un penseur,
Et s'applaudit sur-tout de son anglomanie.)
« Mais Milton, poursuit-il, vous l'avez entendu :
« Il va paroître en vers, et ce qu'on nous en cite
« Nous promet un chef-d'œuvre; il nous étoit bien dû :
    « Mesdames, je vous félicite :
« Vous apprendrez par cœur le Paradis perdu.
« Que de feu, que de verve! et quel style énergique!
« Les cieux et les enfers, les anges et satan,
« Et ce touchant Éden, Ève aux côtés d'Adam,
« Tout s'anime, tout vit sous son pinceau magique :
    « Je plains le Virgile françois. »

—« Moi, je ne plains personne, et je suis fort tranquille :
« J'ose aussi du Milton garantir le succès ;
« Mais je répondrois bien de celui du Virgile. »
Ainsi parloit Marsenne, assez bon juge en vers.

---

1 Cette traduction n'avoit pas encore paru, non plus que celle de Milton.

D'autres sont préférés ; un botaniste incline
En faveur d'un essai sur les règnes divers
Qu'embrasse la nature en ce vaste univers,
Et croit en vers françois lire Buffon ou Pline.
Ainsi de son objet chacun est occupé.
D'une savante épître ici l'on est frappé ;
Là, dans quelques morceaux fort bien traduits de Pope,
Du traducteur habile on cherche l'horoscope.
L'un admire une esquisse, et l'autre un vaste plan ;
En un mot, chaque ouvrage avoit son partisan,
Et la discussion devenoit un peu vive.
« Messieurs, leur dit enfin la dame du château,
« Qui depuis bien long-temps sourioit *in petto*;
« Je ne m'étonne point de ce qui vous arrive ;
« Je sens votre embarras : tout est bon, tout est beau !
« J'ai causé cette guerre, et j'apporte l'olive
« Pour apaiser enfin un combat si nouveau.
« Amis, m'en croirez-vous ? choisissons pour arbitre,
« Quelqu'un... qui jusqu'ici, je l'observois, s'est tu,
« Et dont la modestie est la grande vertu,
« Mais qui seroit, je crois, capable, à plus d'un titre,
« D'éclaircir à jamais ce point si débattu. »
Elle se tourne alors vers la même personne
Que, s'il vous en souvient, j'ai pris soin d'indiquer,
Et par un doux regard l'invite à s'expliquer.
Il rougit, on l'observe ; et bientôt on soupçonne...
Ce que vous devinez, que ce rare mortel,
Qu'ainsi l'on invitoit, par un trop juste appel,
A tenir la balance, à peser les suffrages,
Étoit l'unique auteur de tous ces beaux ouvrages.

LE POËTE ET SON AMI,

DIALOGUE.

DULIS.

Eh, quoi! toujours un livre, ou bien la plume en main!
Quoi! du matin au soir, à l'affût d'une rime!
 C'en est donc fait, pauvre Firmin!
 En ami, je te prêche en vain :
Je ne puis t'arracher à ce triste régime!
Te guérir!...

FIRMIN.

 Me guérir, ne seroit pas aisé.
Mon mal me plaît : il vient d'une source trop pure.
Sur un penchant frivole on est d'abord blasé;
 On est bientôt désabusé
 De l'erreur ou de l'imposture;
Mais un sentiment vrai, puisé dans la nature!...
Croyez-moi, de long-temps il ne peut être usé.

DULIS.

Bon! ta persévérance est admirable et rare.

FIRMIN.

Mais votre changement n'est-il pas plus bizarre?
Ce goût qui, dans mon ame, est comme un feu sacré,
C'est vous qui, le premier, me l'avez inspiré.
Eh! oui, c'est de vous-même, inconstant que vous êtes!
Que j'appris à connoître orateurs et poëtes :
De leurs vers enchanteurs, de leurs divins écrits,

Grace à vous, jeune encor, je sentis mieux le prix.
Combien de fois, cherchant de paisibles ombrages
Pour être tout entiers à ces charmants ouvrages,
Les avons-nous ensemble ou récités ou lus!...
Ingrat! d'un tel délice il ne vous souvient plus!

DULIS.

Il m'en souvient : alors j'aimois la poésie
Comme un fou... comme toi ; j'eus cette fantaisie.
  Nourri de cent auteurs divers,
Tout plein du vieil Homère et du tendre Virgile,
  Je ne voyois dans l'univers
Que les pleurs de Didon et le courroux d'Achille :
J'étois ce qu'on appelle amoureux d'un beau vers.
J'admirois donc Ovide, et j'adorois Horace :
  J'osai m'égarer sur leur trace ;
Et, te communiquant ce sublime travers,
Je t'entraînai toi-même au sentier du Parnasse.
  Mais le prestige est dissipé :
A la réflexion le délire a fait place ;
L'expérience, ami, les ans m'ont détrompé.
Oui, j'osai soupçonner qu'ici-bas quelque chose
Valoit les meilleurs vers et la plus riche prose,
Que rimer n'étoit pas le souverain bonheur,
  Et qu'on pouvoit, je le suppose,
Vivre heureux, exister enfin sans être auteur.

FIRMIN.

Ah! j'entends : une rime, une épithète heureuse,
Autrefois à tous deux sembloit un vrai trésor :
Et cette opinion, bien que j'y tienne encor,
N'est pas, je l'avouerai, vérité rigoureuse.
  Il est possible qu'après tout,
L'art des vers ne soit pas le premier art du monde.

Mais, quand vous le croyiez, aviez-vous moins de goût?
Étiez-vous moins heureux? Que votre cœur réponde.
    Mon ami, j'ai lu quelque part
Cette maxime antique, et que je crois fondée :
    « Seroit-ce un grand mal, par hasard,
  « Qu'on eût de son talent une modeste idée,
    « Une très haute de son art? »
Bon ! vous riez !

DULIS.

       Eh ! oui. Toujours naïf, crédule !
Tu t'applaudis, d'un air bien triomphant,
  D'être encor jeune, ou, pour mieux dire, enfant.

FIRMIN.

Dulis, vous me trouviez jadis moins ridicule.
J'en suis fâché pour vous : seul, vous avez changé.
Riez de ma constance au fond si naturelle !
    Nommez-la travers, préjugé,
J'y consens ; vos dédains, votre froideur nouvelle,
Ne ralentiront point mon ardeur et mon zéle.
Non : les muses ont eu mes premières amours ;
    Elles charmeront mes vieux jours :
Jusqu'au dernier soupir je leur serai fidéle.

DULIS.

Voilà des sentiments dignes de Céladon !
Chacune des neuf sœurs a droit d'en être vaine.
Puisque de te fixer elles ont eu le don,
J'en ai moins de scrupule ; et de mon abandon
    Tu les consoleras sans peine.
Ainsi, content, charmé d'une si belle chaîne,
A cet attachement tu bornes tes desirs :
De la rime honorable et volontaire esclave,
Rhythme, nombre, césure, et mainte docte entrave,

Sont tes plus chers liens, sont tes plus grands plaisirs.
C'en est fait : il n'est point de volupté pareille
A celle dont ravit ton cœur et ton oreille
Un seul vers de Virgile, un chant d'Anacréon,
Vénus même te plaît beaucoup moins qu'Apollon ;
Et nos bals, nos concerts n'offrent point de merveille
  Qui plus doucement te réveille,
Qu'un tour mélodieux du verbeux Cicéron.

FIRMIN.

Courage ! à me railler vous avez bonne grace.
Je vous répondrois mal ; ce style m'embarrasse.
Nos poëtes anciens, d'ailleurs si délicats,
De ce genre d'esprit ne m'offrent nulle trace ;
  Et même le badin Horace
Plaisantoit assez bien, mais ne persifloit pas.

DULIS.

Le sérieux te plaît : raisonnons en ce cas :
Voyons qui de nous deux, dans l'état qu'il embrasse...

FIRMIN.

Eh ! de quoi serviront ces discours superflus ?
Je parlerois en vain : vous ne m'entendez plus.
 Si j'adorois une beauté charmante,
M'en dégoûteriez-vous par le raisonnement ?
 La poésie est ma plus chère amante :
On n'argumente point contre le sentiment.

DULIS.

Mais ton extravagance à chaque instant augmente.
  Tendre amant ! tu me fais pitié :
Écoute-moi, de grace, au nom de l'amitié.

FIRMIN.

Soit.

DULIS.

Vois donc où t'égare une aveugle chimère,
Et juge sur ton sort si je m'alarme en vain !
L'auteur par excellence est sûrement Homère.

FIRMIN.

Sans doute.

DULIS.

Hé bien, mon cher, ce poëte divin
Vécut pauvre, et mourut... Enfin,
A tous ceux qui courroient sa brillante carrière
Votre premier poëte a légué son destin.
Homère, Homère pauvre !

FIRMIN.

En êtes-vous certain?
Je songe au mot de La Bruyère :
« Ces riches partisans qui, du haut de leur char,
« Jetoient sur notre Homère un insolent regard,
« Qui de le recevoir n'avoient pas la pensée,
« Souriant de pitié, si quelqu'un par hasard
« Parloit de l'Iliade ou bien de l'Odyssée,
« Où sont-ils maintenant?... que dis-je? ont-ils été?
« Nul d'eux n'a su transmettre à la postérité
« Son faste, ses trésors, sa morgue financière,
« Son nom même; à jamais rentrés dans la poussière,
« Ils sont morts tout entiers : Homère est immortel. »

DULIS.

Sans doute; sa mémoire obtint plus d'un autel :
Mais vivant...

FIRMIN.

O grand homme ! admirable modèle !
Qui n'envieroit, au prix de tes malheurs passés,
Et ton vaste génie et ta gloire éternelle ?

DULIS.

Vous voilà bien, poëtes insensés !
Ne rêvant que la gloire et que la renommée !
  Qu'on parle de vous, c'est assez.
C'est ainsi, presque tous, que vous vous nourrissez
  De bruit, de vent et de fumée.
Ainsi, pour te citer des faits bien plus récents,
Mille écrivains fameux, épris d'un vain encens,
Victimes d'un penchant tenace, opiniâtre,
Immortels en idée, en effet languissants,
Milton, Le Camoëns, La Touche, Malfilâtre,
Tant d'autres !...

FIRMIN.

  Poursuivez : étalez à plaisir,
De honte, de douleur cette scène importune ;
Et des nobles talents trahis par la fortune
  Perpétuez le souvenir :
Comme si les auteurs, hélas ! étoient au monde
Les seuls infortunés et les seuls indigents !
Et comme si le sort des plus honnêtes gens
Trop souvent n'étoit pas la misère profonde !
  Mais lorsqu'ici vous publiez,
    Même avec tant de complaisance,
Les poëtes souffrants, non pas humiliés,
Je m'étonne, Dulis, comment vous oubliez
  Ceux qui vécurent dans l'aisance.
Virgile, Horace...

DULIS.

  Ah ! bon ! j'y comptois : oui, pour eux
Le ciel au moins se montra juste :
Les poëtes alors n'étoient pas malheureux.
Mais ces exemples-là, dis-moi, sont-ils nombreux ?

Voit-on souvent ensemble un Mécène, un Auguste?
Cette rencontre est rare, et de long-temps, je crois...

FIRMIN.

La France a vu depuis, et ministres et rois
Généreux, de qui même au sein de leurs provinces
Les bienfaits n'étant point bornés,
Alloient chercher au loin les savants étonnés,
Et d'un honteux oubli faisoient rougir leur prince.

DULIS.

« Il en est jusqu'à trois que l'on pourroit compter. »

FIRMIN.

Aussi n'est-ce pas eux que je prétends citer.
Je ne vous parle point des Boileau, des Racines,
Heureux également que la main de Louis
Daignât de leur carrière écarter les épines.
Mes yeux d'un tel éclat ne sont point éblouis.
Eh! quoi? tant de faveurs sont-elles nécessaires?
Pour mériter un jour le beau titre d'auteur,
On a besoin d'un guide et non d'un protecteur.

DULIS.

L'un et l'autre est utile : ami, soyons sincères;
Les conseils au talent font sûrement grand bien,
Mais joignons-y l'aisance ; elle ne gâte rien.

FIRMIN.

Faudra-t-il les trésors d'un Buffon, d'un Voltaire?
Non : l'écrivain doué d'un mâle caractère
Trouve en soi-même un sûr appui ;
Et dussé-je alarmer votre rare prudence,
Dulis! je craindrois moins pour lui
Même la pauvreté que l'excès d'abondance.

DULIS.

Ta crainte, cher Firmin, seroit vaine aujourd'hui.

FIRMIN.

On met trop son destin à la merci d'autrui :
Je veux moins de fortune, et plus d'indépendance.
Croyez-moi, qui se borne aux plus simples besoins;
Qui, loin de toute intrigue et de vulgaires soins,
D'aucune ambition ne sent son ame atteinte,
Sans desir indiscret et sans frivole crainte,
Petites passions qu'il regarde en pitié;
Qui, fidéle à l'honneur, fidéle à l'amitié,
Chérit, préfère à tout sa paisible retraite :
Un tel homme, savant, historien, poëte,
Ferme apôtre du goût et de la vérité,
Agit, pense et s'exprime en pleine liberté.

DULIS.

Bravo! sans partager cette ardeur qui t'enflamme,
Je ne puis qu'applaudir à ta noble fierté,
Que tout homme loyal sent au fond de son ame.

FIRMIN.

Le grand Corneille, auteur d'ouvrages immortels,
Sur qui notre théâtre et repose et se fonde,
    Et dont les succès éternels,
Mille fois répétés en des jeux solennels,
Sont de nos jours encore une mine féconde;
Corneille, solitaire au milieu de Paris,
Si fameux sur la scène, ignoré dans le monde,
Eût par sa bonhomie étrangement surpris
Tous ceux qui le jugeoient par ses divins écrits;
Content de peu, modeste, en une paix profonde,
Fort mauvais courtisan, il cherchoit le bonheur
Moins au palais des rois qu'au temple de mémoire.
Il se connoissoit bien en véritable honneur.
Un auteur si sublime étoit digne de croire

10.

Que l'amour de son art, un cœur pur, et la gloire
D'enfanter chaque jour un chef-d'œuvre nouveau,
Sont pour le vrai poëte un salaire assez beau.
Tu suivis son exemple, ô toi, bon La Fontaine !
  Tu fus simple et modeste aussi.
Les soins du lendemain, et l'importun souci,
Jamais heureusement ne glacèrent ta veine :
Et, si tu ressentis une cruelle peine,
  Lorsque Fouquet te fut ravi,
L'élégie où ton ame a tendrement gémi,
Ta douleur courageuse est la preuve certaine
Que tu regrettois moins en ce digne Mécène
  Le surintendant que l'ami.
La Fontaine ! Corneille ! et toi, profond Molière !...
Car, ainsi que les leurs, ton ame grande et fière
Avec même génie eut même loyauté.
Triumvirat sublime en sa simplicité,
Déja par le travail assez heureux, je pense,
  Et, pour dernière récompense,
Jouissant et vivant dans la postérité !

DULIS.

Dans la postérité ? la belle perspective !
Bonne chimère encor que de loin tu poursuis !
Et dans quel temps, dis-moi, faudra-t-il que je vive,
Des siècles à venir, ou du siècle où je suis ?
Firmin, je jouirai du présent, si je puis.
Bâtis en l'air, suivant ta louable coutume :
Sur de meilleurs appuis je fonde ma maison ;
Tes beaux rêves pour moi ne sont plus de saison.
On ne vit pas d'espoir ni de bonheur posthume.

FIRMIN.

Posthume ! ce mot-là peut être fort plaisant ;

Mais est-il juste? oh! non; car je sens le contraire.
Sans parler des douceurs qu'on goûte en composant,
   Nous jouissons dès à présent
Du bien que nos écrits après nous pourront faire.
Ainsi, dans ses enfants se sent revivre un père;
Et le maître, entouré d'élèves qu'il instruit,
De leurs talents futurs goûte déja le fruit;
    Ainsi, le bon *octogénaire*
    Plantoit, et se disoit: « Je veux
« Qu'un jour le voyageur me doive cet ombrage. »
Le vrai sage, en un mot, sent combler tous ses vœux,
S'il pense, et sans orgueil, que ses derniers neveux
    Béniront encor son ouvrage.

DULIS.

Soit. A mon premier mot il en faut revenir:
   Ta jouissance est un peu vide,
Et ton présent, mon cher, n'est que de l'avenir.
A mon projet alors permets-moi de tenir;
   Il est moins beau, mais plus solide.
   Voici mon système en deux mots:
Voisin de l'âge mûr, frais encore et dispos,
Sans me sevrer déja des douceurs de la vie,
J'y sais joindre l'utile; à ces calculs nouveaux
   Plus d'un exemple me convie.
Je vais droit à mon but, épiant l'à-propos,
L'heure... et si du succès mon attente est suivie,
J'arriverai bientôt, en dépit de l'envie,
A tel poste important, où par de courts travaux
J'achète pour jamais l'aisance et le repos.
Mais quoi? tant de raison te blesse, t'importune;
Adieu donc; aussi-bien, j'ai fort peu de loisir:
L'occasion m'appelle, et je veux la saisir.

Pour toi, Firmin, doué d'une ame moins commune,
Dédaigne tout grossier et terrestre desir;
Vole à la gloire enfin, je cours à la fortune,
    Et par la route du plaisir.

FIRMIN.

Allez donc! poursuivez votre belle carrière:
Montez, montez toujours;... mais bientôt, dès demain,
Vous jetterez peut-être un regard en arrière.
Souvenez-vous alors de ce pauvre Firmin;
Car l'amitié jamais ne trompe notre attente.
Vous le retrouverez, son La Fontaine en main,
    Le front serein, l'ame contente,
Ayant à ses côtés la fortune constante,
    Sans avoir fait tant de chemin.
Des *Deux Pigeons*, Dulis, nous relirons la fable;
Et vous-même, frappé d'un portrait si semblable,
Vous bénirez peut-être un trop heureux revers.
De nouveau réunis à la table frugale,
Qu'en ses festins jamais l'opulence n'égale,
Nous parlerons encor littérature et vers;
Et si, chassant bien loin tout importun nuage,
Nous retrouvons tous deux la gaieté du jeune âge,
Et son insouciance... ou du moins ce bonheur
Qui, grace à l'amitié, grace à la paix du cœur,
    Peut être encor notre partage,
Comme avec nos auteurs nous redirons alors!
« Doux oubli de la peine et de l'inquiétude,
    « Épanchements, libres transports,
« O médiocrité, paisible solitude,
« Charmes de la vertu, délices de l'étude!
« Vous êtes les premiers, les uniques trésors. »

SERMENTS

D'AMOUREUX ET DE POËTE,

DIALOGUE.

PHILÈNE.
C'en est fait, Duvervin, je ne veux plus aimer.
DUVERVIN.
Philène, c'en est fait, je ne veux plus rimer.
PHILÈNE.
Sexe léger, trompeur, dont je fus idolâtre,
Je t'abjure à jamais.
DUVERVIN.
Et toi, fatal théâtre !
Je t'abandonne; adieu, maudit théâtre, adieu.
PHILÈNE.
Allons, n'en parlons plus.
DUVERVIN.
Non, plus du tout.
PHILÈNE.
O Dieu !
Qui l'auroit cru ? fut-il plus flatteuse apparence ?
DUVERVIN.
Quel poëte jamais eut plus juste espérance ?
PHILÈNE.
Devois-je soupçonner un trait si faux, si noir ?
DUVERVIN.
Et moi, mon accident, pouvois-je le prévoir ?

PHILÈNE.

Duvervin, tu l'as vue; une jeune personne
Si belle, si touchante!...

DUVERVIN.

Une piéce si bonne!

PHILÈNE.

Tout en elle annonçóit candeur, simplicité.

DUVERVIN.

Elle avoit du mordant, du feu, de la gaieté.

PHILÈNE.

Un modéle de grace!

DUVERVIN.

Un chef-d'œuvre de style!

PHILÈNE.

Hélas! je devois être... et j'étois si tranquille!

DUVERVIN.

Vingt amis, point flatteurs, que j'avois invités,
De mon ouvrage à table étoient tous enchantés.

PHILÈNE.

Elle a pu me trahir!

DUVERVIN.

Il est tombé!

PHILÈNE.

Parjure!
A l'infidélité tu joins encor l'injure!

DUVERVIN.

C'étoit peu de siffler;... c'étoit déja beaucoup:
On me raille, on m'insulte; et, pour le dernier coup,
Vingt journaux acharnés viennent me battre à terre.

PHILÈNE.

O femmes sans pitié!

DUVERVIN.

Cruel, ingrat parterre!

PHILÈNE.

Puisqu'il en est ainsi, cherchez, cherchez ailleurs
De crédules amants!

DUVERVIN.

Cherche d'autres auteurs!

PHILÈNE.

Vous n'inspirerez pas d'aussi pures tendresses.

DUVERVIN.

Nous verrons si quelqu'un te donnera des pièces!...

PHILÈNE.

L'heureux rival pour qui vous me donnez congé
Par un prompt abandon m'aura bientôt vengé...

DUVERVIN.

Tu m'as sifflé; mais quoi, d'autres sur ma parole
Vont te faire bâiller : c'est ce qui me console.

PHILÈNE.

Et vous regretterez ma constance et ma foi.

DUVERVIN.

Mais tu n'obtiendras plus un seul acte de moi.

PHILÈNE.

Allons, laissons l'amour, et parlons d'autre chose.

DUVERVIN.

Oh! oui, très volontiers; mais ne parlons qu'en prose.

PHILÈNE.

Doux calme! paix du cœur! je vais donc te goûter.

DUVERVIN.

La bonne prose est bonne; on peut s'en contenter.

PHILÈNE.

Au naufrage échappés, nous touchons le rivage.
Car qu'est-ce que l'amour? un honteux esclavage,

Où d'abord vingt rivaux, tremblants, humiliés,
Servent une coquette, et rampent à ses pieds.
A prononcer entre eux long-temps elle diffère :
Et malheur à celui qu'enfin elle préfère !
Bientôt de son triomphe il va se repentir.
Jouet d'un vain caprice, et plus souvent martyr,
Tantôt il est trompé par son souris perfide,
Tantôt dans son regard de conquêtes avide,
Il voit trop qu'elle aspire à mille amants divers,
Quand elle est tout pour lui dans ce vaste univers !
Elle qui, tour-à-tour, le tourmente et le flatte ;
Et, lorsqu'on a tout fait, tout souffert pour l'ingrate,
A sa tendresse enfin quand on s'est confié,
Pour le premier venu l'on est sacrifié.
Tels sont, cruel amour ! les chagrins que tu causes !

DUVERVIN.

Près de ceux d'un auteur, ce ne sont que des roses ;
Et je ne parle pas du long enfantement
Qui n'est de tous ses maux que le commencement ;
Car c'est le seul plaisir que nous goûtions peut-être.
Mais au grand jour, hélas ! si l'on ose paroître,
Après avoir long-temps, son manuscrit en main,
De messieurs les acteurs essuyé le dédain,
Tourmenté d'un desir pressant, opiniâtre,
Est-on enfin joué ? Qu'est-ce que le théâtre ?
Un tribunal... étrange, où, léger et cruel,
Le public sembleroit attendre un criminel,
Et prononce, en riant, la sentence fatale.
Tremblant et demi-mort, on craint tout, la cabale,
Le murmure grondeur, le calme indifférent,
La tempête, sur-tout le son si déchirant !...
Et si de se sauver on a la douce joie,

Des vautours à la porte on deviendra la proie.
Pas un libraire enfin, et dix contrefacteurs!...
Voilà, voilà le sort des malheureux auteurs!

PHILÈNE.

Et je me dévouerois à tant de perfidies!

DUVERVIN.

Et je pourrois encor faire des comédies!

PHILÈNE.

Je suis libre à jamais, et j'ai brisé mes fers.
Plus de femmes.

DUVERVIN.

Non, non; et sur-tout plus de vers.

En ce projet affermissant leurs ames,
Comme ils disoient: « Plus de vers, plus de femmes, »
Le même soir arrive de Paris
La séduisante et coquette Aspasie;
Le même soir, appel aux beaux esprits:
Dans vingt journaux, un prix de poésie
S'offre au concours... nos deux braves amis
Ont, le soir même, oublié leur promesse;
L'un fit des vers, l'autre eut une maîtresse.

LES DEUX RATS,

TRADUCTION LIBRE D'HORACE.

Sat. 6, liv. 2.

Un rat de ville, ayant promis long-temps
D'aller dîner chez certain rat des champs,
Lui fit un jour cette faveur extrême.
Le campagnard, sobre, dur à lui-même,
Touchoit à peine à ses provisions ;
Mais il savoit, dans les occasions,
Se relâcher, et ne se faisoit faute
De son avoir, pour bien traiter un hôte.
Cette fois donc, pois chiche, aveine, lard
Demi rongé, raisins secs mis à part,
Tout fut servi ; c'étoit jour de ripaille.
Pour lui, grugeant sur un monceau de paille
Quelques grains d'orge, il laisse au citadin
Les meilleurs plats : mais l'autre, avec dédain,
D'un air distrait, semble goûter à peine
Du bout des dents, non le lard ni l'aveine,
Mais un raisin, qu'encore il trouve amer.
Le repas fait : « Çà, de grace, mon cher,
« (Dit-il à l'autre) un si triste ermitage
« Sera-t-il donc ton éternel partage ?
« Ces bois ont-ils tant de charmes pour toi ?
« Eh ! laisse-là ton désert, et suis-moi.
« Viens voir la ville et connoître les hommes.
« Puisqu'il est vrai que tous tant que nous sommes,

« N'avons qu'un souffle et qui meurt avec nous ;
« Puisque la mort, hélas ! nous frappe tous,
« Petits et grands, avant qu'elle nous frappe,
« Goûtons ce bien qui sitôt nous échappe.
« Eh ! vis heureux, songeant au peu de jours
« Que tu dois vivre. » Ému par ce discours,
Le rat des champs rêve un peu ; puis il saute
De sa cabane, et part avec son hôte.
Ils vont gaiement, arrivent à minuit,
Et dans la ville entrent à petit bruit ;
Besoin ne fut d'en faire l'escalade.
Le citadin conduit son camarade
Dans un palais, le place sur un lit
D'ivoire et d'or, que la pourpre embellit.
Là, des reliefs du repas de la veille
Sont entassés dans plus d'une corbeille :
Il court, apporte entremets, rôt, dessert,
Goûtant d'avance à chaque plat qu'il sert,
Comme feroit un valet peu novice.
Le campagnard savoure avec délice
Son nouveau sort ; et par plus d'un bon mot
Il commençoit à payer son écot,
Quand un grand bruit vient troubler leur mystère.
La porte s'ouvre ; eux de sauter à terre,
Et de courir, d'aller sans savoir où,
Et de chercher, mais en vain, quelque trou...
Jugez alors si l'un et l'autre tremble !
Quand chiens et chats, grondant, miaulant ensemble...
— « Ah ! mon ami, dit le bon rat des champs,
« De tels repas sont pour moi peu touchants :
« Adieu ; mes bois sont un plus doux asile :
« J'y vis de peu, mais j'y mange tranquille. »

LES DEUX RATS,

FABLE IMITÉE D'HORACE,

PAR M. ANDRIEUX.

N. B. Je présume que l'on verra avec plaisir ici la même fable imitée par mon ami Andrieux. Dans cette espèce de lutte, je m'avouerai vaincu; et comme *Eschine*, je finis par citer l'œuvre de mon antagoniste.

CERTAIN rat de campagne, en son modeste gîte,
De certain rat de ville eut un jour la visite.
Ils étoient vieux amis : quel plaisir de se voir !
Le maître du logis veut, selon son pouvoir,
Régaler l'étranger; il vivoit de ménage,
Mais donnoit de bon cœur, comme on donne au village.
Il va chercher, au fond de son garde-manger,
Du lard qu'il n'avoit pas achevé de ronger,
Des noix, des raisins secs. Le citadin à table
Mange du bout des dents, trouve tout détestable.
« Pouvez-vous bien, dit-il, végéter tristement,
« Dans un trou de campagne enterré tout vivant ?
« Croyez-moi, laissez-là cet ennuyeux asile ;
« Venez voir de quel air nous vivons à la ville.
« Hélas ! nous ne faisons que passer ici-bas ;
« Les rats, petits et grands, marchent tous au trépas :
« Ils meurent tout entiers ; et leur philosophie
« Doit être de jouir d'une si courte vie,
« D'y chercher le plaisir : qui s'en passe est bien fou. »

L'autre persuadé saute hors de son trou.
Vers la ville à l'instant ils trottent côte à côte ;
Ils arrivent de nuit : la muraille étoit haute ;
La porte étoit fermée : heureusement nos gens
Entrent sans être vus, sous le seuil se glissants.
Dans un riche logis nos voyageurs descendent,
A la salle à manger promptement ils se rendent.
Sur un buffet ouvert, trente plats desservis
Du souper de la veille étaloient les débris.
L'habitant de la ville, aimable et plein de grace,
Introduit son ami, fait les honneurs, le place ;
Et puis, pour le servir, sur le buffet trottant,
Apporte chaque mets, qu'il goûte en l'apportant.
Le campagnard, charmé de sa nouvelle aisance,
Ne songeoit qu'au plaisir, et qu'à faire bombance,
Lorsqu'un grand bruit de porte épouvante nos rats :
Ils étoient au buffet ; ils se jettent en bas,
Courent, mourant de peur, tout autour de la salle ;
Pas un trou ! de vingt chats une bande infernale
Par de longs miaulements redouble leur effroi.
— « Oh ! oh ! ce n'est pas là ce qu'il me faut, à moi
« (Dit le bon campagnard) ; mon humble solitude
« Me garantit du bruit et de l'inquiétude :
« Là, je n'ai rien à craindre ; et si j'y mange peu,
« J'y mange en paix du moins, et j'y retourne... Adieu. »

L'ANGLAIS A MONTREUIL,

Traduction littérale d'un chapitre du *Voyage sentimental* de Sterne.

Quand tout est prêt, qu'avec l'hôtesse ou l'hôte
On a compté, débattu, mais sans faute
Payé le tout; alors, si par malheur
Ce long débat n'a donné de l'humeur,
Lors, dis-je, avant de monter en voiture,
Il reste encore une affaire à conclure;
Et c'est avec la foule de clients
Par le vulgaire appelés mendiants,
Qui de l'auberge environnent la porte.
Quelqu'un diroit: « le diable les emporte! »
Mais faire faire un tel voyage, hélas!
A pauvres gens déjà foibles et las,
En vérité, cela n'est pas possible.
Moi, je conseille au voyageur sensible
D'avoir plutôt quelques sous dans sa main.
Puis, que sait-on? cela peut en chemin
Porter bonheur. Et que l'on ne calcule
En cette affaire avec trop de scrupule:
Ce peu de sous qu'ainsi vous donnerez,
Croyez qu'ailleurs ils sont enregistrés.
Et quant à moi, je donne peu de chose,
Je l'avouerai; j'en dirois bien la cause.
J'ai par malheur peu de chose à donner;
Et si j'en parle, il faut me pardonner:

De ce don-ci j'ai tenu note exacte,
Parcequ'en France il fut mon premier acte
De charité ; puis tel détail ici,
Comme il m'a plu, pourra vous plaire aussi.

Quand j'aperçois la foule qui m'assiège :
« Vous voilà bien du monde, m'écriai-je,
« Quand pour tout bien, moi je n'ai que huit sous. »
Et dans ma main je les leur montre à tous.
A ces mots part, sans que plus long j'en dise,
Un pauvre diable, en lambeaux, sans chemise,
Qui renonçoit à ses prétentions,
Et sembloit dire : « Il faut que nous laissions
« Ces huit sous-là de préférence aux femmes. »
Tout un parterre, en criant *place aux dames,*
Pour le beau sexe eût moins intéressé :
A ce brave homme aussi je m'empressai
D'offrir d'abord un sou, que je le prie
De recevoir pour sa galanterie.
J'avois en face un pauvre petit nain,
Leste et gaillard, quoiqu'il mourût de faim.
Il met d'abord sous son bras quelque chose
Qui fut jadis un chapeau, je suppose :
Puis de sa poche il tire en souriant
Sa tabatière, et d'abord l'essuyant,
En offre à gauche, à droit, suivant l'usage
Des bonnes gens, détournant le visage.
Mais il dut voir qu'on avoit à moitié
Vidé sa boîte. « Ah ! ce seroit pitié,
« Me dis-je alors, qu'avec cette ame humaine,
« Il n'eût toujours sa tabatière pleine ! »
J'y mis deux sous ; et, pour donner du prix

A ce cadeau, de son tabac je pris.
Simple faveur, qui toucha l'ame fière
Du petit nain, bien plus que la première.
L'une n'étoit que pure charité,
Et l'autre, honneur : aussi, tout transporté,
Mon nain me fit un salut jusqu'à terre.

— A vous, brave homme ! — Un bon vieux militaire
Tend le bras gauche, ayant perdu le droit
En un combat, je ne sais plus l'endroit.
Je n'avois plus que trois sous : une femme,
Qui du bon Dieu près de moi se réclame,
Sur ce pied seul obtient deux sous de moi ;
Et je n'eus point d'autre motif, ma foi !
On m'en croira : — Milord ! s'écrie un autre.
Quel son flatteur ! aussi le bon apôtre,
Pour son milord, eut le dernier des sous.

Mais quoi ! voyez ce que c'est que de nous !
J'avois, hélas ! dans la chaleur du zèle,
Oublié net un de ceux qu'on appelle
Pauvres honteux, pour qui nul ne quêtoit,
Et qui jamais, tout pauvre qu'il étoit,
N'auroit osé demander pour lui-même.
Seul, à l'écart, si son visage blême
Sembloit flétri par l'âge et les malheurs,
Il avoit vu, je crois, des jours meilleurs.

A cette vue, alors je me reproche
De n'avoir pas un sou de reste en poch.
Vous en avez, crièrent d'une voix
Tous mes esprits soulevés à-la-fois.

En rougissant, je donne à ce digne homme...
— Combien ! — N'importe : en ce moment, la somme
Me paroît forte, et j'en ferai l'aveu ;
Mais dans le temps je crus donner trop peu.
Entre ces points veux-tu saisir l'espace,
Ami lecteur ? mets-toi bien à ma place
Premièrement ; puis alors, tu pourrois
La deviner, à quelques schellings près.

Il ne restoit (car il faut qu'on finisse)
Qu'à dire à tous : « Le bon Dieu vous bénisse ! »
Dieu vous bénisse aussi ! dirent soudain
Le vieux soldat, le pauvre petit nain,
La bonne femme, enfin toute la bande.
« Mon bon monsieur, que le ciel vous le rende ! »
Dirent-ils tous. Pour le pauvre honteux,
Sans me poursuivre, et sans crier comme eux,
Du coin de l'œil je l'aperçois qui tire
Un vieux mouchoir, s'essuie, et sans mot dire,
S'en va, soupire et lève au ciel les yeux...
Ah ! celui-là remercioit le mieux.

MELPOMÈNE ET THALIE,

POÈME ALLÉGORIQUE,

EN DEUX CHANTS (1).

Je voudrois bien de deux muses rivales,
Sur divers tons, en rimes inégales,
Vous raconter les jeux et les revers,
Rendre avec feu, si ce n'est en beaux vers,
Accent sublime et naïve saillie;
Et tour-à-tour ou Préville ou Lekain,
Associant cothurne et brodequin,
Vous présenter Melpomène et Thalie.

O des deux sœurs aimable favori,
O chantre heureux de Jeanne et de Henri,
Toi, dont la voix tendre, noble et badine,
Dicta Zaïre, et Candide et Nanine;
Si je pouvois un moment t'emprunter
L'art de tout peindre et de tout imiter;
Style pompeux, et graces familières,
Te dérober enfin tes *Trois manières!...*

1 Je n'avois d'abord eu dessein que de conter les *Aventures de Thalie*; et ce fut un de mes premiers opuscules. Depuis, j'ai osé m'ériger en historien de *Melpomène*. Je ne me flatte pas d'y avoir réussi; mais ce petit poëme ayant été accueilli assez favorablement à l'Institut, je ne séparerai point les deux sœurs.

Muses, au moins, daignez m'encourager :
Que par la main l'une et l'autre me tienne ;
Car il y va, dans ce pressant danger,
De votre gloire autant que de la mienne.

CHANT PREMIER.

MELPOMÈNE.

Melpomène, on le sait, est Grecque, Athénienne.
On dit même qu'Homère (1) est un de ses aïeux.
Mais, démentant bientôt un sang si glorieux,
Un jour elle s'échappe, et va courir le monde :
Sur les pas de Thespis (2), errante et vagabonde,
Sans pudeur... Ah ! cachons de si honteux excès :
D'une enfance orageuse oublions les accès.
La peindrai-je, au milieu d'une troupe effrénée,
Sur un vil tombereau grossièrement traînée,
Prostituant sa verve et mille dons naissants
Au méprisable emploi d'égayer les passants ?...
J'aurois trop à rougir pour ma fière héroïne.

Un guerrier (3) la rappelle à sa haute origine ;
C'est Eschyle : il s'arrête, et la considérant,
Il démêle en ses traits je ne sais quoi de grand.
Il s'indigne, à Thespis il arrache sa proie ;
Puis parle en maître, étouffe une bruyante joie,
Mais de ses pieds d'abord couvre la nudité,
Sur son front éclairci ramène la fierté.

1 La tragédie a sa source dans l'*Iliade* d'Homère : on a prétendu aussi que son *Odyssée* avoit été le berceau de la comédie ; mais que ne voyoit-on pas dans Homère !

2 *Voyez* le père Brumoi et l'Art poétique de Boileau.

3 Eschyle fut réellement un brave soldat ; ses pièces sont toutes guerrières. Il fut vaincu aux jeux olympiques par *Sophocle*, et s'enfuit de dépit.

Au son des instruments, il l'agite, il l'éveille :
De Marathon alors il conte la merveille ;
Salamine, Platée, il vous peint en soldat :
Dès qu'il parle de guerre, on croit voir un combat.
Au cœur de son élève un feu nouveau fermente.
Un démon sombre et noir la presse, la tourmente...
Elle éclate à la fin : son maître forcené,
Eschyle, de son œuvre est lui-même étonné.
Terrible, elle se montre, en amazone altière,
Et debout, sans effroi, parle à la Grèce entière,
Qui s'émeut, et frémit, et lui répond en chœur.

Mais Sophocle déja brûloit au fond du cœur,
Et bientôt pour époux il s'offre à Melpomène.
Eschyle furieux court, descend dans l'arène,
Et défie au combat Sophocle ; il est vaincu.
Malheureux !... d'un seul jour il avoit trop vécu :
Il fuit ; la jeune élève, excusable peut-être,
Préféra pour époux son amant à son maître.

Sophocle, en ses transports plus sage, sans froideur,
De sa fière moitié sut réprimer l'ardeur,
Tempéra de ses yeux le regard trop farouche,
A des discours plus doux accoutuma sa bouche.
Son accent, âpre et dur, devint mélodieux,
Et sublime, et voisin du langage des dieux.
Sans perdre de son feu ni de son énergie,
Mais de mille autres dons par Sophocle enrichie,
Elle parut auguste, imposante en son port,
Vive encor sans rudesse, et grande sans effort ;
Près d'Eschyle, en un mot, on voyoit Melpomène
S'élancer en guerrière ; elle s'avance en reine.

Mais sensible à des soins si généreux, si doux,
Elle honora, chérit son vénérable époux,
Qui fit taire l'envie, en montrant à la Gréce
La touchante Antigone (1), enfant de sa vieillesse.

Euripide, ravi de ce noble maintien,
Aborde Melpoméne, en un seul entretien
Lui fait naître du goût pour la philosophie.
De l'estime d'un sage elle se glorifie :
Cette sagesse aimable, et sans austérité,
Avoit comme son style, en sa simplicité,
Un caractère doux, grave et mélancolique.
A l'imiter en tout sa compagne s'applique :
Docile à ses conseils, du plus sublime ton
Elle apprit à descendre au naïf abandon,
Même à négliger l'art pour la simple nature.
Du cœur elle connut la route la plus sûre :
Elle fit retentir le cri de la pitié,
Peignit l'amour brûlant, la touchante amitié,
Et la douleur, qui même en sa bouche eut des charmes;
O qu'elle a fait aux Grecs verser de douces larmes !
On redisoit par-tout ses chants libérateurs (2):
Socrate fut enfin un de ses auditeurs.
De son maître pourtant le ton philosophique

1 On sait qu'à l'âge de quatre-vingts ans, Sophocle, accusé par ses enfants d'imbécillité, les confondit, en récitant son *OEdipe à Colonne*, OEdipe que *Ducis, Guillard* et *Sacchini* ont rendu si cher aux François !...

2 Les Athéniens vaincus et captifs en Sicile ne durent leur salut ou leur liberté qu'aux vers d'*Euripide* qu'ils chantoient. Euripide lui-même fut obligé de fuir sa patrie, et alla mourir en Égypte; il évita ainsi le destin de Socrate son ami, qui ne manquoit pas une première représentation de ses tragédies.

POÉSIES FUGITIVES.

Perçoit en ses discours... que sais-je?... en sa critique,
Souvent son propre sexe est à peine épargné.
Mais elle intéressoit, tout lui fut pardonné...
Que dis-je ? crains plutôt le destin de Socrate,
Et fuis, ô Melpomène !... une patrie ingrate.

On ignora long-temps sa retraite et son sort (1).
Sans doute, et j'en dois croire un fidèle rapport,
Celle qui, sous son nom, sous l'habit d'une Grecque,
Présentée aux Romains par le second Sénèque,
De Médée et de Phèdre, à des yeux fascinés,
Peignit avec succès les transports forcenés,
N'est point la Melpomène, et noble et simple et fière...
Ce n'en étoit que l'ombre : heureuse aventurière,
Habile à copier son geste et ses discours,
Mais qu'un ton faux, outré, qu'un vain luxe d'atours,
Auroit trahie aux yeux d'un citoyen d'Athènes.
Et depuis, Paris même a vu deux Melpomènes,
Dont l'une ayant pour elle et Boyer et Pradon,
L'autre le grand Racine, ont su... le croiroit-on?
Du public incertain partager les suffrages;
Tant le goût, de tout temps, fut en butte aux outrages!...

Cependant, Melpomène... (il n'en est qu'une enfin)
Après un long exil, et plus d'un noir chagrin,
Chagrin que suspendit et charma l'Italie,
De son brillant séjour (2) un moment embellie;

---

1 Ici il y a une bien longue lacune ; car on ne peut, malgré la verve et la fécondité de Sénèque le jeune, le regarder comme un véritable enfant de Melpomène.

2 La tragédie sembla renaître sous le pontificat de Léon X : l'ar-

Après avoir de l'Èbre aux rives du Texel,
Souri sur son passage aux Lopez (1), aux Vandel,
Respiroit, et de loin apercevoit la France.
Mais les vents déchaînés trompent son espérance,
Vains efforts! le pilote est contraint de céder;
Aux côtes d'Angleterre il fallut aborder:
Melpoméne en tremblant descend sur ce rivage,
Et semble pressentir son affreux esclavage.
L'effet suivit de près son noir pressentiment:
Un homme... mais que dis-je? un énorme géant (2)
Fond sur elle en poussant des cris épouvantables:
Les cyclopes aux Grecs furent moins redoutables.
Shakespeare (3) étoit son nom. Sous sa robuste main,
L'étrangère frémit et se débat en vain :
Il l'entraîne... Mais quoi! ce ravisseur terrible
De ses nombreux amants devient le plus sensible;
Et barbare et sublime, enflammé tour-à-tour
De fureur, d'héroïsme, et de haine et d'amour,
S'élevant jusqu'aux cieux, se traînant dans la fange...
O Melpoméne !... horrible et monstrueux mélange !
Tes esprits en délire, ou d'ivresse assoupis,
Rappellent ton enfance et les jours de Thespis:
D'Euripide est-ce là l'intéressante amie?
Mais bientôt, rougissant d'une telle infamie,
Elle se relevoit, et secouoit ses fers,

---

chevêque Trissino et le cardinal Bibiena firent représenter d'assez belles pièces, même avec des chœurs.

1 On connoit la fécondité de *Lopez de Véga*: *Vandel*, poëte hollandois, est moins connu, mais il mérite de l'être.

2 L'allégorie sur *Shakespeare* est un peu forte peut-être; mais aussi l'homme est bien extraordinaire.

3 Se prononce *Shekspire*.

Et l'on reconnoissoit, a ses traits nobles, fiers,
A sa douleur profonde, à son grand caractère,
La femme de Sophocle et la fille d'Homère.

Enfin elle s'échappe, et Paris la reçoit.
Rotrou (1), le bon Rotrou, qui d'abord l'aperçoit,
Abandonne bientôt la lueur infidèle
Qui long-temps l'égara sur les pas des Jodelle,
Des Garnier, des Maĭret... Eux-mêmes, après tout,
Mêlant quelque génie aux écarts du faux goût,
Courageux destructeurs de ces farces grossières
Qu'on offroit au public sous le nom de *mystères,*
De Melpomène enfin dignes avant-coureurs...
Rotrou seul d'un coup-d'œil racheta ses erreurs,
Et de cette entrevue on garde la mémoire.
Mais elle place ailleurs son amour et sa gloire :
Corneille est à ses pieds. Son frère quelquefois
Mêle à sa voix sonore une assez douce voix ;
Foible émule sans doute, et rival téméraire,
Mais qui seroit fameux, s'il n'eût point eu de frère.

Eh ! qui peut de Corneille atteindre la hauteur ?
Ce génie élevé, profond et créateur,
A son heureuse amante ouvre une autre carrière,
Remplit d'un feu divin son ame tout entière.
Pensée, expression, image, sentiment,
Tout est sublime en lui : dans un beau mouvement,
Poussé d'un noble instinct, s'il veut à sa mémoire

---

1 Long-temps les farces, les *mystères* tinrent lieu de tragédies en France ; parmi nos anciens poëtes tragiques, on distingue *Rotrou,* auteur du *Venceslas,* que le grand *Corneille* appeloit son père.

Nous offrir des anciens l'intéressante histoire ;
Ces Romains, ces héros, qu'il aime à rappeler,
Sont plus grands, plus Romains, quand il les fait parler.
Au-dessus d'elle-même il ravit Melpomène :
Pure, et n'ayant plus rien de la foiblesse humaine,
Son accent, de son front l'auguste majesté,
Sa marche, tout annonce une divinité (1).

Mais le tendre Racine, en soupirant pour elle,
La fit redevenir une simple mortelle.
Elle le sent bientôt au trouble de son cœur,
Et nomme avec orgueil son aimable vainqueur.
Dans ce cœur, né sensible, oh ! scomme il s'insinue !
Par degrés il y verse une flamme inconnue.
Racine aimoit trop bien pour n'être pas aimé :
Et l'amour ! qui jamais l'avoit mieux exprimé ?
Quel goût exquis et pur ! que de graces ! quel style !
C'est l'ame d'Euripide et la voix de Virgile.
Melpomène l'adore, et pourtant par égard
Sur Corneille vieilli jette un dernier regard :
Le respect est pour lui, l'amour est pour Racine.
Toute à Racine... ô ciel ! ô trait qui l'assassine !
Son amant de ses bras s'arrache brusquement,
Va loin d'elle, honteux de son égarement,
Expier le forfait d'avoir été sensible.
Elle court sur ses pas ; mais Racine inflexible
Regarde d'un œil sec ses larmes, son ennui.
Ne pouvant l'emmener, elle reste avec lui.
Spectacle ravissant !... l'amant et la maîtresse,
Vers des objets sacrés détournant leur tendresse,

---

1 *Incessu patuit Dea.* Virg.

Rappellent ces concerts harmonieux, touchants,
Ces chœurs!...du cygne, hélas! c'étoient les derniers chants.

Crébillon, dédaignant ces vains soupirs, ces larmes,
Crut devoir employer de plus puissantes armes,
Et d'un ton énergique, il éclate en ces mots :
« O dieux!... c'est donc ainsi qu'en un lâche repos,
« L'amour, le tendre amour, régne seul dans ton ame !
« Tu pleures, tu gémis, tu n'es plus qu'une femme.
« Toi, faite pour glacer d'épouvante et d'effroi,
« On t'adore, ou plutôt on a pitié de toi !
« Est-ce là Melpomène ? Ah ! l'éléve d'Eschyle,
« Quand elle pleure, au moins doit pleurer en Achille.
Il dit : à ce discours Melpomène rougit ;
Elle pâlit, bientôt de rage elle frémit :
Son geste est menaçant, ses regards étincellent ;
Elle frappe, et par-tout des flots de sang ruissellent :
Eschyle eût reconnu Melpomène à ces traits.
Crébillon crut avoir étouffé ses regrets ;
Cependant sa douleur quelquefois se réveille :
Elle soupire encore, en songeant à Corneille :
De Racine on l'entend murmurer le doux nom.
Le dirai-je?... une fois l'accent de Campistron
Fit presque tressaillir notre veuve éplorée :
Cette surprise, hélas! fut de courte durée.
D'une plus douce erreur, si ce n'est un faux bruit,
L'intéressante Inès fut le gage et le fruit ;
Et qui n'excuseroit ce moment de foiblesse ?
Ainsi, du grand Corneille affectoient la noblesse,
Lefranc, Saurin, Lafosse, heureux imitateurs,
Mais d'un chagrin profond foibles consolateurs !

Enfin pour échapper au mal qui la dévore,
Elle fuit, elle part, et veut revoir encore
Cette même Albion, témoin de sa fureur,
Fureur sublime au moins : elle approche... ô terreur !
Elle croit voir errer l'ombre pâle et sanglante...
Mais prompts à rassurer notre muse tremblante,
S'empressent autour d'elle et le sensible Otway(1),
Et le sage Addison, sage, pur, il est vrai ;
Sa froideur cependant la blesse ; elle soupire :
Un cri sort de sa bouche : O Shakespeare, Shakespeare !
Un François lui répond, et c'est... qui l'auroit cru ?
Voltaire ; sur ses pas il étoit accouru,
Et par lui Melpomène aux François fut rendue.
Sa première maîtresse, inquiète, éperdue,
Calliope en pâlit : mille autres à l'envi
Gémissent de se voir un tel amant ravi :
Vaine alarme ! il suffit à tant d'ardeurs nouvelles,
Et pourroit à-la-fois aimer toutes les belles.
Mais il n'avoit jamais brûlé d'un si beau feu :
Dès la première vue, il hasarde un aveu.
Melpomène, à ses pieds apercevant Voltaire,
Éprouva, quoique triste, un charme involontaire.
De Sophocle d'abord il sut l'entretenir :
C'est ainsi qu'il rappelle à son doux souvenir
Tous ceux qu'elle a chéris : amant souple et flexible,
Brillant, mais plus aimable encore que sensible ;
Son esprit, par le goût, par les graces guidé,
S'embellit de tous ceux qui l'avoient précédé :
Beau talent, que seconde, étend et fortifie

---

1 *Otway*, auteur de *Venise sauvée*; *Addison*, auteur de *Caton*, pièce très estimable (aux amours près), mais froide.

POÉSIES FUGITIVES. 175

L'appareil imposant de la philosophie !
Son amante avec lui se plut à voyager :
De costume et de mœurs elle aimoit à changer ;
Chaque peuple étonné reconnut son langage :
Heureuse, si Voltaire eût été moins volage,
Et n'eût brigué souvent les faveurs de Clio,
De la docte Uranie, et sur-tout d'Érato !

Melpomène pourtant s'est quelquefois vengée :
Jaloux d'intéresser sa beauté négligée,
Guymond accourt, Guymond dont les traits, dont l'accent,
Lui rappelle Euripide : il nomme en gémissant
Iphigénie... et meurt. Dans une douce extase,
Elle prêta l'oreille au chant de Métastase(1),
Chant si pur !... Jeune, ardent, et sur-tout bon François,
Dubelloi(2) mit sa gloire et ses plus chers succès
A fixer Melpomène au sein de sa patrie :
Il réveilla l'amour de la chevalerie ;
On eût dit que Bayard en donnoit le signal.
D'un style moins brillant, d'un cœur aussi loyal,
Tu chantois d'autres mœurs, ô simple et bon Lemierre !...
Dieu ! quel accent funèbre à ton heure dernière(3) !
Melpomène en gémit ; son œil de pleurs mouillé...
Mais Voltaire, jamais ne put être oublié.
A son amante enfin redevenu fidèle,

1 *Métastase* devroit plutôt être compté parmi les poëtes lyriques ;
mais il est si tendre, si pur, si intéressant !...

2 *Dubelloi* a puisé presque tous les sujets de ses tragédies dans
l'histoire de France.

3 O bon *Lemierre !* toi qui m'appelois ton ami, une vie entière
consacrée aux muses et à l'honneur, auroit bien dû te sauver d'une
aussi douloureuse agonie...

Par un pénible effort il se rapprocha d'elle.
Il imploroit sa main pour lui fermer les yeux.
Si son ame s'exhale en ces touchants adieux,
Plus encor que les ans, sa joie en est la cause :
Ce n'est point une mort, c'est une apothéose.
Ce deuil, de notre muse a comblé les douleurs,
Et semble pour jamais avoir tari ses pleurs.
Mille s'empresseront d'en ranimer la source.
Melpomène n'est pas au terme de sa course ;
L'infortunée, hélas! veuve de noms si chers,
Est noble et belle encore après tant de revers ;
A la pitié sur-tout jamais inaccessible.
Fiers rivaux, de qui l'ame, et brûlante et sensible,
Est digne de la plaindre et de la consoler,
Ducis (1)... mais des vivants je ne dois point parler.

  Déja ma tâche est à moitié remplie,
  Plus qu'à moitié : de Melpomène en pleurs
  J'ai bégayé les tragiques douleurs ;
  Avec plaisir, je change de couleurs :
  Je sais bien mieux l'histoire de Thalie.

---

1 Il m'en a coûté pour m'arrêter ici... Que de jeunes poëtes j'aurois pu proclamer! Je m'en console un peu, en nommant leur maître, leur modéle.

CHANT II.

THALIE.

A voir Thalie, en ses beaux jours,
Vive, babillarde et légère,
Rire de tout, railler toujours,
Qui jamais pour une étrangère
Eût pu la prendre dans Paris ?
Elle est pourtant Athénienne :
Mais quoi ! n'en soyez pas surpris.
D'Athènes, qu'il vous en souvienne,
On nous a peint les habitants
Spirituels, braves, galants,
Et les meilleures gens du monde ;
Mais vains, plus inconstants que l'onde,
S'amusant parfois à des riens,
Railleurs... au fond, ne nous déplaise,
Nous sommes presque Athéniens ;
Mais revenons à notre thèse.
Je soutiens donc, car c'est un fait,
Que mon héroïne est d'Athènes ;
Et dans ce pays-là, Dieu sait
Combien elle a fait de fredaines !
Elle avoit à peine quinze ans,
Qu'en véritable courtisane
Elle agaçoit tous les passants,
Même les plus honnêtes gens :
Au satirique Aristophane
Elle prodigua ses faveurs.
Souvent, à ses âpres fureurs,

On eût cru voir une bacchante ;
Et cependant l'extravagante,
Sans religion et sans mœurs,
Et malgré ses brusques humeurs,
Étoit agréable et piquante.
Excusable en ses traits malins,
Si le fiel dont ils étoient pleins
N'avoit appelé les huées
Sur le plus sage des mortels,
Et peut-être, hélas !... jeux cruels !
Quel foudre partit des *Nuées* (1) !

Enfin, par avis de parents,
On lui donna, de peur d'esclandre,
Un curateur : ce fut Ménandre (2).
Sous ce Mentor, il fallut prendre
Bientôt des airs tout différents,
Changer son langage trop leste
En un simple et doux entretien.
Dans ses atours, simple, modeste,
Et gracieuse en son maintien,
Elle eut d'une fille de bien

---

1 C'est le nom d'une comédie toute satirique d'*Aristophane*. Sans l'accuser de la mort de Socrate, qui eut lieu bien des années après, je ne déteste pas moins cette licence qui accoutume la multitude à mépriser ceux qu'elle devoit honorer et chérir, qu'elle proscrit après sans pitié.

2 Cette comédie, qu'on appelle la *nouvelle*, fut à celle d'Aristophane ce que Térence fut à Plaute. Térence, imitateur de Ménandre, que César, trop sévère peut-être, appeloit *demi-Ménandre*, avoit, dit-on, traduit plus de cent comédies de Ménandre, qui périrent dans un naufrage. Que de chefs-d'œuvre sans doute nous avons ainsi perdus !...

Le ton, la démarche et le geste;
Tant qu'il vécut, tout alla bien.
De sa mort, la jeune personne
Tout bas rendit graces à Dieu,
Puis à la Grèce dit adieu,
Et vint à Rome; la friponne
Aisément de Plaute, en ce lieu,
Distingua la mine bouffonne.
Thalie, avec ce libertin,
Oubliant et goût et décence,
Reprit bientôt son premier train,
Mais se donna moins de licence.
Libre pourtant dans ses propos,
Plaisante, fertile en bons mots,
Et, sans fiel, ardente à médire,
Elle s'égaya, vrai lutin,
Sur le compte de son prochain,
Qui ne put s'empêcher d'en rire.

Plaute mourut, fut regretté.
Long-temps, sa maîtresse fidèle,
Seule, en quelque coin écarté,
Vécut sans faire parler d'elle.
Mais Térence, jeune Africain,
Qu'au milieu de Rome, à l'entendre,
On eût pris pour un vrai Romain,
Et dont l'air doux, naïf et tendre,
Annonçoit un autre Ménandre,
L'aima, lui plut, obtint sa main.
En peu de temps il sut lui rendre
Son goût, ses graces, sa pudeur.
Mais devenue honnête femme,

Et brûlant d'une chaste flamme
Pour son époux, la jeune dame
Se plaignit d'un peu de froideur.

Térence mort, pour se distraire,
La jeune veuve voyagea,
De climats et d'habit changea,
Presque jamais de caractère ;
Elle rioit, railloit toujours.
Sans la suivre, en tous ses détours,
Voyons-la s'arrêter en France ;
Pour Paris c'étoit un trésor :
Cependant pour elle d'abord
Il eut assez d'indifférence.
O dieux ! la veuve de Térence !
Corneille seul en fut épris,
Mais changea bientôt de maîtresse ;
Car Melpomène, qui de Gréce
Arrivoit alors à Paris,
S'en empara par droit d'aînesse.
Des deux sœurs généreux appui !
Oui, l'une et l'autre, grace à lui,
Se vit rendue à la lumière.
De faire adorer la première
C'étoit peu d'obtenir l'honneur :
Il eut encore le bonheur
De montrer Thalie à Molière (1).

Peut-être l'aimable Quinault

---

1 Il est beau d'avoir fait *le Cid* et *le Menteur*, celui-ci avant la première bonne comédie de Molière ; ainsi *la Mère coquette* de Quinault précéda *les Précieuses ridicules*.

L'aperçut, la suivit plus tôt.
Mais chacun céde à son génie :
Celui de Quinault l'entraînoit
Vers une plus douce harmonie ;
Et Thalie au fond pardonnoit
A l'ami qui l'abandonnoit
Pour l'Amour et pour Polymnie.

Mais quoi! Molière d'un coup-d'œil
Eut bientôt consolé Thalie :
Peine, veuvage, tout s'oublie ;
Elle quitte à l'instant le deuil :
Et, quel hommage pour Molière !
De s'avouer son écolière
Elle se fait un noble orgueil.

Thalie, au nom de ce grand maître,
Ouvrit une école de mœurs ;
Et frondant, malgré les clameurs,
Défauts, travers, folles humeurs,
Apprit à l'homme à se connoître.
Du vice énergique censeur,
Avec l'accent du misanthrope,
Et presque celui de sa sœur,
Elle offre en toute leur noirceur,
Et démasque aux yeux de l'Europe,
Prudes, méchants, et faux dévots.
Tout fuit ; au feu de ses pinceaux,
Vil Harpagon, tu t'épouvantes.
Il est aussi l'effroi des sots :
Craignez sa verve et ses bons mots,
Froids auteurs, et femmes savantes.

Le ridicule entre ses mains
Devient une arme, un fouet terrible,
Qui déconcerte médecins,
Des marquis chasse les essaims,
Et sur les modernes Vulcains
Excite un rire inextinguible.

Tu ris, imprudente, tu ris,
Et tes beaux jours vont disparoître !
Cet ami, cet époux, ce maître,
Molière, aux yeux de tout Paris,
Victime, hélas! d'une saillie,
Presque semblable à la folie,
Pâlit, chancelle, est aux abois,
Tombe sans mouvement, sans voix,
Dans les bras de sa bien-aimée,
Qui, dans la douleur abymée,
Pleure pour la première fois.

Pour consoler d'un coup semblable
La muse triste, inconsolable,
Près d'elle Hauteroche accourt ;
Baron en tout lieu l'accompagne :
Plus gai, plus franc, plus vif, Dancourt,
Souvent la mène à la campagne ;
Boursault la présente à la cour ;
Le Grand même, en esprit un jour,
La transporte au brillant séjour
Nommé le pays de Cocagne.
Un moment elle avoit souri
Aux quolibets, aux pointes fades
Des Scarron et des Montfleury ;

Véritables turlupinades!....
Ah! par de telles mascarades,
Son mal ne pouvoit qu'être aigri.

Sous l'un des habits de Molière (1),
Thomas Corneille, homme d'esprit,
A notre veuve un jour s'offrit,
Dans ce fameux Festin de Pierre!
A sa vue elle tressaillit.
La ressemblance étoit entière,
A la voix près, qui le trahit :
D'un homme on peut prendre l'habit,
Mais lui vole-t-on sa manière?

Et le bon La Fontaine aussi (2)
A la distraire eût réussi.
Molière et lui, car je les nomme
En même temps, dans l'art divin
D'analyser le cœur humain,
Entre eux se partageoient la pomme;
Mais l'inimitable bonhomme
Avoit pris un autre chemin.

De part et d'autre l'on s'oublie;
Et je vous avouerai tout bas,

1 Je n'ai pu exprimer plus heureusement, en style allégorique, la traduction que Thomas Corneille a faite en vers du *Festin de Pierre* de Molière; ce qu'il y a de remarquable, c'est que la traduction seule se joue.

2 C'est moins pour parler du *Florentin* et de *la Coupe enchantée* que je me suis permis cette digression, que pour avoir occasion de placer Molière et La Fontaine de front.

Qu'un jour Racine avec Thalie
Se réunit en un repas,
Et qu'en ce moment de folie,
Où Chapelle ne manqua pas,
Par ses vifs et joyeux ébats
Elle fit, mais jusqu'aux éclats,
Rire le père d'Athalie (1).

Depuis n'a-t-on pas vu Rousseau (2)
Détendre sa lyre sacrée,
Et de notre veuve éplorée
Dérober un jour le pinceau,
Peindre flatterie et caprices ?...
Mais du génie, en ces esquisses,
N'est point empreint le noble sceau.

Mais, dans le deuil ensevelie,
Thalie, hélas ! à chaque instant,
Retombe en sa mélancolie.
Elle s'affligeoit, et pourtant,
Fidèle à son malin génie,
Moitié riant, moitié grondant (3),
Avec Brueys et compagnie,
Elle passoit de doux instants ;
Et des farces du bon vieux temps,
La gaieté sembla rajeunie.
Brillant, facile, ingénieux,

---

1. Qui n'a ri à ces *Plaideurs*, imités des *Guêpes* d'Aristophane ?..

2. Son *Capricieux* n'est pas sans mérite ; mais il y en a, selon moi, beaucoup plus dans son *Flatteur*.

3 Brueys seul a rajeuni la *farce de Patelin*, et a fait en société avec *Palaprat* la charmante comédie du *Grondeur*.

Saint-Foix accourut sur ses traces :
Jugez s'il dut plaire à ses yeux !
Il étoit précédé des Graces.

Tous pouvoient tromper sa douleur,
Charmer son esprit ; mais son cœur !
Pensez-vous qu'aucun d'eux l'émeuve ?
Ils déploieroient en vain leur art.
Elle n'eût jamais, sans Regnard,
Supporté cette rude épreuve :
En son château, le goguenard
Parvint à consoler la veuve :
Dans ce commerce d'amitié,
Nous avons, Dieu merci, la preuve
Que Dufréni fut de moitié !
Tous deux vifs, plaisants, satiriques :
Dufréni plus original,
Mais étourdi, brusque, inégal,
Dans sa verve et ses jeux comiques ;
Doué de grace et de beauté,
Brillant de style, enfin peut-être
Regnard eût un jour mérité
L'honneur de remplacer son maître,
Si, moins frivole en sa gaieté,
Plus sage, il eût mieux imité
Le feu, l'accent de La Bruyère,
La profondeur du grand Molière,
De tous deux la moralité.
Son enjouement... qui l'eût pu croire ?
Fit place à l'humeur sombre et noire.
Thalie à regret le quitta,
Mais toujours facile écouta

L'aimable et délicat Merville,
Et Fagan qui lui présenta
Son intéressante Pupille.

Ce commerce étoit innocent ;
Mais le monde est si médisant !
Thalie étoit veuve ; à son âge,
De l'amitié jusqu'à l'amour,
De l'amour au libertinage,
Quelquefois on passe en un jour.
Destouches, grave personnage,
Que ses vertus, que sa raison,
Mettoient à l'abri du soupçon,
Touché d'une amitié sincère,
La retira dans sa maison,
Heureux de lui servir de père !...
Ce fut pour elle un beau hasard.
Destouches n'eut point de Regnard
La gaieté franche et familière ;
Mais d'instruire, ainsi que Molière,
Il a possédé le grand art :
C'étoit une large manière,
Un air digne, un noble regard :
Enfin Thalie en devint fière.
Boissy pourtant, jeune égrillard,
Dans le logis sut s'introduire ;
Et l'enjouement du Babillard
La divertit, sans la séduire.

Mais quoi ! Destouches devint vieux :
Nivelle, autrement La Chaussée,
Trouva d'abord grace à ses yeux ;

Las! à peine il l'avoit fixée,
Que par ses chagrins ennuyeux,
Ou par sa gaieté déplacée,
Il la tourmenta de son mieux.

Marivaux accourt à son aide ;
Mais il a bien un autre tic :
Cet ami sans cesse l'obsède,
Met son esprit à l'alambic,
Le fait grimacer en public,
Par sa finesse qui l'excède.
Cet abus de grace et d'esprit,
Ce joli, mais froid bavardage,
Dont la mignardise affadit,
Que Dorat remit en crédit,
Que même encore on applaudit,
A fait le mot *marivaudage*.

De cet excès d'indignité
Piron furieux, révolté,
En véritable métromane,
Dispersa de ces larmoyeurs
Le groupe insipide et profane,
De son côté mit les rieurs,
Et rappela les bons railleurs,
Molière, Plaute, Aristophane.
Ce fut dans sa vie un beau trait,
Un trait unique, et c'est dommage :
Aussi depuis, fière et sauvage,
De maint amant qui l'adoroit
Thalie a dédaigné l'hommage ;
Mais elle applaudit en secret

Au beau chef-d'œuvre de Le Sage,
Qui, maître sans apprentissage,
Peignit les Crésus trait pour trait.
Il les peignit d'après nature :
Si par la suite ce portrait
Parut une caricature ;
Vu de nos jours, il ne seroit
De tel moderne Turcaret
Qu'une pâle et foible peinture.

Et toi, que Thalie inspiroit,
Sage, pur Lanoue (1), on pourroit
En dire autant de ta Coquette
Qui, dans ses volages amours,
Paroîtroit timide et discréte
Près des coquettes de nos jours.

Cependant, coquette elle-même,
Sur le bruit de Ververt, Dieu sait
Si de voir le jeune Gresset
Thalie eut une envie extrême !
Elle le voit, lui plaît, et l'aime.
Il étoit charmant, s'énonçoit
Avec une aisance, une grace !
Il faisoit des vers comme Horace,
Des vers dont le charme laissoit
Dans l'ame une profonde trace,

---

1 Je louerois encore avec plus de plaisir la *Coquette corrigée*, si cet estimable ouvrage n'avoit enfanté tant de mauvaises copies ; on me trouvera peut-être sévère envers *Marivaux* et ses foibles imitateurs ; mais si je pensois autrement, je me croirois indigne d'admirer Molière.

Que tout Paris applaudissoit.
Mais à sa maîtresse crédule
Il joua le plus mauvais tour !
L'ingrat la quitta sans retour,
Devinez pourquoi ? Par scrupule.
Un tel motif étoit touchant ;
Mais elle étoit d'un caractère
A s'en consoler sur-le-champ :
Puis, pour le célèbre Voltaire
Elle sentit un doux penchant ;
Autre ingrat, s'il faut ne rien taire.
Chéri de dix belles au moins,
Qu'il avoit l'art de satisfaire,
Pour Thalie il crut beaucoup faire,
En lui rendant de simples soins.
Elle en pensa mourir d'envie ;
Car, voyez un peu la noirceur !...
Des dix, Melpomène sa sœur
Étoit encor la mieux servie !...

De dépit elle s'en alla,
Et fit le voyage de Londre.
De caresses on la combla,
Et d'abord elle y sut répondre :
Mais quoi ! sans partialité,
Ces Anglois ont dans leur gaieté,
Et sur-tout dans la raillerie,
Un fiel mordant, une âcreté,
Insupportable, en vérité,
Quand des François on a goûté
Le sel et la plaisanterie.
Congrève en vain la retenoit ;

Car le spleen déjà la gagnoit :
Et loin des bords de la Tamise,
Un doux instinct la ramenoit
Vers l'Italie et dans Venise.
Elle y vit le bon Goldoni,
Aima son ton vrai, simple, uni,
Et sa naïve bonhomie.
En France il suivit son amie ;
Elle l'en a récompensé :
Mais, ayant si bien commencé,
Sa vive ardeur... qui l'eût pensé?
Dans le repos s'est endormie,
Comme tel écrivain bercé
Au fauteuil de l'académie.

Perdre ainsi quatre favoris,
Ce fut pour elle un coup bien rude :
Franchement je suis peu surpris
Qu'elle ait fini par être prude...
Prude?... Thalie?... Eh oui vraiment
Elle eut maint directeur étique,
Grave et froid par tempérament,
Qui, d'un ton sec et flegmatique,
Lui prouva que son enjouement
Étoit un crime abominable :
La veuve s'avoua coupable ;
Dès lors avec un bon serment,
Elle promit de ne plus rire,
Et n'a plus ri... Quoi! plus du tout?
Ah! plus du tout, c'est beaucoup dire :
On revient à son premier goût.
Oui, sur nos bords fleuris de l'Eure,

Qu'habitoit Regnier autrefois,
Elle a visité la demeure
Du bon Dalainval, qui parfois,
Malgré son humeur cavalière,
Dans son École des Bourgeois (1),
Rappelle celle de Molière.
Et j'allois oublier Collé,
Qui souvent près d'elle a volé;
Collé, dans son joyeux délire,
Sachant aimer, boire et chanter,
Qu'à ton flageolet, à ta lyre,
Euterpe, elle sut disputer...
Euterpe! ô que ce nom sonore
A mes chants mêle de douceurs!...
Grace à Favart, je puis encore
A Thalie unir Terpsichore,
Et j'aurai nommé les neuf Sœurs.
Depuis Collé, depuis Favart (2),
Même depuis le gai Pannard,
Tapie au fond de sa retraite,
Avec son maintien grave, doux,
Et sa mine froide et discrète,
Notre prude fait, entre nous,
De petits péchés en cachette...
Et de bon cœur je l'en absous;

1 On me pardonnera ce souvenir de mon pays... Heureux d'avoir, avec le vraiment comique Dalainval, pu nommer deux compatriotes bien plus distingués, Regnier et Rotrou, le premier né à Chartres, l'autre à Dreux!

2 Je n'ai pu séparer Collé de ses deux bons amis; mais les charmantes pièces de ceux-ci sont moins étrangères à Thalie, que tant de drames qu'on nous a donnés pour des comédies.

Trop heureux qui les lui fait faire!...
Elle est veuve de deux époux;
Soit: mille amants ont su lui plaire;
Il n'importe: elle est à mes yeux,
Elle sera toujours jolie:
Je dis plus, elle m'en plaît mieux;
Ses malheurs l'ont même embellie:
On sait à quel âge Lenclos,
Avec son amant, à huis clos,
Sut faire une aimable folie!

Ainsi... (mais puis-je comparer
Une mortelle avec Thalie?)
Celle-ci, d'un trait de saillie,
D'un coup-d'œil sut vous inspirer,
Auteurs charmants!... de notre muse
Chacun à son tour favori,
En offrit un gage chéri (1),
Qui toujours plaît, attache, amuse,
A qui Molière, ou je m'abuse,
Molière même auroit souri.

Qu'auroit-il pensé de l'audace
De celui qui, cherchant sa trace,
Fit revivre Alceste en courroux?
Clameur et scandale au Parnasse...
Par le succès il est absous.

Depuis cette œuvre de génie,
Si Thalie a baissé d'un ton,

---

1 Le *Barbier de Séville*, la *Maison à deux portes*, les *Étourdis*, l'*École des Pères*, le *Mariage secret*, le *Conciliateur*.

Sa gloire est loin d'être ternie.
Même en son arrière-saison,
Elle semble être rajeunie,
Et dans sa petite maison
Fait de jolis soupés, dit-on,
Mais en très bonne compagnie.
Là, tout à son aise elle rit,
Laissant l'ennuyeux bel-esprit
Et la froide cérémonie.
Là, petille esprit, feu, gaieté ;
Là, plaît, comme en la nouveauté,
Des Étourdis l'aimable père,
Qui leur a donné plus d'un frère,
Comme eux par Thalie adopté.

Entre tous ces joyeux convives,
Elle en distingue un... jeune et gai,
Dont l'esprit, le ton toujours vrai,
La verve franche et des plus vives,
Semblent rappeler tour-à-tour,
Et Regnard et Plaute et Dancourt...
Mais que dis-je ? ah ! sa destinée
Dépendra d'un plus noble essor.
Qu'il ose ;... et de Thalie encor
L'histoire n'est pas terminée.

———

J'avois promis l'histoire des deux sœurs :
Tant bien que mal, j'ai rempli ma promesse.
Trop foible écho des rives du Permesse,
Si je n'inspire indulgence aux censeurs,

Muses, du moins je réclame la vôtre :
Heureux sur-tout, trop heureux, si pour prix
Du grain d'encens qu'à toutes deux j'offris,
L'une de vous me recommande à l'autre !

FIN DES POÉSIES FUGITIVES.

L'INCONSTANT,

COMÉDIE

EN CINQ ACTES ET EN VERS,

Représentée pour la première fois par les comédiens françois, le 13 juin 1786.

« Il tourne au premier vent, il tombe au moindre choc,
« Aujourd'hui dans un casque, et demain dans un froc. »
BOILEAU, Sat. 8.

PERSONNAGES.

FLORIMOND, l'Inconstant.
ÉLIANTE, jeune veuve angloise.
M. DOLBAN, oncle de Florimond.
M. KERBANTON, capitaine de vaisseau.
LISETTE, suivante d'Éliante.
CRISPIN, valet-de-chambre de Florimond.
M. PADRIGE, l'hôte.

La scène est à Paris, dans un hôtel garni, appelé l'*Hôtel de Brest*.

L'INCONSTANT,

COMÉDIE

EN CINQ ACTES ET EN VERS.

Le théâtre, pendant toute la pièce, représente un salon.

ACTE PREMIER.

SCÈNE I.

FLORIMOND, *en uniforme;* CRISPIN.

CRISPIN.

Permettez donc enfin que je vous dise un mot :
Je ne puis plus long-temps me taire comme un sot.
Mardi, vous quittez Brest, sans m'avertir la veille ;
Fort bien ! sans dire adieu vous partez ; à merveille !
Mais de grace, monsieur, daignez me faire part
Du sujet important d'un si brusque départ?

FLORIMOND.

Je te revois enfin, superbe capitale !
Que d'objets enchanteurs à mes yeux elle étale !
De l'absence, Crispin, admirable pouvoir !
Pour la première fois il me semble la voir.

CRISPIN.

Je le crois. Mais, monsieur, quelle affaire soudaine
De Brest, comme un éclair, à Paris nous améne?

FLORIMOND.

D'honneur, jamais Paris ne me parut si beau.
Quelle variété! C'est un mouvant tableau.
L'œil ravi, promené de spectacle en spectacle,
De l'art, à chaque pas, voit un nouveau miracle.

CRISPIN.

Il est vrai. Mais ne puis-je apprendre la raison
Qui vous a fait ainsi laisser la garnison?

FLORIMOND.

La garnison, Crispin? J'ai quitté le service.

CRISPIN.

Vous quittez?...Quoi! monsieur, par un nouveau caprice?...

FLORIMOND.

Je suis vraiment surpris d'avoir, un mois entier,
Pu supporter l'ennui d'un si triste métier.

CRISPIN.

Mais j'admire, en effet, votre persévérance :
Un mois dans un état! quelle rare constance!
Depuis quand cet ennui?

FLORIMOND.

     Depuis le premier jour.
J'eus d'abord du dégoût pour ce morne séjour.
Dans une garnison, toujours mêmes usages,
Mêmes soins, mêmes jeux, toujours mêmes visages;
Rien de nouveau jamais à dire, à faire, à voir :
Le matin on s'ennuie, et l'on bâille le soir.
Mais ce qui m'a sur-tout dégoûté du service,
C'est, il faut l'avouer, ce maudit exercice.
Je ne pouvois jamais regarder sans dépit

ACTE I, SCÈNE I.

Mille soldats de front, vêtus d'un même habit,
Qui, semblables de taille, ainsi que de coiffure,
Etoient aussi, je crois, semblables de figure.
Un seul mot, à-la-fois, fait hausser mille bras;
Un autre mot les fait retomber tous en bas :
Le même mouvement vous fait, à gauche, à droite,
Tourner tous ces gens-là comme une girouette.

CRISPIN.

Cependant...

FLORIMOND.

   A mon gré je vais changer d'habit,
Et ne te mettrai plus, uniforme maudit.

CRISPIN.

Pauvre disgracié! va dans la garde-robe
Rejoindre de ce pas la soutane et la robe.
Que d'états! je m'en vais les compter par mes doigts.
D'abord...

FLORIMOND.

   Oh! tu feras ce compte une autre fois.

CRISPIN.

Soit. Sommes-nous ici pour long-temps?

FLORIMOND.

      Pour la vie.

CRISPIN.

Quoi! Brest...

FLORIMOND.

   D'y retourner, va, je n'ai nulle envie.

CRISPIN.

Et votre mariage?

FLORIMOND.

   Eh bien! il reste là.

CRISPIN.

Mais Léonor?

FLORIMOND.

Ma foi, l'épouse qui voudra.

CRISPIN.

J'ignore, en vérité, si je dors, si je veille :
Eh quoi, vous la quittez, le contrat fait, la veille !

FLORIMOND.

Falloit-il, par hasard, attendre au lendemain?

CRISPIN.

Là... sérieusement, vous refusez sa main?

FLORIMOND.

Pour le persuader, il faudra que je jure !

CRISPIN.

Ah ! pouvez-vous lui faire une pareille injure?
Car que lui manque-t-il? Elle est jeune, d'abord.

FLORIMOND.

Trop jeune.

CRISPIN.

Bon, monsieur !

FLORIMOND.

C'est une enfant.

CRISPIN.

D'accord ;
Mais une aimable enfant : elle est belle, bien faite...

FLORIMOND.

Je sais fort bien qu'elle est d'une beauté parfaite ;
Mais cette beauté-là n'est point ce qu'il me faut :
J'aime sur un visage à voir quelque défaut.

CRISPIN.

C'est différent. J'aimois cette humeur enjouée
Qui ne la quittoit pas de toute la journée.

ACTE I, SCÈNE I.

FLORIMOND.

Je veux qu'on boude aussi parfois.

CRISPIN.

Sans contredit.

FLORIMOND.

Trop de gaieté, vois-tu, me lasse et m'étourdit :
Qui rit à tout propos ne peut que me déplaire.

CRISPIN.

Sans doute, Léonor n'étoit point votre affaire.
Une enfant de seize ans, riche, ayant mille attraits,
Qui n'a pas un défaut, qui ne boude jamais !
Bon ! vous en seriez las au bout d'une semaine.
Mais que dira de vous monsieur le capitaine ?

FLORIMOND.

Qu'il en dise, parbleu ! tout ce qu'il lui plaira :
Mais pour gendre jamais Kerbanton ne m'aura.
Qui ? moi ? bon Dieu ! j'aurois le courage de vivre
Auprès d'un vieux marin qui chaque jour s'enivre,
Qui fume à chaque instant, et, tous les soirs d'hiver,
Voudroit m'entretenir de ses combats de mer ?...

CRISPIN.

Mais, si je ne me trompe, après le mariage,
Il devoit à Paris faire un petit voyage.

FLORIMOND.

Oui... tu m'y fais songer.

CRISPIN.

S'il étoit en chemin ?

FLORIMOND.

Hé bien, crois-tu qu'ici du soir au lendemain
On se rencontre ?

CRISPIN.

Non. Mais enfin, mon cher maître,

Dans cet hôtel lui-même il descendra peut-être :
Car toujours des Bretons ce fut le rendez-vous.

FLORIMOND.

Eh! que m'importe à moi? je ris de son courroux.
Laissons là pour jamais et le père et la fille.

CRISPIN.

Parlons donc de Justine. Est-elle assez gentille?
Des défauts, elle en a ; mais elle a mille appas :
Elle est gaie et folâtre, et je ne m'en plains pas :
Voilà ce qu'il me faut, à moi qui ne ris guère.
Enfin, elle n'a point de vieux marin pour père.
Pauvre Justine! hélas! je lui donnai ma foi :
Que va-t-elle à présent dire et penser de moi?

FLORIMOND.

Elle est déja peut-être amoureuse d'un autre.

CRISPIN.

Nos deux cœurs sont, monsieur, bien différents du vôtre.
D'avoir perdu Crispin, jamais cette enfant-là,
C'est moi qui vous le dis, ne se consolera.

FLORIMOND.

Va, va, dans sa douleur le sexe est raisonnable,
Et je n'ai jamais vu de femme inconsolable.
Laissons cela.

CRISPIN.

Fort bien ; mais au moins, dites-moi,
Pourquoi vous descendez dans un hôtel?

FLORIMOND.

Pourquoi?

CRISPIN.

Oui, monsieur. Vous avez un oncle qui vous aime,
Dieu sait!

ACTE I, SCÈNE I.

FLORIMOND.

De mon côté, je le chéris de même ;
Mais je ne logerai pourtant jamais chez lui.
Je crus bien, l'an passé, que j'en mourrois d'ennui.
C'est un ordre, une régle en toute sa conduite !
Une assemblée hier, demain une visite.
Ce qu'il fait aujourd'hui, toujours il le fera :
Il ne manque jamais un seul jour d'opéra.
La routine est pour moi si triste, si maussade !
Et puis sa politique, et sa double ambassade !
Car tu sais que mon oncle étoit ambassadeur.
J'écoutois des récits... mais d'une pesanteur !
Tu vois que tout cela n'est pas fort agréable.
D'ailleurs je me suis fait un plaisir délectable
De venir habiter dans un hôtel garni.
Tout cérémonial de ces lieux est banni :
Je vais, je viens, je rentre et sors, quand bon me semble ;
Entière liberté. Le soir, on se rassemble :
L'hôtel forme lui seul une société ;
Et si je n'ai le choix, j'ai la variété.

SCÈNE II.

FLORIMOND, CRISPIN, M. PADRIGE.

CRISPIN.

On vient : de cet hôtel c'est sans doute le maître.

M. PADRIGE, *avec force révérences*.

Ma visite, monsieur, vous dérange peut-être ?
Mais je n'ai pu moi-même ici vous recevoir :
J'étois absent alors : j'ai cru de mon devoir
De venir humblement vous rendre mon hommage.

FLORIMOND.
Fort bien.
M. PADRIGE.
Je sais à quoi notre état nous engage.
CRISPIN, *lui rendant ses révérences.*
Monsieur!
M. PADRIGE, *à Florimond.*
De cet hôtel êtes-vous satisfait?
FLORIMOND.
Très fort.
M. PADRIGE.
Vous le trouvez honnête?
FLORIMOND.
Tout-à-fait.
M. PADRIGE.
Et votre appartement commode?
FLORIMOND.
Oui, mon cher hôte,
Très commode.
CRISPIN.
Pourtant, ma chambre est un peu haute.
FLORIMOND.
Je me trouve fort bien.
M. PADRIGE.
Je vous suis obligé.
Il le faut avouer, je n'ai rien négligé
Pour réunir ici l'utile et l'agréable;
Et vous voyez...
CRISPIN.
Au fait : avez-vous bonne table?
M. PADRIGE, *à Florimond.*
Sans vanité, monsieur, je puis dire, entre nous,

ACTE I, SCÈNE II.

Que je n'ai guère ici que des gens tels que vous.

FLORIMOND.

Ah!...

M. PADRIGE.

Des Bretons, sur-tout. C'est Brest qui m'a vu naître;
Et, Dieu merci, Padrige a l'honneur d'y connoître.
Assez de monde : aussi l'on s'y fait une loi,
Quand on vient à Paris, de descendre chez moi ;
Et c'est du nom de Brest que mon hôtel se nomme.

CRISPIN.

Ce bon monsieur Padrige a l'air d'un galant homme.

M. PADRIGE.

Monsieur... vient donc de Brest?

FLORIMOND.

Oui.

M. PADRIGE.

J'ai, dans ce moment,
Une dame qui vient de Brest aussi.

FLORIMOND.

Comment?...

M. PADRIGE.

Une Angloise.

FLORIMOND.

Une Angloise?

M. PADRIGE.

Oui, monsieur, très jolie,
Pour tout dire, en un mot, une dame accomplie,
Femme de qualité, qui voyage par goût,
Veuve depuis trois ans ; car enfin je sais tout.

FLORIMOND.

Eh! mais..., à tous ces traits je crois la reconnoître ;
Oui... Depuis quinze jours elle est ici peut-être?

M. PADRIGE.

Oui, monsieur.

FLORIMOND.

M'y voilà; c'est elle assurément,
C'est Éliante même.

M. PADRIGE.

Eh! monsieur, justement.

FLORIMOND.

Éliante en ces lieux! Rencontre inespérée!
Conduisez-moi chez elle.

M. PADRIGE.

Elle n'est pas rentrée;
Mais ne tardera pas...

FLORIMOND.

Bon, Padrige, il suffit:
Je l'attends.

(*M. Padrige sort.*)

SCÈNE III.

FLORIMOND, CRISPIN.

FLORIMOND.

J'ose à peine en croire son récit.
Rencontrer en ces lieux l'adorable Éliante!
Mais ne trouves-tu pas l'aventure charmante?

CRISPIN.

Pardon : de vos transports je suis un peu surpris.
Il est bien vrai qu'à Brest vous étiez fort épris
D'une dame Éliante; et je sais que la dame
N'étoit pas insensible à votre tendre flamme :

ACTE I, SCÈNE II.

Mais enfin, quinze jours au moins sont révolus
Depuis que j'ai cru voir que vous ne l'aimez plus.

FLORIMOND.

Il est trop vrai; l'amour, sur-tout dans sa naissance,
Ne tient guère, chez moi, contre une longue absence.
Une affaire l'appelle à Paris : elle part.
Je tiens bon... quatre jours; mais enfin le hasard
M'offre au marin : bientôt il m'aime à la folie,
Me veut pour gendre : au fond, Léonor est jolie...
Que veux-tu? je la vis, je l'aimai, je lui plus;
Éliante étoit loin, et je n'y songeai plus...
Je la retrouve enfin, grace au sort qui me guide.

CRISPIN.

Votre cœur n'aime pas à rester long-temps vide.

FLORIMOND.

Ah! Crispin, quel plaisir j'aurai de la revoir!

CRISPIN.

Fort bien, mais quel accueil croyez-vous recevoir,
Après le tour qu'à Brest?...

FLORIMOND.

                Heureusement, j'espère
Qu'elle ne saura rien de toute cette affaire.

CRISPIN.

Pensez-vous que de Brest elle n'ait point reçu
Quelque avis...

FLORIMOND.

         Mais personne à Brest n'en a rien su;
Personne, excepté moi, Kerbanton et sa fille :
C'étoit même un secret pour toute sa famille.

CRISPIN.

Elle pourra l'apprendre...

FLORIMOND, *avec impatience.*

Eh, oui, si tu le dis.
Au lieu de m'effrayer, rassure mes esprits;
Car il faut taire ici que je fus infidéle :
Il faut même avoir l'air d'être venu pour elle.
C'est beaucoup pour quelqu'un qui ne sait pas mentir.
A ces détours, Crispin, j'ai peine à consentir;
Je répugne à tromper...

CRISPIN.

Eh! mais, quel vain scrupule!
Monsieur! on ne ment point, lorsque l'on dissimule.

FLORIMOND.

Je la trompe en effet de bien peu : je l'aimois;
Et je l'aime à présent cent fois plus que jamais...
Quelqu'un vient. Si c'étoit?... Je sens un trouble extrême.
Je reconnois sa voix : oui, c'est elle, elle-même.
Rentre, Crispin, et va tout arranger chez moi.
(*Crispin regarde de loin.*)
Que fais-tu donc? Va-t'en?...

CRISPIN, *effrayé.*

Ah! monsieur...

FLORIMOND.

Hé bien, quoi?

CRISPIN.

Monsieur, que vois-je?...

FLORIMOND.

Eh mais, qu'est-ce qui t'épouvante?

CRISPIN.

Vous ne m'aviez pas dit qu'elle eût une suivante.

FLORIMOND.

Eh! rentre, et ne dis rien sur-tout de Léonor.

CRISPIN.

Oh!...

(*Il sort.*)

FLORIMOND.

Sors.

(*seul.*)
Je crois vraiment qu'elle est plus belle encor.

SCÈNE IV.

FLORIMOND, ÉLIANTE, LISETTE.
(*Lisette se tient dans le fond.*)

FLORIMOND, *court à Éliante.*
Je vous revois enfin, ô ma chère Éliante...
Pardonnez aux transports d'une ame impatiente;
Madame...

ÉLIANTE.
Est-il bien vrai? Florimond en ces lieux?
A peine en ce moment j'ose en croire mes yeux,
Quoique l'hôte, en montant, m'ait d'abord prévenue.
De grace, dites-moi quelle affaire imprévue...

FLORIMOND.
Aucune : ou si l'amour ainsi doit se nommer,
Je n'en ai qu'une seule, et c'est de vous aimer.

ÉLIANTE.
Mais ma demeure enfin, qui vous a pu l'apprendre?

FLORIMOND.
Eh, madame, mon cœur pouvoit-il s'y méprendre?
Le sort en cet hôtel ne m'eût pas amené,
Qu'avant la fin du jour je l'aurois deviné.

ÉLIANTE.

Avec mes questions, je vais être indiscréte;
Mais encore une seule, et je suis satisfaite :
Comment avez-vous pu quitter la garnison?

FLORIMOND.

En quittant le service.

ÉLIANTE.

Ah!... pour quelle raison?

FLORIMOND.

Eh! mais... c'est que d'abord le service m'ennuie;
Et puis, je ne veux plus de chaîne qui me lie...
Hors la vôtre : comblez mes souhaits les plus doux,
Je suis tout à l'amour, madame, et tout à vous.
Oui, sous vos seules lois je fais gloire de vivre :
Vous voyagez, par-tout je suis prêt à vous suivre;
Vous retournez à Londres, et j'en suis citoyen :
Votre pays, madame, est désormais le mien.

ÉLIANTE.

Je ressens tout le prix d'un pareil sacrifice...
Pardon, j'ai cru vous voir très content du service.

FLORIMOND.

Ah! vous étiez alors à Brest, et je m'y plus :
Mais l'ennui règne aux lieux que vous n'habitez plus.

ÉLIANTE.

Et moi, de cet ennui m'avez-vous crue exempte?
Aurois-je été de Brest aussi long-temps absente,
Si l'affaire qui seule ici me fit venir
Quinze jours, malgré moi, n'eût su m'y retenir?
Ils m'ont paru bien longs; et, distraite, isolée,
Au milieu de Paris, j'étois comme exilée.

FLORIMOND.

Qu'entends-je? vous m'auriez quelquefois regretté?

ACTE I, SCÈNE IV.

Je ne mérite pas cet excès de bonté.

ÉLIANTE.

Mais vous faisiez de même ; au moins j'aime à le croire.
Je me disois : « Je suis présente à sa mémoire,
« Sans doute, il songe à moi comme je songe à lui. »
Cette douce pensée allégeoit mon ennui.

FLORIMOND, *à part.*

Chaque mot qu'elle dit ne sert qu'à me confondre.
(*haut et avec beaucoup d'embarras.*)
Ah !... quel monstre en effet... pourroit ne pas répondre...
A ces doux sentiments ?... Oui, madame... en ce jour...
Je jure qu'à jamais... le plus tendre retour...

ÉLIANTE.

Eh ! que me font, monsieur, tous les serments du monde ?
Sur de meilleurs garants ma tendresse se fonde.
J'en crois votre ame franche, exempte de détours,
Qui toujours se peignit en vos moindres discours...

FLORIMOND, *toujours avec embarras.*

C'en est trop... vous jugez de mon cœur par le vôtre...
Moi, je ne prétends pas être plus franc qu'un autre...
Mais jamais de tromper je ne me fis un jeu,
Madame ; et quand ma bouche exprime un tendre aveu,
C'est que j'aime en effet, et de toute mon ame.

ÉLIANTE.

Ah ! je vous crois sans peine.

SCÈNE V.

FLORIMOND, ÉLIANTE, M. PADRIGE, LISETTE.

M. PADRIGE, *une serviette à la main.*

On a servi, madame.

ÉLIANTE, *à Florimond.*

Vous dînez avec moi ?

FLORIMOND.

Vous me faites honneur.
Oui, de vous rencontrer puisque j'ai le bonheur,
Je tiens quitte Paris des beautés qu'il rassemble,
Et vous me tenez lieu de tout Paris ensemble.
(*Il donne la main à Éliante, et sort avec elle.*)

SCÈNE VI.

M. PADRIGE, LISETTE.

M. PADRIGE.

Eh mais ! ils sont fort bien, selon ce que j'entends.

LISETTE.

Assez.

M. PADRIGE.

Et savez-vous depuis combien de temps ?

LISETTE.

Je ne sais.

M. PADRIGE.

Tout de bon ?

LISETTE.

Tout de bon, je l'ignore :
Près de madame, moi, je n'étois pas encore.

M. PADRIGE.

Mais madame auroit pu, par forme d'entretien,
Vous faire confidence...

LISETTE.

Elle ne me dit rien.
Je ne servis jamais de femme plus discrète.

M. PADRIGE, *à part.*

Ou la maîtresse l'est, ou bien c'est la soubrette.
(*haut.*)
Pardon, je ne saurois m'arrêter en ces lieux.

(*Il sort.*)

SCÈNE VII.

LISETTE, *seule.*

Oh! que de questions! cet homme est curieux.
Mais ma discrétion, grace au ciel, est très grande,
Lorsque je ne sais point ce que l'on me demande.

SCÈNE VIII.

LISETTE, CRISPIN.

LISETTE, *à part.*

On vient.

CRISPIN.

Où donc est-elle? Ah, bon, je l'aperçois :
La peste! elle a vraiment un fort joli minois.

LISETTE, *à part.*

C'est, je crois, le valet.

CRISPIN.

De l'aimable Éliante
Pourroit-on saluer l'adorable suivante?

LISETTE.

Monsieur, à vous permis.

CRISPIN, *à part.*

Justine n'est pas mieux.

LISETTE.

Monsieur... cet officier qui descend en ces lieux
Seroit-il votre maître?

CRISPIN.

Oui, beauté sans pareille,
Mais le mot de *monsieur* a blessé mon oreille :
Appelez-moi Crispin ; car je suis sans façon.
On vous nomme ?

LISETTE.

Lisette.

CRISPIN.

Ah Dieu! le joli nom!
(*à part.*)
Justine n'avoit pas cette friponne mine.

LISETTE.

Vous marmottez souvent certain nom de Justine.

CRISPIN, *embarrassé.*

Oh! rien... C'est une enfant... que je connus jadis...
La maîtresse de l'un de mes meilleurs amis...
Et qui vous ressembloit. Justine étoit jolie...
Aussi ce drôle-là l'aimoit à la folie.
Mais, de grace, laissons Justine de côté,
Parlons de vous.

ACTE I, SCÈNE VIII.

LISETTE.

Hé bien?

CRISPIN.

Lisette, en vérité,
J'ai couru le pays, j'ai vu bien des soubrettes
Gentilles à ravir, et sur-tout des Lisettes;
Mais je n'ai point encor rencontré de minois
Qui me plussent autant que celui que je vois.

LISETTE.

Fort bien!

CRISPIN.

Vraiment, j'admire une telle rencontre;
Que... le premier objet... que le hasard me montre...
Soit un objet... Ma foi, je rends grace au hasard.
(*à part.*)
Justine, en vérité, je suis un grand pendard.

LISETTE.

Monsieur plaisante!

CRISPIN.

Point. C'est la vérité même :
Moi, j'y vais rondement ; en trois mots, je vous aime.
Vous riez, c'est bon signe : oh ! j'ai jugé d'abord
Que Lisette et Crispin seroient bientôt d'accord.

LISETTE, *imitant sa maîtresse.*

Dînez-vous avec moi?

CRISPIN, *fait une profonde révérence.*

Vous êtes trop polie :
Un dîner ! je n'en ai refusé de ma vie.
(*Il lui donne la main, et sort avec elle.*)

FIN DU PREMIER ACTE.

ACTE SECOND.

SCÈNE I.

ÉLIANTE, LISETTE.

ÉLIANTE.
Ah! ah! fort bien, Lisette: il est sorti, dis-tu?
LISETTE.
Oui, madame, il étoit superbement vêtu;
Car vous saurez qu'il a quitté son uniforme;
On diroit qu'il a pris une nouvelle forme,
Tant il est enchanté de son nouvel habit!
Il se tourne en tout sens, se regarde et sourit:
Aussi je l'observois; il a bien bonne mine,
La taille haute, leste, et la jambe très fine.
ÉLIANTE.
A ces vains agréments j'attache peu de prix;
Et lui-même, après tout, n'en paroît pas épris.
J'aime son enjouement, son aimable franchise...
Sa vivacité même, il faut que je le dise.
LISETTE.
C'est ce que me disoit tout-à-l'heure Crispin,
Son valet; il en fait des éloges sans fin.
Ce Crispin est aimable...
ÉLIANTE.
Il te disoit, ma chère?
LISETTE.
Que son maître étoit bon, doux, généreux, sincère;

L'INCONSTANT.

Qu'à Brest, pour le loüer, on n'avoit qu'une voix ;
Qu'on ne pouvoit le voir sans l'aimer...

ÉLIANTE.

Je le crois.

LISETTE.

Il dit qu'en votre absence, hélas ! son pauvre maître
Souffroit ! et sans oser le faire trop paroître ;
Que votre chère image en tous lieux le suivoit ;
Qu'il y pensoit le jour, la nuit qu'il y rêvoit...

ÉLIANTE.

Il t'a dit tout cela, mon enfant ?

LISETTE.

Oui, madame.

ÉLIANTE.

Ce récit me pénètre, et jusqu'au fond de l'ame.
Tiens, ma chère Lisette, il le faut avouer,
Depuis que tu me sers j'ai lieu de me louer
De ton discernement, de ta délicatesse,
De ton attachement surtout pour ta maîtresse.
Il ne tiendra qu'à toi de me servir long-temps.

LISETTE.

C'est ma plus chère envie.

ÉLIANTE.

Allons ; mais il est temps
De sortir.

LISETTE.

Vous suivrai-je ?

ÉLIANTE.

Il n'est pas nécessaire.
Je vais chez mylady lui parler d'une affaire.

(*Elle sort.*)

SCÈNE II.

LISETTE, *seule.*

Comme depuis tantôt son front s'est éclairci !
Et comme de sa voix le son s'est adouci !
Voyez-vous, *mon enfant!* et *ma chère Lisette!*
Hier, ce matin même, elle étoit inquiète,
Sombre, triste, rêveuse, et sourde à mes propos ;
Elle disoit à peine en un jour quatre mots.
J'avois cru jusqu'ici son chagrin incurable ;
Mais monsieur Florimond est un homme admirable...
Hai... son valet Crispin me revient fort aussi...
S'il pouvoit deviner que je suis seule ici !
A merveille, je vois que le fripon devine.

SCÈNE III.

LISETTE, CRISPIN.

CRISPIN.

J'accours, et viens revoir ma gentille cousine.

LISETTE.

Tiens, je parlois de toi.

CRISPIN.

De moi ? l'aimable enfant !
Moi, je n'en parlois pas, mais j'y pensois.

LISETTE.

Vraiment !

CRISPIN.

Vraiment, qu'en disois-tu ?

ACTE II, SCÈNE III.

LISETTE.

Je disois... que je t'aime.

CRISPIN.

Tu le disois? et moi, je pensois tout de même.
Là, ne vaut-il pas mieux, je te demande un peu,
De part et d'autre, ainsi se faire un libre aveu?

LISETTE.

Mais je ne conçois pas cette flamme subite.
Je n'aurois jamais cru qu'on pût aimer si vite.

CRISPIN.

Moi, j'en suis peu surpris; car enfin, sans orgueil,
Aux femmes j'ai toujours plu du premier coup-d'œil.

LISETTE.

Peste!

CRISPIN.

J'entends mon maître.

SCÈNE IV.

LISETTE, CRISPIN; FLORIMOND, *en habit bourgeois.*

FLORIMOND.

Éliante est visible?

LISETTE.

Monsieur, elle est sortie.

FLORIMOND.

O ciel! est-il possible?
Sortie! et pensez-vous que ce soit pour long-temps?

LISETTE.

Je ne crois pas, monsieur.

FLORIMOND.
     Mais enfin...
LISETTE.
         Je l'attends...
Avant une heure ou deux...
    FLORIMOND.
      Eh! n'est-ce rien qu'une heure?
Une heure sans la voir! il faudra que je meure:
En vérité, je suis d'un malheur achevé.
J'ai passé chez mon oncle et ne l'ai point trouvé:
J'ai vite écrit deux mots et laissé mon adresse;
Puis je suis accouru pour revoir ta maîtresse:
Hé bien, il faut une heure attendre son retour!
    LISETTE.
En attendant, du moins, songez à votre amour.
      (*Elle le salue et sort.*)

SCÈNE V.

FLORIMOND, CRISPIN.

FLORIMOND.
Peste des importuns! ce chevalier d'Arlière
Me force à l'écouter, la tête à la portière:
A quatre pas de là, c'est un autre embarras:
Et deux cochers mutins, avec leurs longs débats,
M'arrêtent un quart d'heure au détour d'une rue.
O quel fracas! bon Dieu! quelle affreuse cohue!
Comment peut-on se plaire en ce maudit Paris?
C'est un enfer.
    CRISPIN.
     Tantôt, c'étoit un paradis:

ACTE II, SCÈNE V.

« L'œil ravi, promené de spectacle en spectacle,
« De l'art, à chaque pas, voit un nouveau miracle. »
C'étoient vos termes.

FLORIMOND.

Oui, d'abord cela séduit,
J'en conviens. Mais au fond, de la foule et du bruit,
Voilà Paris. Ses jeux et ses vaines délices
N'offrent qu'illusions et que beautés factices :
Ses plaisirs sont amers, son éclat emprunté ;
Et sous l'extérieur de la variété,
Il cache tout l'ennui d'une vie uniforme.

CRISPIN.

Uniforme, monsieur ? ah ! quel blasphème énorme !
Un jour est-il ici semblable à l'autre jour ?
Ce sont nouveaux plaisirs qui règnent tour-à-tour.

FLORIMOND.

Je le veux. Mais au fond ils composent à peine
Une semaine au plus. Hé bien, chaque semaine
De celles qui suivront est le parfait tableau :
De semaine en semaine il n'est rien de nouveau.
Alternativement bal, concert, tragédie,
Wauxhall, italiens, opéra, comédie.
Ce cercle de plaisirs peut bien plaire d'abord ;
Mais la seconde fois, il ennuie à la mort.

CRISPIN.

C'est dommage. J'entends : de journée en journée,
Vous voudriez du neuf pendant toute une année.
Eh ! que la vie ici soit uniforme ou non,
Qu'importe ? Il ne faut pas disputer sur le nom.
Si l'uniformité de plaisirs est semée,
Cette uniformité mérite d'être aimée.
On dort, on boit, on mange ; on mange, on boit, on dort :

De ce régime, moi, je m'accommode fort.
FLORIMOND.
Tais-toi. — Qu'attends-tu là ?
CRISPIN.
Vos ordres.
FLORIMOND.
Je t'ordonne
De n'être pas toujours auprès de ma personne.
CRISPIN.
C'est différent.

(Il sort.)

SCÈNE VI.

FLORIMOND, *seul.*

Toujours un valet près de soi,
Qui semble dire : « Allons, monsieur, commandez-moi. »
Du matin jusqu'au soir, quelle pénible tâche !
Il faut, quoi qu'on en ait, commander sans relâche
Quand j'y songe, morbleu ! je ne puis sans courroux
Voir que ces coquins-là soient plus heureux que nous.
(Il s'assied et rêve.)
Ce Crispin me déplaît : monsieur fait le capable !
Vos ordres !... il commence à m'être insupportable.
Depuis un mois pourtant ce visage est chez moi :
Je n'en gardai jamais aussi long-temps... ma foi,
Il est bien temps qu'enfin de lui je me défasse.
(Il se lève et appelle.)
Crispin !... ô le sot nom !

SCÈNE VII.

FLORIMOND, CRISPIN.

CRISPIN.
Monsieur?...

FLORIMOND, *à part.*
La sotte face !

(*haut.*)
De tes gages, Crispin, dis-moi ce qu'il t'est dû.

CRISPIN.
Ah ! monsieur...

FLORIMOND.
Parle donc.

CRISPIN.
Monsieur !...

FLORIMOND.
Parleras-tu ?

CRISPIN.
(*à part.*) (*haut.*)
Ne faisons pas l'enfant. Ce n'est qu'une pistole.

FLORIMOND *le paye.*
Tiens. — Veux-tu bien sortir ?

CRISPIN.
Dites un mot, je vole.

FLORIMOND.
Hé bien ?

CRISPIN.
Encore un coup, vous n'avez qu'à parler.

FLORIMOND.
J'ai parlé : sors.

CRISPIN.
Fort bien; mais où faut-il aller?
FLORIMOND.
Où tu voudras.
CRISPIN.
Eh mais, expliquez-vous, de grace...
FLORIMOND, *impatienté.*
Quoi! tu ne comprends pas, maraud, que je te chasse?
CRISPIN.
Plaît-il?... Vous me chassez? qui? moi, monsieur?
FLORIMOND.
Oui, toi.
CRISPIN.
Moi?
FLORIMOND.
Toi-même.
CRISPIN.
Allons donc, vous vous moquez de moi.
FLORIMOND.
Point du tout.
CRISPIN.
La raison? Elle est un peu subite.
FLORIMOND.
La raison, c'est qu'il faut t'en aller au plus vite;
Je le veux.
CRISPIN.
Mais enfin, pourquoi le voulez-vous?
FLORIMOND.
Parceque je le veux.
CRISPIN.
Mon cher maître, entre nous,
Ce n'est pas raisonner que parler de la sorte:

ACTE II, SCÈNE VII.

Je le comprends fort bien, vous voulez que je sorte ;
Mais je ne comprends pas pourquoi vous le voulez ?
Si j'ai failli, du moins dites-le-moi, parlez.

FLORIMOND.

Avec ses questions, ce bavard-là m'excède.
Tu... tu m'as...

CRISPIN.

Voulez-vous, monsieur, que je vous aide ?

FLORIMOND.

Puisque monsieur Crispin demande des raisons...

CRISPIN.

Oui, monsieur, une seule.

FLORIMOND.

Hé bien, nous le chassons
Afin de ne plus voir sa maussade figure.

CRISPIN.

Maussade ? le reproche est nouveau, je vous jure.
Ma figure jamais n'effaroucha les gens ;
Même elle m'a valu des propos obligeants.

FLORIMOND.

Elle ne me déplaît que pour l'avoir trop vue.

CRISPIN.

Depuis un mois à peine elle vous est connue.

FLORIMOND.

C'est beaucoup trop, je veux un visage nouveau.

CRISPIN.

Mais qu'il soit vieux ou neuf, qu'il soit maussade ou beau,
Qu'importe enfin, pourvu qu'un valet soit fidèle,
Et qu'il serve son maître avec esprit et zèle ?
Sans me vanter, monsieur, je vous sers à ravir.

FLORIMOND.

Je n'aime point non plus ta façon de servir.

CRISPIN.

Qu'a-t-elle, s'il vous plaît?

FLORIMOND, *avec dépit.*

Elle est trop uniforme.
J'aime qu'à mon humeur un valet se conforme.
Toi, tu me sers toujours avec le même soin ;
Toujours auprès de moi je te trouve au besoin.
Jamais...

(*Pendant ce discours, Crispin a pris une plume et du papier sur la table, et a eu l'air d'écrire sur son genou.*)

FLORIMOND.

Que fais-tu là?

CRISPIN.

J'écris ce que vous dites.
Vous me traitez, monsieur, par-delà mes mérites ;
Et je n'ai pas besoin d'autre certificat.
Signez.

(*Il lui présente la plume et le papier.*)

FLORIMOND.

Oh! c'en est trop. Sais-tu bien, maître fat,
Qu'à la fin...

CRISPIN.

Serviteur.

(*à part en s'en allant.*)

Trouvons un stratagème
Pour le servir encore en dépit de lui-même.

SCÈNE VIII.

FLORIMOND, seul.

On a bien de la peine à chasser un valet.
(*Il s'assied.*)
Ce maraud de Crispin au fond n'est point si laid.
Mais j'étois las de voir son grotesque uniforme,
Ses bottines, sa cape, et sa ceinture énorme.
(*Il se lève et marche.*)
Que faire cependant? Je suis bien isolé ;
Aussi, pour l'ordinaire, un hôtel n'est peuplé
Que de provinciaux, gens fort peu sédentaires,
Qui, du matin au soir, courent à leurs affaires.
(*Il s'arrête.*)
Dans une garnison, sans sortir de chez soi,
On trouve à qui parler... Qu'est-ce que j'aperçoi ?
Des livres !... Je n'ai plus besoin de compagnie.
Quand j'ai des livres, moi, jamais je ne m'ennuie.
Est-il rien en effet de si délicieux ?
Cela tient lieu d'amis, souvent cela vaut mieux;
Que je vais m'amuser !
(*Il prend un livre et regarde le dos.*)
     Ah! ah! c'est La Bruyère.
J'en fais beaucoup de cas : lisons un caractère.
(*Il lit à l'ouverture du livre.*)
« Un homme inégal n'est pas un seul homme; ce
« sont plusieurs. Il se multiplie autant de fois qu'il
« a de nouveaux goûts et de manières différentes. Il
« est à chaque moment ce qu'il n'étoit point ; et il va

« être bientôt ce qu'il 'n'a jamais été. Il se succède à
« lui-même (1). »
Où donc a-t-il trouvé ce caractère-là ?
Jeux d'esprit. Tout le livre est fait comme cela.
On le vante pourtant. Voyons quelque autre chose.
Aussi bien je suis las de lire de la prose.
Les vers tout à-la-fois charment l'œil et l'esprit :
Par sa diversité la rime réjouit.
  (*Il cherche parmi les livres qui sont sur la table.*)
Voyons s'il est ici quelque poëte à lire.
  (*Il en prend un.*)
Boileau ! bon, celui-là ! j'aime fort la satire.
  (*Il lit de même à l'ouverture du livre.*)
« Voilà l'homme en effet. Il va du blanc au noir ;
« Il condamne au matin ses sentiments du soir.
« Importun à tout autre, à soi-même incommode,
« Il change à tout moment d'esprit comme de mode,
« Il tourne au premier vent, il tombe au moindre choc,
« Aujourd'hui dans un casque, et demain dans un froc (2). »
  (*Il jette le livre sur la table.*)
L'insolent ! c'est assez ; et puis dans un auteur
La satire à coup sûr décèle un mauvais cœur.
J'eus toujours du dégoût pour ce genre d'escrime.
La peste soit des vers, de cette double rime,
Exacte au rendez-vous ; qui de son double son
M'apporte à point nommé le mortel unisson !
Mais, d'un autre côté, la prose est insipide...
Il faut qu'entre les deux pourtant je me décide :
Car enfin, feuilletez tous les livres divers,

---

1 Chap. IX, *de l'homme.*
2 Satire VIII.

ACTE II, SCÈNE VIII.

Vous trouverez par-tout de la prose ou des vers.
    (*Il s'assied tout accablé.*)
Tout à-la-fois conspire à m'échauffer la bile...
Mais quelle solitude!... aussi dans cette ville
Je n'avois qu'un valet pour me désennuyer,
Et je m'avise encor de le congédier.
    (*Il regarde à sa montre*)
Elle ne revient point... Mais pendant son absence,
Je pourrois renouer plus d'une connoissance.
Valmont à mon esprit le premier vient s'offrir;
Valmont! chez lui déja j'aurois bien dû courir.
Oui... Mais je vois mon oncle.

SCÈNE IX.

FLORIMOND, M. DOLBAN.

FLORIMOND, *courant au-devant de lui.*
                  Ah! permettez, de grace,
Mon oncle...après un mois, c'est donc vous que j'embrasse!
          M. DOLBAN.
Je devois, avant tout, te quereller bien fort,
Et n'ai pu m'empêcher de t'embrasser d'abord;
Mais je ne laisse pas d'être fort en colère.
          FLORIMOND.
En quoi donc par hasard ai-je pu vous déplaire?
          M. DOLBAN.
En quoi? belle demande! avoir un oncle ici
Et descendre plutôt dans un hôtel garni!
A cette indifférence aurois-je dû m'attendre?
          FLORIMOND.
Je vous suis obligé d'un reproche si tendre:

Mais cela ne doit pas du tout vous chagriner.
Mon cher oncle, entre nous, j'ai craint de vous gêner;
Et puis, je ne suis pas loin de votre demeure,
Et je pourrai vous voir chaque jour, à toute heure.

M. DOLBAN.

Tu sais toujours donner aux choses un bon tour;
Car dans ta lettre aussi tu mets sous un beau jour
Ton histoire de Brest et ton double caprice.
Jamais au bout d'un mois quitta-t-on le service?

FLORIMOND.

Le service, en un mot, n'est point du tout mon fait.

M. DOLBAN.

Va, tu n'es fait pour rien, je te le dis tout net.

FLORIMOND.

En quoi voyez-vous donc?...

M. DOLBAN.

En toute ta conduite,
En tes écarts passés, en ta dernière fuite;
Et pour trancher ici d'inutiles discours,
Tu n'es qu'un inconstant, tu le seras toujours.

FLORIMOND.

Inconstant! oh! voilà votre mot ordinaire!
Eh! c'est pour ne pas être inconstant, au contraire,
Qu'on me voit sur mes pas revenir tout exprès;
J'aime bien mieux changer auparavant qu'après.

M. DOLBAN.

Cette précaution est tout-à-fait nouvelle!
En as-tu moins sans cesse erré de belle en belle?
Depuis la robe enfin que bientôt tu quittas,
T'en a-t-on moins vu prendre et rejeter d'états?
Tour-à-tour la finance, et l'église et l'épée...
Que sais-je?... la moitié m'en est même échappée.

Vingt états de la sorte ont été parcourus,
Si bien qu'un an encore, et je ne t'en vois plus.

FLORIMOND.

C'est que je fus trompé, c'est qu'il faut souvent l'être;
C'est qu'il est maint état qu'on ne peut bien connoître,
A moins que par soi-même on ne l'ait exercé :
Ce n'est qu'après l'essai qu'on est désabusé.
J'aurai pu me trouver dans cette circonstance,
Sans être pour cela coupable d'inconstance.
Je goûte d'un état, j'y suis mal, et j'en sors;
Rien de plus naturel. Quoi, faudroit-il alors
Végéter sans desirs, sans nulle inquiétude,
Et stupide jouet de la sotte habitude,
Garder par indolence un état ennuyeux,
N'être heureux qu'à demi, quand on peut être mieux?

M. DOLBAN.

Tu crois donc rencontrer un bonheur sans mélange?
Hélas! le plus souvent, que gagne-t-on au change?
La triste expérience avant peu nous apprend
Que ce nouvel état n'est qu'un mal différent...
Que dis-je?... au lieu du bien après quoi l'on soupire,
Souvent d'un moindre mal on tombe dans un pire.
Aussi, sans espérer d'en trouver de meilleurs,
Tu quittes un état, pourquoi? pour être ailleurs.

FLORIMOND.

Vous mettez à ceci beaucoup trop d'importance.
M'allez-vous quereller pour un peu d'inconstance?
A tout le genre humain dites-en donc autant.
A le bien prendre enfin, tout homme est inconstant;
Un peu plus, un peu moins, et j'en sais bien la cause :
C'est que l'esprit humain tient à si peu de chose!
Un rien le fait tourner d'un et d'autre côté;

On veut fixer en vain cette mobilité :
Vains efforts; il échappe, il faut qu'il se promène:
Ce défaut est celui de la nature humaine.
La constance n'est point la vertu d'un mortel,
Et pour être constant il faut être éternel.
D'ailleurs, quand on y songe, il seroit bien étrange
Qu'il fût seul immobile : autour de lui tout change :
La terre se dépouille, et bientôt reverdit;
La lune, tous les mois, décroît et s'arrondit...
Que dis-je? en moins d'un jour, tour-à-tour on essuie
Et le froid et le chaud, et le vent et la pluie.
Tout passe, tout finit, tout s'efface; en un mot,
Tout change : chángeons donc, puisque c'est notre lot.

M. DOLBAN.

De la frivolité digne panégyriste !

FLORIMOND.

N'êtes-vous point vous-même un censeur un peu triste?

M. DOLBAN.

D'un oncle, d'un ami je remplis le devoir.
Tu te perds, Florimond, sans t'en apercevoir.
Espères-tu, dis-moi, t'avancer dans le monde,
Toi, qu'on a toujours vu d'une humeur vagabonde,
Effleurer chaque état, qui changes pour changer,
Qui n'es dans chacun d'eux qu'un simple passager?
Digne emploi des talents qu'en toi le ciel fit naître !
Avec tant de moyens de te faire connoître,
Tu seras donc connu par ta légèreté !
Ah! si tu ne fais rien pour la société,
A l'estime publique il ne faut plus prétendre.
Tremble, et vois à quel sort tu dois enfin t'attendre.
A force de courir, toujours plus loin du but,
Et bientôt de l'état méprisable rebut,

ACTE II, SCÈNE IX.

Désœuvré, las de tout, comme à tout inhabile,
De tes concitoyens spectateur inutile,
Tu sentiras l'ennui miner tes tristes jours,
Si l'affreux désespoir n'en abrége le cours.

FLORIMOND.

Courage! livrez-vous à vos affreux présages,
Étalez à plaisir les plus noires images.
Pourquoi? parcequ'on est un tant soit peu léger.
(*après un moment de repos.*)
Quoi qu'il en soit, je crois que je m'en vais changer.

M. DOLBAN.

Bon!

FLORIMOND.

Sérieusement, je ne suis plus le même.

M. DOLBAN.

Depuis combien de temps déja?

FLORIMOND.

Depuis que j'aime.

M. DOLBAN, *en souriant.*

Ah! fort bien!

FLORIMOND.

N'allez pas prendre ici mes discours
Pour le frivole aveu de volages amours.
Il est passé le temps des folles amourettes:
Un feu réel succède à ces vaines bluettes.
J'aime, vous dis-je, enfin pour la première fois.

M. DOLBAN.

Du ton dont tu le dis, en effet je le crois.
Quelle est donc la personne?...

FLORIMOND.

Elle a nom Éliante:
C'est une veuve angloise, une femme charmante.

Je ne vous parle point de sa rare beauté,
Encor moins de ses biens et de sa qualité,
Quoiqu'elle soit pourtant et noble et riche et belle;
Mais, je vous l'avouerai, ce que j'admire en elle,
Ce sont des qualités d'un bien plus digne prix.
Pour les frivolités c'est ce noble mépris,
C'est ce rare talent, le grand art de se taire,
Sa fierté même, enfin c'est tout son caractère.

M. DOLBAN.

Comment peux-tu si bien la connoître en un jour?

FLORIMOND.

Mais elle a fait à Brest un assez long séjour.
Quelque temps, il est vrai, je la perdis de vue:
Mais j'en fais en ce lieu la rencontre imprévue;
Et mon cœur, dégagé de cette Léonor,
La trouve ici plus belle et plus aimable encor.

M. DOLBAN.

Je ne puis qu'approuver une telle alliance.
Elle est riche?

FLORIMOND.

Très riche.

M. DOLBAN.

Et de haute naissance?

FLORIMOND.

Très haute.

M. DOLBAN.

Écoute: il faut ne rien faire à demi.
L'ambassadeur de Londre est mon meilleur ami:
Je vais le consulter; et si le témoignage
Qu'il rendra d'Éliante est à son avantage,
Je reviens à l'instant, et demande sa main.

ACTE II, SCÈNE IX.

FLORIMOND.

Oui, mon oncle ; et plutôt aujourd'hui que demain.

M. DOLBAN.

Tu vas m'attendre ?

FLORIMOND.

Non. Je vais rendre visite
A mon ami Valmont ; mais je reviens bien vite.

M. DOLBAN, *d'un ton sentencieux.*

Je l'avois toujours dit : son cœur se fixera.
Attendons ; tôt ou tard, son heure arrivera ;
Et s'il trouve une femme...

FLORIMOND, *très vivement.*

Allons, elle est trouvée,
Mon cher oncle, et mon heure est enfin arrivée !

(*Ils sortent ensemble.*)

FIN DU SECOND ACTE.

ACTE TROISIÈME.

SCÈNE I.

M. KERBANTON, *en équipage de voyageur;*
M. PADRIGE.

M. KERBANTON.
Maugre-bleu de la poste et de qui l'inventa !
M. PADRIGE.
Comme je vois, monsieur n'est pas fait à cela ?
M. KERBANTON.
Eh non ; à chaque pas on sent une secousse.
J'aimerois mieux sur mer être forçat ou mousse.
Vive un vaisseau léger qui va comme l'éclair !
M. PADRIGE.
Monsieur aimeroit mieux être toujours sur mer ?
M. KERBANTON.
Oui, certes : peste soit des voyages sur terre !
C'est mon premier : encor je viens pour une affaire...
A propos, ayez soin de me tenir demain
Une voiture prête, et de très grand matin.
M. PADRIGE.
Monsieur va quelque part ?
M. KERBANTON.
　　　　　　　Oui, je vais à Versailles
Solliciter enfin le prix de vingt batailles.
Ah ! corbleu ! mon ami, si je n'étois point las,
Je vous raconterois mes deux derniers combats.

L'INCONSTANT

M. PADRIGE.

Tant mieux ! j'aime beaucoup les récits militaires.

M. KERBANTON.

Oui? vous êtes mon homme, et vous saurez mes guerres.
A présent, menez-moi dans mon appartement.

M. PADRIGE.

Le voici. Vous serez, je crois, commodément.
Vous aurez pour voisin un jeune gentilhomme,
Un officier de Brest...

M. KERBANTON.

Ah! de Brest? on le nomme?

M. PADRIGE.

Florimond.

M. KERBANTON.

Florimond! il est ici! corbleu!

M. PADRIGE.

Oui; vous le connoissez?

M. KERBANTON.

Je le connois un peu.

(*Il se parle à lui-même.*)

Florimond en ces lieux! la rencontre est bizarre.
Je ne viens pas pour lui, morbleu! je le déclare;
Mais puisqu'ici le sort m'a conduit à propos,
Je ne suis point fâché de lui dire deux mots.

(*à M. Padrige.*)

Est-il chez lui?

M. PADRIGE.

Jamais en place il ne demeure ;
Il va, vient, rentre, sort, quatre fois en une heure.
Il vient de ressortir.

M. KERBANTON.

Et vous ne savez pas

S'il reviendra bientôt?
####### M. PADRIGE.
Non, monsieur.
####### M. KERBANTON.
En ce cas,
Je vais me reposer. Écoutez, mon cher hôte,
Vous me réveillerez dans deux heures, sans faute.
####### M. PADRIGE.
Sans faute.
####### M. KERBANTON.
Devant lui sur-tout, de Kerbanton
Gardez-vous jusque-là de prononcer le nom;
Car il ne m'attend pas, et je veux le surprendre.
####### M. PADRIGE.
Il suffit.
####### M. KERBANTON, *en entrant*.
En ce lieu j'ai bien fait de descendre.

SCÈNE II.

M. PADRIGE, *seul*.

Si, suivant son usage, il pouvoit accourir!
Car j'ai certain laquais que je lui veux offrir,
Un de mes protégés.

SCÈNE III.

LISETTE, M. PADRIGE.

M. PADRIGE.

C'est vous, mademoiselle !
Écoutez donc un peu : savez-vous la nouvelle ?
Crispin est renvoyé.

LISETTE.

Bon !

M. PADRIGE.

Oui, vraiment.

LISETTE.

Hé bien,
Voyez si dans la vie on peut compter sur rien !
Le trait est-il piquant ?

M. PADRIGE.

Rassurez-vous, de grace ;
Crispin saura trouver sans peine une autre place.

LISETTE.

Mais moi je le trouvois fort bien dans celle-ci.
Et savez-vous pourquoi monsieur le chasse ainsi ?

M. PADRIGE.

Ma foi, non.

LISETTE.

Ce sera pour quelque bagatelle ;
Car je répondrois bien que Crispin est fidèle.
Les maîtres sans mentir sont étrangement faits !
Ils sont pleins de défauts, et nous veulent parfaits.

M. PADRIGE.

Vous prenez bien à cœur.

LISETTE, *avec dépit.*

Non, c'est que de la sorte
Je n'aime pas qu'on mette un laquais à la porte.
Il cherchera long-temps un aussi bon valet.

M. PADRIGE.

Mais je le crois trouvé! je connois un sujet
Qui vaudra le Crispin.

LISETTE.

Allons, je le desire.

M. PADRIGE.

J'aperçois Florimond.

LISETTE.

Et moi je me retire;
Car je suis en colère, et je m'emporterois.

(*Elle sort.*)

M. PADRIGE.

Adieu donc.

(*seul.*)

Ce Crispin lui cause des regrets:
Mais quoi! son successeur consolera la belle.

SCÈNE IV.

M. PADRIGE, FLORIMOND.

M. PADRIGE.

Monsieur...

FLORIMOND.

Hé bien?

M. PADRIGE.

Je viens d'apprendre une nouvelle.
Vous êtes sans laquais: dussé-je être importun,

ACTE III, SCÈNE IV.

Je prends la liberté de vous en offrir un.

FLORIMOND.

Importun? au contraire, et votre offre m'oblige.
Donnez; de votre main, mon cher monsieur Padrige,
Je le reçois d'avance.

M. PADRIGE.

Ah!... j'ai bien votre fait.

FLORIMOND.

Bon.

M. PADRIGE.

Un garçon docile, intelligent, discret,
Honnête homme sur-tout.

FLORIMOND.

Eh! voilà mon affaire.

M. PADRIGE.

Je le crois. Si pourtant il n'eût pas su vous plaire,
J'en avois un autre.

FLORIMOND.

Ah!... Cet autre, quel est-il?

M. PADRIGE.

C'est un laquais charmant, du plus joli babil.

FLORIMOND.

Fort bien.

M. PADRIGE.

De la toilette il connoît les finesses;
Il n'a servi qu'abbés, que petites maîtresses:
Il est élégant, souple, et prompt comme l'éclair.

FLORIMOND.

J'aime mieux celui-ci.

M. PADRIGE, *à part*.

Courage.

FLORIMOND.
Allez, mon cher.
M. PADRIGE.
J'aurois pu vous parler d'un autre domestique ;
Mais j'ai craint que monsieur n'aimât point la musique
FLORIMOND.
Si fait. Cet autre donc est un musicien ?
M. PADRIGE.
Oui, fort habile : il est un peu fou...
FLORIMOND.
Ce n'est rien.
M. PADRIGE.
Sans doute. Comme un maître il pince la guitare,
Sait jouer de la flûte.
FLORIMOND.
Eh ! c'est un homme rare.
M. PADRIGE.
Ce n'est pas tout ; il a le plus joli gosier,
Sa voix aux instruments saura se marier.
FLORIMOND.
Bravo ! voilà mon homme : allons vite, qu'il vienne
M. PADRIGE.
Mais êtes-vous bien sûr, monsieur, qu'il vous convienne
Car le dernier toujours est celui qui vous plaît.
FLORIMOND.
Oh, non, je m'y tiendrai.
M. PADRIGE, *à part, voyant venir Crispin.*
Diable ! un autre paroît

SCÈNE V.

FLORIMOND, M. PADRIGE; CRISPIN,
en habit de baigneur.

CRISPIN, *à part, de loin.*

Ferme, Crispin : monsieur te reprendra peut-être.

FLORIMOND.

Qu'est-ce?

CRISPIN, *avec l'accent gascon.*

C'est moi, monseu.

FLORIMOND.

Que cherchez-vous?

CRISPIN.

Un maître.

FLORIMOND, *à part.*

Ce garçon-là me plaît.

(haut.)

Padrige, laissez-nous.

M. PADRIGE, *bas, à Crispin.*

Monsieur aime à changer.

CRISPIN, *bas aussi.*

Jé lé sais mieux qué vous.

M. PADRIGE, *à Florimond.*

Et ce laquais, faut-il?...

FLORIMOND.

Non, ce n'est pas la peine.

M. PADRIGE, *à part, en s'en allant.*

Tant mieux; il n'auroit pas achevé la semaine.

SCÈNE VI.

FLORIMOND, CRISPIN.

FLORIMOND.

On te nomme?

CRISPIN, *toujours avec l'accent gascon.*

La Flur, pour vous servir.

FLORIMOND.

La Fleur!

J'aime ce nom.

CRISPIN.

Monseu' mé fait beaucoup d'honneur.

FLORIMOND.

D'où sors-tu donc?

CRISPIN.

Dé chez un ancien militaire.

FLORIMOND.

Quel homme?

CRISPIN.

Eh mais, il est d'un fort bon caractère,
Parfois un peu bizarre, à né vous point mentir;
Mais tout coup vaille, encor jé voudrois lé servir.

FLORIMOND.

Pourquoi l'as-tu quitté?

CRISPIN.

C'est bien lui qui mé quitte.

FLORIMOND.

Et pour quelle raison?

CRISPIN.

Il né mé l'a pas dite,

Monseu.

FLORIMOND.
Ton air, je crois, ne m'est pas inconnu.
CRISPIN.
Mais... Quéque part aussi... jé crois vous avoir vu.
FLORIMOND.
Eh mais...
CRISPIN, *à part.*
Nous y voilà.
FLORIMOND.
N'est-ce pas toi?
CRISPIN.
Peut-être.
FLORIMOND.
Mais oui, c'est toi, Crispin.
CRISPIN, *reprenant sa voix naturelle.*
Non pas, mon ancien maître;
Ce n'est plus lui, Crispin n'étoit point votre fait:
Il n'étoit plus le mien, et je m'en suis défait.
FLORIMOND.
Es-tu fou?
CRISPIN.
Mais, monsieur, franchement, pour vous plaire,
J'ai d'un peu de folie orné mon caractère,
D'abord d'un autre nom j'ai trouvé le secret,
Et je me doutois bien que ce nom vous plairoit.
J'ai, dépouillant ma cape, et mes gants et ma veste,
Pris d'un valet-de-chambre et l'habit et le geste :
J'ai mis bas la bottine, et chaussé l'escarpin :
Vous voyez bien, monsieur, que ce n'est plus Crispin.
FLORIMOND.
Le stratagème est neuf, et ne peut me déplaire.

CRISPIN.

Oh! vous me reprendrez; car je suis votre affaire.
J'ai senti que j'avois mérité mon congé.
Mais je suis jeune encor : j'ai tout-à-coup changé
De manières, de ton, et presque de visage.

FLORIMOND.

Tant mieux.

CRISPIN.

Crispin, dit-on, s'avisoit d'être sage.
Le faquin! oh, La Fleur est un franc libertin.
C'étoit un buveur d'eau que ce monsieur Crispin.
Le fat! La Fleur boit sec. J'ai su que l'imbécile,
Valet officieux, souple, exact et docile,
Couroit au moindre signe, et servoit rondement.
Patience : La Fleur est un bon garnement,
Qui vous fera par jour donner cent fois au diable.
Mais on m'a dit encore un trait plus pitoyable :
Il se donnoit les airs d'être honnête homme; fi!

FLORIMOND.

Oh, j'entends que La Fleur le soit.

CRISPIN.

Cela suffit.
Hé bien?

FLORIMOND.

Je te reprends. Mais si tu veux qu'on t'aime,
Plus de Crispin.

CRISPIN.

Parbleu! n'en parlez plus vous-même.
Parlons plutôt ici, parlons de vos amours.
Éliante, monsieur, vous plaît-elle toujours?

FLORIMOND, *avec embarras.*

Pourquoi me rappeler le nom de cette dame?

ACTE III, SCÈNE VI.

Il m'afflige et de plus m'accuse au fond de l'ame...
Elle étoit estimable, et j'en tombe d'accord...
Oh! je ne change pas, et je l'estime encor...
Et tu me fais songer que, dans le moment même,
Mon oncle, qui toujours suppose que je l'aime,
Fait à ce sujet-là des démarches pour moi...
Mais enfin, à mon âge, est-on maître de soi?
Que veux-tu?... de mon cœur je suis la douce pente :
J'aime, La Fleur, j'adore une fille charmante.

CRISPIN.

Bon !

FLORIMOND.

La sœur de Valmont, que je quitte à l'instant.

CRISPIN.

A tous vos traits, monsieur, jamais on ne s'attend.

FLORIMOND.

Je ne m'attendois pas à celui-ci moi-même :
Nouveau César, je viens, je la vois, et je l'aime.

CRISPIN.

Et pourroit-on savoir?...

FLORIMOND.

Le voici sans détour.
J'entretenois Valmont de mon nouvel amour.
Tandis qu'à ses transports mon ame s'abandonne,
On ouvre... J'aperçois une jeune personne...
Divine : son maintien, ses graces, sa douceur,
Tout me ravit d'abord. Il l'appelle sa sœur :
Moi, j'ignorois qu'il eût une sœur aussi chère ;
Elle étoit au couvent quand je connus son frère.
Elle parla fort peu, mais ce peu me suffit,
Et je répondrois bien qu'elle a beaucoup d'esprit.
Le seul son de sa voix annonce une belle ame :

Que te dirai-je enfin de ma naissante flamme?
Elle sortit bientôt, et je l'aimois déja.

CRISPIN.

Quoi, sitôt?

FLORIMOND.

Il est vrai qu'un coup-d'œil m'engagea.
Mais, vois-tu? cette chaîne est la mieux assortie;
C'est-là ce qu'on appelle amour de sympathie.
Souvent l'on est d'avance unis sans le savoir,
Et l'on n'a pour s'aimer besoin que de se voir.
Voilà comment ici la chose est arrivée.

CRISPIN.

Oui, cette sympathie est assez bien trouvée.

FLORIMOND.

Ce n'est pas tout encor. Ils ont quelques instants
Parlé tout bas : j'admire et me tais ; mais j'entends
Qu'ils projettent d'aller bientôt à la campagne.
« Ah! dis-je, permettez que je vous accompagne.
« Volontiers, dit Valmont ; mais pendant quinze jours
« Pourras-tu te résoudre à quitter tes amours? »
J'insiste, on y consent ; je suis de la partie.

CRISPIN.

Courage. Allons, monsieur, vive la sympathie !

FLORIMOND.

Ah! La Fleur, quel plaisir je me promets d'avoir!
Pendant quinze grands jours je m'en vais donc la voir,
L'entendre, lui parler, enfin vivre auprès d'elle.
J'espère, je l'avoue, amant discret, fidèle,
Faire agréer mes soins, mon hommage, mes vœux,
Et peut-être obtenir quelques touchants aveux.
Je crois qu'à la campagne on est encor plus tendre,
Que d'aimer tôt ou tard on ne peut s'y défendre.

Bois, prés, fleurs, d'un ruisseau les aimables détours,
Et ce peuple d'oiseaux qui chantent leurs amours,
Tout, le charme puissant de la nature entière,
Pénètre, amollit l'ame, et l'ame la plus fière.
Quand on aime une fois, rien ne distrait d'aimer :
On est tout à l'objet qui nous a su charmer.
On ne se quitte plus, comme deux tourterelles...
(Car à chaque pas là, vous trouvez des modèles),
Promenades, travaux, plaisirs, tout est commun,
Et tous deux... mais que dis-je ? alors on n'est plus qu'un.

CRISPIN.

Vous voilà tout rempli de votre amour champêtre !
Et quelque jour, monsieur, assis au pied d'un hêtre,
Je m'attends à vous voir, au milieu d'un troupeau,
Soupirer pour Philis, bergère du hameau.

FLORIMOND.

Tu ris, mais j'étois fait pour y passer ma vie.
Heureux cultivateur, que je te porte envie !
Ton air est toujours pur, ainsi que tes plaisirs,
Mille jeux innocents partagent tes loisirs.
Tu vois mourir le jour, et renaître l'aurore ;
Ton œil à chaque pas voit la nature éclore ;
Ta femme est belle, sage, et tes enfants nombreux...
Non, ce n'est plus qu'aux champs que l'on peut être heureux.

CRISPIN.

Au moins, n'espérez pas que La Fleur vous imite :
Le diable étoit plus vieux quand il se fit ermite.
Et puis, vous connoissez le bon monsieur Dolban :
Donnera-t-il les mains à votre nouveau plan,
Lui qui, pour l'autre hymen (car c'est vous qui le dites),
S'occupe en ce moment à faire des visites ?

FLORIMOND.

Eh! que m'importe? aussi pourquoi se presser tant?
Voyez, ne pouvoit-il différer d'un instant?
Voilà comme est mon oncle; il prend tout à la lettre :
Jamais au lendemain on ne l'a vu remettre...
Et puis il aime fort ces commissions-là,
Négociation, demande, *et cætera;*
Il croit en ce moment conduire une ambassade.
Mais il pourroit venir; et de peur d'incartade,
Je sors, moi... mais on vient, et c'est peut-être lui.

CRISPIN.

C'est madame Éliante.

FLORIMOND.

     Autre surcroît d'ennui.
(Il prête l'oreille.)
C'est elle-même. Dieu! quel pénible martyre!
Comment l'aborderai-je, et que lui vais-je dire?
(Il rêve un moment.)
Je lui vais dire, moi, la chose comme elle est,
Que je ne l'aime plus, et qu'une autre me plaît.
Je crois qu'il est affreux de tromper une femme.
(à Crispin.)
Laisse-nous.
        (Crispin sort.)

SCÈNE VII.

FLORIMOND, ÉLIANTE.

ÉLIANTE, *en voyant Florimond.*
Ah! monsieur...
FLORIMOND, *avec beaucoup d'embarras.*
Pardon... il faut, madame...
Je ne puis plus long-temps...
(*à part.*)
Mais non. Un tel aveu
Seroit trop dur : il faut le préparer un peu ;
J'y vais songer.
(*haut.*)
Madame... Excusez ma conduite...
De tout, dans un moment, vous allez être instruite.
(*Il sort très précipitamment.*)

SCÈNE VIII.

ÉLIANTE, *seule.*

Qu'entend-il par ces mots, et par ce brusque adieu ?
On diroit qu'il a peine à me faire un aveu...
Dieu ! si cet embarras, cette fuite si prompte,
D'un fatal abandon cachoit toute la honte ?
Si c'étoit ?... on le dit inconstant et léger...
Je n'aurois inspiré qu'un amour passager !
Seroit-il vrai ?... Mais quoi ! peut-être je m'abuse :
Peut-être sans sujet d'avance je l'accuse.
Florimond, après tout, peut bien être distrait...

Que sais-je? il est très vif, et j'ai vraiment regret
D'avoir formé trop vite un soupçon téméraire
Sur un cœur que je crois généreux et sincère.
Attendons jusqu'au bout; ne précipitons rien:
S'il me trahit, hélas! je le saurai trop bien.

SCÈNE IX.

ÉLIANTE, M. DOLBAN.

M. DOLBAN.

Madame, auprès de vous, j'ai cru que, sans scrupule,
Je pouvois supprimer tout fade préambule.
Je m'explique en deux mots: Florimond, mon neveu,
Brûle de voir l'hymen couronner son beau feu.
S'il est digne à vos yeux d'une faveur si grande,
J'ose en venir pour lui faire ici la demande.

ÉLIANTE, *à part.*

Je respire: voilà tout son secret.

(*haut.*)

Monsieur,
La demande pour moi n'a rien que de flatteur;
Et d'un début si franc, bien loin d'être surprise,
Je m'en vais y répondre avec même franchise.
Monsieur votre neveu, dès que je le connus,
M'inspira de l'estime... et s'il faut dire plus,
Il m'inspira bientôt un sentiment plus tendre.
C'est bien assez, je crois, monsieur, vous faire entendre
Quel prix j'attache aux soins qu'il me rend aujourd'hui.

M. DOLBAN.

Que de graces je dois vous rendre ici pour lui!

ÉLIANTE.
Un peu trop librement peut-être je m'exprime.
M. DOLBAN.
Cela ne fait pour vous qu'augmenter mon estime,
Madame, et ce ton-là fut toujours de mon goût.
ÉLIANTE.
En ce cas, permettez que, franche jusqu'au bout,
D'une crainte que j'ai je vous fasse l'arbitre.
Estimable d'ailleurs, et même à plus d'un titre,
Généreux, plein d'honneur,... monsieur votre neveu
Passe pour inconstant... et je le crains un peu.
M. DOLBAN.
Rassurez-vous, madame, on peut bien à cet âge
Être vif et léger, et même un peu volage;
Mais, fût-il inconstant, c'est un léger défaut,
Dont près de vous sans doute il guériroit bientôt;
Car votre ambassadeur, qu'en ce moment je quitte,
M'a peint en peu de mots votre rare mérite...
Pardon... daignerez-vous me marquer l'heureux jour
Où Florimond verra couronner son amour?
ÉLIANTE.
Monsieur...
M. DOLBAN.
  Mais c'est à lui de vous presser lui-même:
Un tel soin le regarde, il est jeune, il vous aime;
Et sur son éloquence on peut se reposer.
ÉLIANTE.
A la vôtre, monsieur, que peut-on refuser?
Mais souffrez qu'à présent chez moi je me retire;
Ce que je vous ai dit, vous pouvez le lui dire.

(*M. Dolban la reconduit jusqu'à la porte de son appartement.*)

SCÈNE X.

M. DOLBAN, seul.

Cette femme est aimable, oui, très aimable... au fond,
Je porte, je l'avoue, envie à Florimond.
Allons voir les parents, avertir le notaire ;
En un mot, brusquement terminons cette affaire.
L'homme est vif, sémillant, difficile à saisir :
D'échapper cette fois qu'il n'ait pas le loisir

SCÈNE XI.

M. DOLBAN, FLORIMOND.

M. DOLBAN, *de loin, à part.*

Maïs le voici, je vais faire un homme bien aise.
(*haut.*)
Hé bien, l'ambassadeur connoît fort notre Angloise.

FLORIMOND.

Vraiment ?

M. DOLBAN.

Il m'en a fait un éloge complet.
Moi-même je l'ai vue, et la trouve en effet
Telle que tous les deux vous me l'aviez dépeinte.
Je déclare tes feux ; elle y répond sans feinte :
Je demande sa main, et sa main est à toi :
Maintenant, Florimond, es-tu content de moi ?

FLORIMOND, *avec embarras.*

Mon oncle:.. assurément...: Je ne saurois vous rendre...
Je suis confus des soins que vous voulez bien prendre.

ACTE III, SCÈNE XI.

M. DOLBAN.

Mon ami, je les prends avec un vrai plaisir :
Je suis tout délassé quand j'ai pu réussir.
Je vais disposer tout pour la cérémonie,
Et veux que dans trois jours l'affaire soit finie.

FLORIMOND.

Dans trois jours ?

M. DOLBAN.

Oui, mon cher ; j'espère, dans trois jours,
Par un heureux hymen couronner tes amours.

FLORIMOND.

Mon oncle... Vous allez un peu vite peut-être ;
A peine, en vérité, peut-on se reconnoître.

M. DOLBAN.

Comment?...Tu trouves donc que trois jours sont trop peu?

FLORIMOND.

Je trouve que l'hymen n'est point du tout un jeu,
Et qu'on ne sauroit trop y réfléchir d'avance.

M. DOLBAN.

Toi-même me pressois de faire diligence.

FLORIMOND.

Oui... C'est que, d'un peu loin, l'hymen a mille attraits ;
Mais je tremble, mon oncle, en le voyant de près.

M. DOLBAN.

Tu trembles?... il est temps, quand j'ai fait la demande !
Et dis-moi, d'où te vient une frayeur si grande?
Eh quoi, l'amant qui touche au moment desiré
D'être uni pour jamais à l'objet adoré,
De joie et de plaisir tressaille, et tu frissonnes !
Quoi, l'union des cœurs, bien plus que des personnes,
Union dont jamais n'approcha l'amitié,
Les doux embrassements d'une tendre moitié,

D'une épouse à-la-fois modeste et caressante;
Ce riant avenir te glace et t'épouvante!
Insensible à l'espoir de renaître avant peu
Dans un enfant chéri, gage du plus beau feu,
D'embrasser de tes traits une image aussi chère;
Tu trembles, en songeant au bonheur d'être père!
Ah! si ce sont pour toi des maux à redouter,
Je crains pour les plaisirs que tu sauras goûter.

FLORIMOND.

Permettez : le portrait d'une épouse chérie
S'offre bien quelquefois à mon ame attendrie :
Quelquefois je souris à ce groupe joyeux
De quatre ou cinq enfants qui croissent sous mes yeux,
Et je voudrois déjà d'un tableau qui m'enchante
Voir se réaliser l'image si touchante...
Mais je songe à l'instant qu'à tous ces chers objets
Je serai par des nœuds attaché pour jamais,
Que ce qui fut d'abord un penchant volontaire,
Bientôt va devenir un bonheur nécessaire.
Ce spectacle dès-lors perd toute sa beauté :
Dès-lors je n'y vois plus que la nécessité;
Et puisque l'on ne peut, grace à la loi sévère,
Sans cesser d'être libre, être époux, être père,
Mon cher oncle, à ce prix, je ne suis point jaloux
D'acheter les beaux noms et de père et d'époux.

M. DOLBAN.

Ainsi l'on ne sent plus maintenant, on raisonne!
Par le raisonnement ainsi l'on empoisonne
La source du bonheur, des plaisirs les plus doux!
Hé bien! j'étois né, moi, pour être père, époux...
L'aspect d'un couple heureux m'a toujours fait envie.
Oui, l'hymen auroit fait le bonheur de ma vie :

ACTE III, SCÈNE XI.

A mon amour pour toi je l'ai sacrifié;
Et sans toi, sans toi seul, je serois marié.

FLORIMOND.

Mon oncle, je le sais, et je vous en rends grace:
Mais faudroit-il que moi je me sacrifiasse?
Ce n'est pas seulement l'hymen en général,
Que je redoute ici; je crains de choisir mal.
Je le vois, Éliante est une philosophe,
Qui de rien ne s'émeut, qui jamais ne s'échauffe,
Qui ne rit pas, je gage, une fois en un jour,
Et quand il faut aimer disserte sur l'amour.
Elle a beaucoup d'esprit, elle est sage, elle est belle;
Mais j'ai peur, entre nous, de m'ennuyer près d'elle.

M. DOLBAN.

Voilà donc tes raisons! elles me font pitié.
De mes soins c'est ainsi que je me vois payé!
Ainsi mal-à-propos j'ai fait une demande:
On m'a donné parole, il faut que je la rende;
Et tu viens te dédire au moment du contrat!
Peux-tu donc à ce point me compromettre, ingrat!

FLORIMOND.

Je suis mortifié de ces démarches vaines...

M. DOLBAN.

Tu pourrois d'un seul mot payer toutes mes peines.
Dis seulement, dis-moi que tu l'épouseras.

FLORIMOND.

Je ne puis, en honneur.

M. DOLBAN.

    Tu ne le veux donc pas?

FLORIMOND.

Mais quel acharnement, mon oncle, est donc le vôtre?
Puis-je, aimant une femme, en épouser une autre?

M. DOLBAN.

Comment?...

FLORIMOND.
Oui, pour trancher d'inutiles discours,
J'aime une autre, vous dis-je, et l'aimerai toujours.

M. DOLBAN.
Je ne m'attendois pas à ce trait, je l'avoue :
Aimer une autre! ainsi de son oncle on se joue!
Quoi! pendant que je fais des démarches pour toi,
Tu cours aux pieds d'une autre, et lui promets ta foi?
Mais à mon tour aussi je m'en vais te confondre :
Pour la dernière fois il s'agit de répondre...
Ne crois pas qu'à ton gré je consente à fléchir.
Je veux bien te donner du temps pour réfléchir.
Florimond, dans une heure, il faut me satisfaire,
Ou... tu verras alors ce que je saurai faire.

(*Il sort.*)

SCÈNE XII.

FLORIMOND, *seul.*

Eh mais! de ce ton-là je suis un peu surpris.
Que me veut-il enfin? je ne suis point son fils.
On se fait un devoir d'obéir à son père :
On cède avec plaisir aux ordres d'une mère ;
Pour les oncles, ma foi, l'on ne dépend pas d'eux.
(*Il regarde à sa montre.*)
Mais Valmout et sa sœur sont sortis tous les deux.
Qu'ai-je à faire? Voyons : j'aime la vie active.
(*Il rêve.*)
Ah! bon! La Fleur!... La Fleur!... Mais voyez s'il arrive?

On ne sauroit jouir de ce maudit valet.
La Fleur! il ne vient plus que quand cela lui plaît...
Il me l'avoit bien dit... Ce coquin-là se forme...
Cela gêne pourtant. Je vais voir... pour la forme,
L'Opéra, les François et les Italiens :
Je ne fais qu'y paroître, et bientôt je reviens.

FIN DU TROISIÈME ACTE.

ACTE QUATRIÈME.

SCÈNE I.

ÉLIANTE, LISETTE.

LISETTE.
Un si prompt changement a lieu de me surprendre.
Madame, pardonnez... Mais ne pourrois-je apprendre
La cause du chagrin, du trouble où je vous voi?
ÉLIANTE, *une lettre à la main, et très émue.*
Je ne veux plus jamais croire à la bonne foi.
LISETTE.
Vous avez lu vingt fois, et relu cette lettre
Qu'à l'instant en vos mains l'hôte vient de remettre:
C'est elle qui, sans doute, a causé tout le mal.
ÉLIANTE.
Il est trop vrai, Lisette, et ce courrier fatal
M'apprend de Florimond l'action la plus noire.
A Brest, au premier jour, aurois-tu pu le croire?
Il va se marier, et le contrat est fait.
LISETTE.
Qu'entends-je? un trait pareil est bien noir en effet.
ÉLIANTE.
On ne me mande rien d'ailleurs de son voyage:
Mais il vient à coup sûr pour ce beau mariage...
Car monsieur Kerbanton, son beau-père futur,
Vient lui-même a Paris: ainsi rien n'est plus sûr.

Hélas! moi, je croyois que cette impatience...
Eh! qui n'eût à ma place eu même confiance?
Qui n'auroit cru de même à cette vive ardeur,
A ces transports brûlants?... Je vantois sa candeur!
LISETTE.
Madame, tout cela me paroît impossible.
ÉLIANTE.
Ce qui porte à mon cœur le coup le plus sensible,
Lisette, ce n'est pas son infidélité;
C'est sa noirceur profonde, oui, c'est sa fausseté.
Il pouvoit m'oublier, il en étoit le maître;
Mais de m'en imposer qui le forçoit?... le traître!
« Non, jamais de tromper je ne me fis un jeu,
« Disoit-il; quand ma bouche exprime un tendre aveu,
« C'est que j'aime en effet. »
LISETTE.
             Nous avoir abusées!
Voyez pourtant à quoi nous sommes exposées!
Mais c'est peut-être un bruit que l'on a répandu:
Pourquoi le condamner sans l'avoir entendu?
ÉLIANTE.
Oui, tu m'y fais songer. J'ai tort: hélas! peut-être
C'est sur de faux rapports que je le crus un traître.
Attendons, en effet. Justement le voici;
Laisse-nous: avant peu j'aurai tout éclairci.
                    (*Lisette sort.*)

SCÈNE II.

ÉLIANTE, FLORIMOND.

FLORIMOND, *à part, de loin, en apercevant Éliante.*
Encore elle! toujours je la vois sur ma route.

ÉLIANTE.
Vous venez à propos pour me tirer d'un doute,
Monsieur...

FLORIMOND, *à part.*
Quoi! sauroit-elle?...

ÉLIANTE.
A l'instant je reçoi
Un avis, mais auquel je n'ose ajouter foi.

FLORIMOND.
Allons, elle sait tout.

ÉLIANTE.
Une action si noire
Est indigne de vous, je ne dois point y croire.
On dit, monsieur...

FLORIMOND.
Hé bien, je le nierois à tort,
Madame : on vous a fait un fidèle rapport.

ÉLIANTE.
Qu'entends-je?

FLORIMOND.
Il est trop vrai. Je confesse à ma honte
Une infidélité si coupable et si prompte.

ÉLIANTE.
Eh quoi! monsieur... J'en crois à peine un tel aveu.
Quoi! vous?... c'est donc ainsi que l'on se fait un jeu?...

ACTE IV, SCÈNE II.

FLORIMOND.

Madame, j'avouerai que je suis bien coupable.
Oui, je sens qu'à vos yeux je suis inexcusable;
Aussi je suis bien loin de me justifier.
Un autre dans ma place auroit su tout nier :
Un autre eût fait mentir ses yeux et son visage;
Mais je ne fis jamais ce vil apprentissage.
Je suis léger, volage, et j'ai bien des défauts;
Mais du moins je n'ai pas un cœur perfide et faux.

ÉLIANTE.

Ce langage m'étonne, il faut que je le dise;
Il vous sied bien, monsieur, de jouer la franchise,
A vous qui, me cachant un indigne secret!...

FLORIMOND.

Ah! si je me suis tu, ce n'étoit qu'à regret.
Vous dûtes voir combien une telle contrainte
Coûtoit à ma franchise, et que la seule crainte
Retenoit mon secret, tout près de m'échapper.
Mais se taire, après tout, ce n'étoit pas tromper.

ÉLIANTE.

Vous soutenez fort bien ce noble caractère.
Comme si vous n'aviez fait ici que vous taire!
De grace, dites-moi, quel fut votre dessein,
Quand votre oncle pour vous vint demander ma main?
Répondez...

FLORIMOND.

A cela je répondrai, madame,
Que mon oncle ignoroit cette subite flamme.

ÉLIANTE.

Allons, fort bien. Mais vous, monsieur, vous le saviez,
Quand ici même, ici, vous sûtes à mes pieds
Prodiguer les serments d'une amour éternelle.

FLORIMOND.

Moi, madame? depuis ma passion nouvelle,
Je ne vous ai pas dit un mot de mon amour.

ÉLIANTE.

J'admire un tel sang-froid. Quoi, monsieur, en ce jour,
Plus tendre que jamais, plein d'une ardeur extrême,
Vous n'êtes pas venu me dire : *Je vous aime?*

FLORIMOND.

Sans doute, je le dis, madame, j'en convien,
Et quand je le disois, mon cœur le sentoit bien.

ÉLIANTE, *à part.*

O ciel! à sa franchise aurois-je fait injure?
Expliquons-nous ici, monsieur, je vous conjure.
M'auroit-on abusée en voulant m'informer
Des nœuds que votre main étoit près de former?

FLORIMOND.

Non, madame.

ÉLIANTE.

C'est donc vous qui m'avez trompée

FLORIMOND.

Non, madame.

ÉLIANTE.

A présent me voilà retombée
Dans mon incertitude et mes premiers combats.
Eh quoi, monsieur, tantôt vous ne me trompiez pas?

FLORIMOND.

Non, je suis infidèle, et ne suis point un traître.

ÉLIANTE.

Point traître, dites-vous? et n'est-ce donc pas l'être
Que de venir ici m'engager votre foi,
Quand vous êtes à Brest près d'épouser?...

ACTE IV, SCÈNE II.

FLORIMOND.

Qui, moi ?
Je n'épouse personne à Brest, je vous le jure.

ÉLIANTE.

Monsieur, c'est trop long-temps soutenir l'imposture.
Il n'est pas vrai qu'à Brest vous êtes sur le point
D'épouser Léonor ?...

FLORIMOND.

Je ne l'épouse point.

ÉLIANTE.

C'en est trop.

FLORIMOND.

Jusqu'au bout écoutez-moi, de grace ;
Il s'en est peu fallu que je ne l'épousasse.
Pardonnez... envers vous je ressens tous mes torts.
Mais enfin, revenu de mes premiers transports,
J'ai couru jusqu'ici pour fuir ce mariage.
Je vous ai fait tantôt honneur de ce voyage,
Et je n'ai qu'en cela blessé la vérité :
Encore, pour le faire, il m'en a bien coûté ;
Mais tout le reste est vrai. Mon ardeur se réveille,
Dès qu'ici votre nom vient frapper mon oreille :
Et c'est de bonne foi, madame, qu'en ce jour
Je jurois à vos pieds un éternel amour.

ÉLIANTE.

Ah ! je respire... et moi, trop prompte, je l'accable !...
Ainsi, de fausseté vous n'étiez point coupable ?

FLORIMOND.

Madame, sans cela, je le suis bien assez.

ÉLIANTE.

Ne parlons plus de torts ; ils sont tous effacés.

FLORIMOND.

Tantôt à ce pardon j'aurois osé prétendre ;
Mais...

ÉLIANTE.

Hé bien ?

FLORIMOND.

Maintenant...

ÉLIANTE.

Je ne puis vous entendre.
Expliquez-vous.

FLORIMOND.

Hélas ! si je m'explique mieux,
Madame, je m'en vais vous paroître odieux.

ÉLIANTE.

Votre aveu me dût-il porter un coup bien rude,
Je le préfère encore à cette incertitude.
Parlez, monsieur, parlez.

FLORIMOND.

Hé bien, puisqu'il le faut,
C'est qu'en vous attendant chez mon ami... tantôt...
J'ai trouvé... Mais pourquoi vous perdois-je de vue ?
D'une charmante sœur la visite imprévue...
Je ne saurois poursuivre, embarrassé, confus.

ÉLIANTE.

J'entends ; épargnez-moi ces discours superflus.

FLORIMOND.

Un tel aveu sans doute a droit de vous déplaire.

ÉLIANTE.

Il ne mérite pas seulement ma colère.
Adieu.

(*Elle sort.*)

SCÈNE III.

FLORIMOND, seul.

Je m'attendois à ce parfait dédain...
Il ne lui sied pas mal, et ce dépit soudain
Donne un air plus piquant à toute sa personne.
Elle paroît très fière... et même je soupçonne...
Ah! la sœur de Valmont vaut encor mieux pourtant,
Peut-on quand on la voit n'être pas inconstant?
Allons la voir.
(*Il voit M. Dolban.*)
Mon oncle! ô qu'il m'impatiente!

SCÈNE IV.

FLORIMOND, M. DOLBAN.

M. DOLBAN.
L'heure est passée : hé bien, sur l'hymen d'Éliante
As-tu changé d'avis?
FLORIMOND, *très sèchement.*
Je n'en change jamais.
M. DOLBAN.
Tu ne l'épouses point?
FLORIMOND.
Non, je vous le promets.
M. DOLBAN.
Pour la troisième fois, pesez votre réponse :
Renoncez-vous enfin à sa main?

FLORIMOND.

J'y renonce.

M. DOLBAN.

C'est votre dernier mot?

FLORIMOND.

Oui, monsieur.

M. DOLBAN.

En ce cas,
Je vais prendre un parti que tu ne prévois pas.
Je n'ai que cinquante ans, je suis libre, je l'aime;
Je me propose, moi...

FLORIMOND.

Vous, mon oncle?

M. DOLBAN.

Moi-même.
Sottement, pour toi seul, j'étois resté garçon :
J'étois trop bon vraiment!

FLORIMOND, *prenant un air détaché.*

Oui, vous avez raison,
Mon oncle; dans la vie il faut se satisfaire.

M. DOLBAN.

Elle aura tout mon bien, je n'en fais point mystère.

FLORIMOND.

Chacun peut à son gré disposer de son bien.
Tout le vôtre est à vous, et je n'y prétends rien.

M. DOLBAN.

Nous verrons si toujours cela te fera rire!
Je n'ose encor la voir, mais je lui vais écrire.

(*Il veut sortir.*)

FLORIMOND.

Ne sortez point; ici vous avez ce qu'il faut :
La lettre et la réponse arriveront plus tôt.

ACTE IV, SCÈNE IV.

De grace, asseyez-vous, mettez-vous à votre aise.
(*Pendant que son oncle écrit, il se parle à lui-même.*)
Qu'il se hâte, morbleu! d'épouser son Angloise,
Et me laisse en repos. Les moments sont si chers!
Voilà, je gage, au moins deux heures que je perds.
Je brûle de revoir la beauté que j'adore;
Car je l'ai vue à peine, et ne sais pas encore
Comment elle se nomme; en un mot, je ne sais
Rien, sinon que je l'aime, et qu'elle a mille attraits.
(*Il se retourne vers son oncle et le regarde.*)
Il prend la chose au vif.

(*haut.*)
En ce tendre langage
Vous n'aviez pas écrit depuis long-temps, je gage?

M. DOLBAN, *pliant sa lettre.*

Pas tant que toi.

FLORIMOND.
Je crois que vous me peignez mal:
Il faut se défier toujours de son rival.

M. DOLBAN.

C'est fait.

FLORIMOND *appelle.*
Crispin!... La Fleur!...

SCÈNE V.

M. DOLBAN, FLORIMOND, CRISPIN.

CRISPIN.
Monsieur?

FLORIMOND.
Prends cette lettre,

A madame Éliante, allons, cours la remettre.
CRISPIN.
J'y vais, monsieur.
M. DOLBAN.
Reviens, et je t'attends ici.
(*Crispin entre chez Éliante.*)

SCÈNE VI.

M. DOLBAN, FLORIMOND.

FLORIMOND.
Mon oncle jusqu'au bout soutiendra le défi.
M. DOLBAN.
Oh! ne crois pas que moi, sitôt je me démente.
Trop heureux d'obtenir une femme charmante,
De joindre à ce bonheur le plaisir, non moins doux,
De punir un ingrat, un...
FLORIMOND.
Calmez ce courroux,
On n'a plus rien à dire, alors que l'on se venge.
Bien loin de m'en vouloir, parcequ'ici je change,
Sachez-m'en gré plutôt, et convenez enfin
Que c'est à mon refus que vous devrez sa main.
M. DOLBAN.
Hai... Tel qui feint de rire enrage au fond de l'ame.
FLORIMOND.
Certes, ce n'est pas moi, je n'aime plus la dame.
Vous l'adorez; hé bien, tout s'arrange ici-bas :
Vous l'épousez, et moi, je ne l'épouse pas.

SCÈNE VII.

M. DOLBAN, FLORIMOND; CRISPIN, *une lettre à la main.*

FLORIMOND, *à Crispin.*

Déja?

CRISPIN.

Comme j'entrois, madame alloit écrire:
(*à M. Dolban, en lui remettant la lettre.*)
Puis, vous n'en aurez pas, je crois, beaucoup à lire.
(*à Florimond.*)
Eh mais, je ne sais pas ce que madame avoit:
Je l'observois, monsieur, pendant qu'elle écrivoit...

FLORIMOND.

Sors.

SCÈNE VIII.

M. DOLBAN, FLORIMOND.

FLORIMOND, *à M. Dolban qui lit.*
Hé bien? quoi! l'effet trompe-t-il votre attente?
Elle ne veut pas même, hélas! être ma tante!

M. DOLBAN.

Apprenez à quel point vous êtes odieux;
Le seul nom de votre oncle est un tort à ses yeux.
Mariez-vous ou non, il ne m'importe guères;
Je ne me mêle plus de toutes vos affaires.

(*Il sort.*)

SCÈNE IX.

FLORIMOND, seul.

Tant mieux. Voyez un peu quel bruit ces oncles font !

SCÈNE X.

FLORIMOND, CRISPIN.

FLORIMOND, *à Crispin qui lui remet une lettre.*
Ah! ah! de quelle part?

CRISPIN.

De chez monsieur Valmont.

FLORIMOND.

Donne, mon cher La Fleur. Ouvrons vite : sans doute,
Il me marque le jour où l'on se met en route.
Attends.

(*Il lit tout haut.*)

« Pardon, mon cher ami, si je ne vais pas te ren-
« dre ta visite. Je ne le puis aujourd'hui, ayant
« une affaire pressée à terminer avant mon dé-
« part. Car, toutes réflexions faites, nous partons
« demain matin, si tu le veux bien. Aie soin de te
« tenir tout prêt... »

Je le serai. La Fleur, va promptement
Préparer tout : allons, ne perds pas un moment.

CRISPIN.

Tout sera prêt, monsieur.

(*Il sort.*)

SCÈNE XI.

FLORIMOND, *seul.*

O la bonne nouvelle !
A demain ; c'est demain que je pars avec elle.
Poursuivons.

« Ma sœur est enchantée que tu sois du voyage;
« elle paroît t'estimer beaucoup... »

De nouveau lisons ces mots charmants :

« Ma sœur est enchantée que tu sois du voyage;
« elle paroît t'estimer beaucoup... »

Ah ! j'espère inspirer de plus doux sentiments.

« J'ai même voulu te ménager un plaisir de plus,
« et j'ai engagé son mari à nous accompagner... »

Son mari ! que dit-il ?... sa sœur est mariée ?
Par nul engagement je ne la crus liée....
Relisons...

« Et j'ai engagé son mari à nous accompagner:
« c'est un homme charmant... »

Mon malheur n'est que trop assuré.
D'un chimérique espoir je me suis donc leurré !
(*Il tombe accablé sur son fauteuil, et reste quelque temps ainsi.*)
Je suis bien malheureux ! il n'étoit qu'une femme
Que je pusse chérir... là... de toute mon ame :
Elle seule, en dépit de tous mes préjugés,

M'eût fait aimer l'hymen. Hé bien, morbleu! jugez
Si jamais infortune approcha de la mienne!
D'un mois peut-être il faut qu'un autre me prévienne.

SCÈNE XII.

FLORIMOND, CRISPIN.

CRISPIN.
Monsieur, combien faut-il que je mette d'habits?
FLORIMOND.
Aucun. Je ne pars plus.
CRISPIN.
Quoi!
FLORIMOND.
J'ai changé d'avis:
Je reste.
CRISPIN.
Mais, monsieur, vous n'êtes point malade?
FLORIMOND.
Non.
CRISPIN, *à part.*
C'est, je gage, encore ici quelque boutade.
(*haut.*)
Comment! vous n'allez point visiter ce château?
FLORIMOND.
Non.
CRISPIN.
C'est pourtant dommage; on dit qu'il est si beau!
FLORIMOND.
Quelque château bien vieux, avec un parc bien triste:
Veux-tu que j'aille là m'établir botaniste,

ACTE IV, SCÈNE XII.

Et goûter le plaisir unique et sans pareil
D'assister chaque jour au lever du soleil?

CRISPIN.

Vous faisiez cependant une belle peinture
Des touchantes beautés de la simple nature!

FLORIMOND.

Qui? moi?

CRISPIN.

Je m'en souviens. De plus, contre Paris
Dieu sait comme tantôt vous jetiez les hauts cris!
Si vous fuyez la ville et craignez la campagne,
Où faut-il donc, monsieur, que je vous accompagne?

FLORIMOND.

Je ne demande pas ton sentiment, bavard.

CRISPIN.

Mais il faut bien pourtant demeurer quelque part.

FLORIMOND.

Tais-toi donc.
(*Il se parle à lui-même.*)
Léonor n'étoit point mariée.
Ma vive ardeur, à Brest, n'étoit contrariée
Par nul obstacle... enfin il ne tenoit qu'à moi:
Je touchois au moment de recevoir sa foi.
De son cœur, de sa main, un mot me rendoit maître...
Que sais-je?... en ce moment rien n'est perdu peut-être.
Son père vient, dit-on, je l'embrasse d'abord,
Une explication nous met bientôt d'accord.
Il est bon homme au fond. Nous retournons ensemble.
Elle pardonne. Alors la famille s'assemble :
Le contrat est signé; tout est prêt, on m'attend :
A peine arrivé, moi, j'épouse; c'est charmant.
Mais sur quels vains projets mon foible cœur se fonde!

18.

Léonor, après tout, est-elle seule au monde?
CRISPIN.
Il en est mille au moins qu'on pourroit vous nommer.
FLORIMOND.
Aimons ailleurs.
CRISPIN.
Oui.
FLORIMOND.
Non. Sachons ne point aimer.
CRISPIN.
Encor mieux.
FLORIMOND.
Trop long-temps aux pieds d'une maîtresse,
Insensé que j'étois! j'ai perdu ma jeunesse,
Et, fade soupirant, filé l'amour parfait...
CRISPIN.
Qui, vous? fi donc, monsieur!
FLORIMOND.
Va, La Fleur, c'en est fait,
Plus de ces passions, de ces brûlantes flammes...
CRISPIN.
Quoi! tout de bon, monsieur, vous renoncez aux femmes?
FLORIMOND.
Dis que j'y renonçois, quand mon cœur enchanté
Adoroit constamment une seule beauté,
Quand mes yeux, éblouis par un charme funeste,
Fixés sur une seule, oublioient tout le reste:
Car je faisois alors injure au sexe entier.
Mais cette erreur enfin, je prétends l'expier.
Je le déclare donc, je restitue aux belles
Un cœur qui trop long-temps fut aveugle pour elles.
Entre elles désormais je vais le partager,

ACTE IV, SCÈNE XII.

Le donner, le reprendre, et jamais l'engager.
J'offensois cent beautés quand je n'en aimois qu'une :
J'en veux adorer mille, et n'en aimer aucune.
Quel jour est-ce ?

CRISPIN.

Jeudi.

FLORIMOND.

Bon ; jour de bal : j'y cours.
C'est là le rendez-vous des jeux et des amours :
C'est là que je vais voir, parés de tous leurs charmes,
Tant d'objets enchanteurs, de beautés sous les armes.
Je ne pouvois choisir plus belle occasion,
Pour faire au sexe entier ma réparation.

(*Il sort.*)

CRISPIN, *bas aussi.*

Ce projet-là vient vite, et s'en ira de même.
Qu'il voie un bel objet, je gage encor qu'il aime.

SCÈNE XIII.

CRISPIN, M. PADRIGE.

M. PADRIGE.

Ton maître sort bien tard.

CRISPIN.

Mais c'est l'heure du bal.

M. PADRIGE.

Au bal ? en arrivant ? Il est original,
Ce monsieur-là.

CRISPIN.

Mais oui, s'il faut que j'en convienne.

Pour moi, mon cher Padrige, attendant qu'il revienne,
Je vais me mettre au lit, car je suis sur les dents.
Quel métier !

M. PADRIGE.

Au revoir.

SCÈNE XIV.

M. PADRIGE, *seul*

Quel fâcheux contre-temps !
Je venois éveiller monsieur le capitaine ;
Mais à présent je vois que ce n'est pas la peine...
Ah ! ah ! j'entends du bruit dans son appartement.
Peut-être il va venir : le voici justement.

SCÈNE XV.

M. KERBANTON, M. PADRIGE.

M. KERBANTON.

Hé bien, est-il rentré Florimond ?

M. PADRIGE.

Que je meure,
S'il n'est rentré, sorti, deux fois depuis une heure !
Au moment même il vient encore de sortir.

M. KERBANTON.

Mais avant qu'il sortît il falloit m'avertir.

M. PADRIGE.

Je venois pour cela ; mais sa marche est si prompte !
Je le vois qui descend au moment que je monte.

ACTE IV, SCÈNE XV.

M. KERBANTON.

Allons, je vais l'attendre ; enfin, il reviendra.

M. PADRIGE.

Je ne sais quand : il est au bal de l'Opéra.

M. KERBANTON.

Au bal? vraiment au bal je n'irai pas le prendre,
Et ne passerai point cette nuit à l'attendre.
A demain.

SCÈNE XVI.

M. KERBANTON, M. PADRIGE, LISETTE.

LISETTE, *à M. Padrige.*
Ah! monsieur, j'allois vous avertir.
Demain, de grand matin, madame veut partir :
Tenez prêts des chevaux pour six heures, sans faute.

M. PADRIGE.
Éliante s'en va! pourquoi donc?

LISETTE.
      Mon cher hôte,
Nous partons ; voilà tout ce que je puis savoir.

M. PADRIGE.
Mais enfin...

LISETTE.
On m'attend. Bonsoir, monsieur.

M. PADRIGE.
       Bonsoir.
(*Lisette rentre chez sa maîtresse.*)

SCÈNE XVII.

M. KERBANTON, M. PADRIGE.

M. KERBANTON.

Quelle est cette Éliante ?

M. PADRIGE, *mystérieusement.*

Eh mais, c'est une dame...
Monsieur Florimond l'aime, et... dans le fond de l'ame,
Elle l'aime aussi beaucoup.

M. KERBANTON.

Pourquoi donc, en ce cas,
Part-elle ?

M. PADRIGE.

Je ne sais.

M. KERBANTON.

S'il alloit sur ses pas ?...
Hom ! de mon arrivée avez-vous fait mystère ?

M. PADRIGE.

Oui, monsieur, Dieu merci, je sais un peu me taire.

M. KERBANTON, *à lui-même.*

Ainsi ce n'est pas moi qui hâte son départ.
Bon ! Sachons profiter de ce double hasard.

M. PADRIGE.

Il paroît que monsieur à cela s'intéresse ?

M. KERBANTON.

Oui, je serai charmé de voir cette maîtresse.

M. PADRIGE.

Vous en serez ravi.

M. KERBANTON.

Beaucoup. Sans m'avertir,

ACTE IV, SCENE XVII.

Ne laissez pas sur-tout cette dame partir.

M. PADRIGE.

Oh!...

M. KERBANTON, *se parlant à lui-même.*

Ma fille auroit droit de me faire un reproche,
Si, de nos deux amants me trouvant aussi proche,
Un moment avec eux je ne m'expliquois pas.

M. PADRIGE, *bas, prêtant l'oreille.*

Ma foi, je n'entends rien, car il parle trop bas.
(*haut.*)
Monsieur m'a parlé?

M. KERBANTON.

Non.

M. PADRIGE.

Mille excuses, de grace.
Si vous soupiez, monsieur? un bon souper délasse.

M. KERBANTON.

Volontiers, mon ami, car je me meurs de faim.

M. PADRIGE.

Je le crois.

M. KERBANTON.

Grande chère, et sur-tout de bon vin.

FIN DU QUATRIÈME ACTE.

ACTE CINQUIÈME.

SCÈNE I.

FLORIMOND, *en robe de chambre;* CRISPIN.

CRISPIN.
Déja levé, monsieur? Mais quelle diligence!
FLORIMOND.
Je médite un projet d'une grande importance...
CRISPIN.
Un projet? Quel est-il?
FLORIMOND.
     Je m'en vais voyager,
Et je pars ce matin.
CRISPIN.
  Bon!!
FLORIMOND.
      Je viens d'y songer
En me levant; je veux contenter mon envie.
Aurois-tu voyagé quelquefois en ta vie?
CRISPIN.
Qui? moi, monsieur? beaucoup.
FLORIMOND.
      Ah! La Fleur, je rougis
De n'être point encor sorti de mon pays.
J'ai vingt-sept ans : hé bien, qu'ai-je vu? la Provence,
La Flandre, la Bretagne, enfin j'ai vu la France.

Grands voyages vraiment, et merveilleux succès!
Je connois donc à fond les usages françois!
Mais je prétends sortir de cette longue enfance,
Faire avec mes voisins entière connoissance.
Ne crois pas que j'entende ici par voyager,
Observer en courant, et de chevaux changer.
Je veux étudier les mœurs et les usages,
Visiter les savants, les beaux esprits, les sages;
Des nôtres, au retour, je saurai mieux le prix.
Faisant usage enfin des langues que j'appris;
Hors de France, jamais je ne parle la mienne.

CRISPIN.

Trouvez bon qu'en françois, moi, je vous entretienne.

FLORIMOND.

Le François est françois par-tout : moi, je serai
Tour-à-tour du pays que je visiterai.
Nulle part étranger, je veux qu'à Londre on puisse
Me prendre pour Anglois, à Berne pour un Suisse.
En un mot, recueillant de vingt peuples divers
Les talents, les vertus, et nul de leurs travers,
J'espère, après quatre ans, dans ces lieux reparoître
Si formé, que l'on ait peine à me reconnoître.

CRISPIN.

Oui, moi-même, au retour, j'étois beaucoup changé;
Et si je vaux un peu, c'est que j'ai voyagé.

FLORIMOND.

Je le crois!... Quel plaisir en voyageant l'on goûte!
Toujours nouveaux objets s'offrent sur votre route.
Chaque pas vous présente un spectacle inconnu :
On ne revoit jamais ce qu'on a déjà vu.
Une plaine aujourd'hui, demain une montagne,
Le matin une ville, et le soir la campagne.

Ajoute qu'on ne peut s'ennuyer nulle part :
Un lieu vous plaît, on reste : il vous déplaît, on part.
On fait à chaque pas connoissance nouvelle,
Et sans regret bientôt on se sépare d'elle.
Ce qui me plaît sur-tout, c'est qu'on peut tous les jours,
Sans scrupule, former de nouvelles amours :
Dans chaque ville on peut laisser une maîtresse.

CRISPIN.

Oui, quand on n'aimeroit en passant que l'hôtesse.
J'en avois une à Rome...

FLORIMOND.

     Eh ! tu me fais penser
Que par Rome d'abord nous allons commencer.

CRISPIN.

Tant mieux. Je reverrai la belle Rosalie.

FLORIMOND.

Rome vue, il faudra parcourir l'Italie.
De là, je passe en Suisse ; alors, il n'est qu'un pas
Jusqu'à Vienne, et j'y cours ; puis par les Pays-Bas,
Je gagne la Hollande, et suis bientôt à Londre.
Je pousserai plus loin, et j'ose te répondre
Qu'en leurs antres j'irai visiter les Lapons.
Je rétrograde alors, et, grimpant force monts,
Je compte traverser cette vaste Russie,
Et visiter enfin le reste de l'Asie.

        (*Il s'en va.*)

CRISPIN.

En Asie, hé bien ! soit.

FLORIMOND, *revenant sur ses pas.*

      Non, je songe, mon cher,
Qu'il vaut mieux commencer par voyager sur mer ;
On ne voit pas deux fois naître une république.

ACTE V, SCÈNE I.

Profitons-en. Allons, je pars pour l'Amérique.
Viens m'habiller, La Fleur.

(Il rentre chez lui.)

SCÈNE II.

CRISPIN; LISETTE, <i>qui revient du dehors.</i>

CRISPIN.

Ah! Lisette, c'est toi?
Il me tardoit...

LISETTE.

Adieu.

CRISPIN.

Lisette, écoute-moi.
Est-ce ma faute à moi, si mon maître est coupable?
Et de ses torts enfin suis-je donc responsable?
Moi, je te suis fidèle...

LISETTE.

Eh! tu ne vaux pas mieux:
Vous êtes tous les deux des monstres à mes yeux.

CRISPIN.

Des monstres?

LISETTE.

Oui. Je vois ma maîtresse paroître.
Laisse-nous en repos, et va trouver ton maître.

CRISPIN, <i>en s'en allant.</i>

Je commençois à plaire, et nous voilà partis:
C'est ainsi que déjà j'ai manqué vingt partis.

(Il rentre chez son maître.)

SCÈNE III.

ÉLIANTE, LISETTE.

ÉLIANTE, *en amazone, et très émue.*
Hé bien, tout est-il prêt?
LISETTE.
Un moment, je vous prie.
ÉLIANTE.
Toujours attendre! il faut que tout me contrarie!
LISETTE.
Madame, trêve, en grace, à ce trouble mortel.
ÉLIANTE.
Je ne puis un moment rester en cet hôtel.
Lisette, quel affront attendoit ta maîtresse!
Un lâche, se parant d'une fausse tendresse,
Arrache de ma bouche un trop facile aveu:
Je le croyois sincère, et ce n'étoit qu'un jeu!
Essuya-t-on jamais un plus sensible outrage?
Oui, j'en pleure à-la-fois et de honte et de rage.
LISETTE.
La honte est pour lui seul.
ÉLIANTE.
Il en triomphera.
Sans doute aux pieds d'une autre il s'en applaudira.
Oui, Lisette, à ses pieds, peut-être au moment même,
Il rit... Et connois-tu cette beauté suprême
Dont les divins appas m'ont su ravir sa foi?
Mais ne me réponds point. Eh! que m'importe à moi?...
Lisette, cependant je voudrois la connoître.
Elle sera trompée ainsi que moi peut-être.

Je lui dirois : « Voyez et craignez mon destin ;
« Il vous aime ce soir, il m'aimoit ce matin. »
Le traître !... mais quel trouble et quel désordre extrême !
Je ne me connois plus, je ne suis plus la même.
Que me fait, après tout, sa haine ou son amour?
Oublions tout cela, Lisette, et sans retour.
Va, cours, vois si bientôt je puis me mettre en route.
(*Elle rentre chez elle.*)

SCÈNE IV.

LISETTE, *seule*.

Je vais partir aussi. Mais, hélas ! il m'en coûte ;
Car, moi, je l'avouerai, j'aimois beaucoup Paris.

SCÈNE V.

FLORIMOND, LISETTE.

FLORIMOND.

Lisette, que dit-on? j'ai lieu d'être surpris...
Elle part?

LISETTE.

Oui, monsieur.
(*Elle va pour sortir.*)

FLORIMOND, *l'arrêtant*.

Quelle étrange nouvelle !
Dis-moi...

LISETTE, *allant encore pour sortir*.

Pardon, monsieur.

FLORIMOND.

Et, de grace, où va-t-elle?

LISETTE.

A Londres, sûrement.

FLORIMOND.

On ne dit pas pourquoi?

LISETTE.

Oh! non, monsieur.

(*Elle va pour sortir.*)

FLORIMOND, *l'arrêtant.*

Eh! mais, Lisette, écoute-moi.

LISETTE, *en s'en allant.*

Je ne puis.

(*Elle sort.*)

SCÈNE VI.

FLORIMOND, *seul.*

Cette femme a donc du caractère!
Ce départ-là me pique, et je ne puis m'en taire,
C'est moi seul qu'elle fuit; je l'ai bien mérité.
Je la crus philosophe : ah! sa noble fierté,
Son éclat, son départ, sa colère inflexible,
Tout fait connoître assez combien elle est sensible.
Moi, je parlois d'amour : elle aimoit en effet ;
Ou plutôt elle auroit aimé comme elle hait...
Elle me hait!... Je puis supporter tout le reste,
Ses dédains, ses refus; mais qu'elle me déteste!
C'en est trop. Qu'elle parte, il faut y consentir :
Mais qu'elle me pardonne avant que de partir.

SCÈNE VII.

FLORIMOND, CRISPIN.

CRISPIN, *accourt tout effrayé.*
Fuyons, monsieur, fuyons.

FLORIMOND.
Comment?

CRISPIN.
Fuyons, vous dis-je;
Monsieur le capitaine est ici; c'est Padrige
Qui vient de me l'apprendre, et de plus je l'ai vu.

FLORIMOND.
Kerbanton à Paris?

CRISPIN.
Je l'avois bien prévu.
Fuyons.

FLORIMOND.
Moi, je fuirois!

CRISPIN.
Il vient.

FLORIMOND.
Eh! que m'importe?
Ah! je crains seulement qu'Éliante ne sorte:
Voilà toute ma peur, voilà tout mon souci.

CRISPIN.
Monsieur, réfléchissez.

FLORIMOND.
Eh, sors donc, la voici.
(*Crispin sort.*)

SCÈNE VIII.

FLORIMOND, ÉLIANTE.

ÉLIANTE, *sans voir Florimond.*
Lisette ne vient point. Quelle attente cruelle!
FLORIMOND.
Ah! madame, j'apprends une étrange nouvelle.
On dit que vous allez vous éloigner de nous :
Est-il vrai?
ÉLIANTE.
De quel droit me le demandez-vous,
Monsieur?
FLORIMOND.
Ah! de quel droit? Il y va de ma vie.
Oui, madame, je meurs si vous m'êtes ravie.
ÉLIANTE.
Venez-vous m'insulter?
FLORIMOND.
Moi? le ciel m'est témoin
Que du fond de mon cœur cette bassesse est loin,
Et qu'il est tout entier à l'affreuse pensée
De vous avoir, madame, un moment offensée,
Aux regrets, à la honte, au repentir amer,
Au désespoir, enfin, de perdre un bien si cher :
Voilà mes sentiments.
ÉLIANTE.
Ce début est fort tendre;
Mais je ne venois pas ici pour vous entendre...
FLORIMOND.
Madame, demeurez, de grace, un seul instant.

SCÈNE IX.

ÉLIANTE, FLORIMOND, LISETTE.

LISETTE.

Madame, tout est prêt.

ÉLIANTE.

Vous voyez qu'on m'attend.

FLORIMOND.

Quoi ! sans me dire un mot, vous me quittez, madame ?

ÉLIANTE, *très sérieusement.*

L'on ne doit point ainsi se jouer d'une femme.
Délaisser Léonor pour m'offrir votre foi,
Me quitter pour une autre, et revenir à moi !
C'est manquer à mon sexe, et manquer à vous-même.
Vous ne méritez pas, monsieur, que l'on vous aime.

(*Elle sort, Lisette la suit.*)

FLORIMOND, *seul.*

Elle a raison, ma foi ; cette utile leçon
M'apprend que je suis fait pour demeurer garçon.

SCÈNE X.

FLORIMOND, M. KERBANTON.

M. KERBANTON.

Vous voilà donc, monsieur ! on a bien de la peine
A vous trouver.

FLORIMOND.

C'est vous, monsieur le capitaine !...

M. KERBANTON.

Mon abord vous surprend, je le vois.

FLORIMOND.

J'en conviens.

M. KERBANTON.

Mais ce n'est pas pour vous cependant que je viens :
L'affaire qui m'appelle ici vous est connue,
Et c'est le hasard seul qui vous offre à ma vue.
D'un cœur tel que le vôtre on fait trop peu de cas
Pour que l'on soit tenté de courir sur ses pas.
Vous nous fîtes, monsieur, une mortelle offense;
Mais un profond mépris est toute ma vengeance.

FLORIMOND.

Le mépris?

M. KERBANTON.

Oui, monsieur. Vous avez eu raison
De quitter votre habit et votre garnison;
Car, après l'action que vous venez de faire,
Vous ne méritez plus le nom de militaire.

FLORIMOND, *mettant la main sur son épée.*

Ah! c'en est trop, monsieur. J'ai pu changer d'état;
Mais s'il s'agit d'honneur, je suis toujours soldat.

M. KERBANTON *tire la sienne.*

Hé bien, monsieur, voyons.

(*Ils se battent : Florimond désarme bientôt le capitaine.*)

FLORIMOND.

Votre courroux, votre âge
Me donnent, je le sens, beaucoup trop d'avantage;
J'eus tort d'en profiter.

M. KERBANTON.

Eh! profites-en, traître;

Et puisque de mes jours le sort t'a rendu maître,
Frappe donc.

    FLORIMOND, *lui rendant son épée.*

    Non, monsieur... Pardon. Je suis honteux.
Le ciel ici m'inspire un soin plus généreux.
Oui, monsieur Kerbanton, je m'en vais vous surprendre;
Oubliez le passé, je deviens votre gendre.

    M. KERBANTON.

Non. Qui pour Léonor a montré du dédain
Est indigne à jamais de posséder sa main.

    FLORIMOND.

Qui? moi, monsieur? jamais je ne l'ai dédaignée.

    M. KERBANTON.

Eh! qu'importe le mot? tu l'as abandonnée.
L'abandonner! dis-moi, que lui reprochois-tu?
Manquoit-elle d'esprit, de graces, de vertu?

    FLORIMOND.

Je suis bien loin, monsieur...

    M. KERBANTON.

                  Renoncer à ma fille,
Insulter Kerbanton, et toute une famille!

    FLORIMOND.

Je l'avoue et rougis. Mais quoi! fussé-je encor
Mille fois plus coupable aux yeux de Léonor,
Je reviens à ses pieds plus tendre et plus fidèle;
Je reviens pour jamais ne plus m'éloigner d'elle.
Monsieur... à renouer un aussi doux lien,
Il va de son honneur presque autant que du mien.
Pardon... Mais on croira que je l'ai délaissée:
Sa réputation s'en trouvera blessée.
Mon retour satisfait ce public délicat,
Et d'un brusque abandon répare tout l'éclat.

Ne me refusez pas une faveur si grande,
Qu'à vos genoux, monsieur, ici je vous demande.
(*Il tombe aux genoux de M. Kerbanton.*)

M. KERBANTON.

Ingrat! mérites-tu ce pardon? Et, dis-moi,
Après ce qu'on a vu, peut-on compter sur toi?
Qui répond que demain quelque nouveau caprice?...

FLORIMOND.

De grace, à Florimond rendez plus de justice;
Croyez-en mon amour, mes transports, mes serments:
On ne rompt pas deux fois de tels engagements.

M. KERBANTON.

Vous fîtes à ma fille une injure cruelle.
Quand je pardonnerois, vous pardonneroit-elle?
D'ailleurs, je veux qu'ici vous parliez sans détour;
Mais je n'en crains pas moins quelque fâcheux retour.
J'ai de votre inconstance une si forte preuve!

FLORIMOND.

Mais, parlez, quels garants voulez-vous?

M. KERBANTON.

Une épreuve.

FLORIMOND.

Comment?...

M. KERBANTON.

Oui, je vous veux éprouver quelque temps,
Voir si pour Léonor vos feux seront constants.

FLORIMOND.

Ils le seront.

M. KERBANTON.

Le temps pourra seul me l'apprendre.

FLORIMOND.

Eh mais! combien de jours, monsieur, voulez-vous prendre?

ACTE V, SCÈNE X.

M. KERBANTON.

Écoutez ; car de vous je veux avoir pitié :
Six mois...

FLORIMOND.

Six mois ! ô ciel ! mais...

M. KERBANTON.

Hé bien, la moitié.
Mais je n'en rabats pas une seule semaine.
Trois mois donc.

FLORIMOND.

Trois mois, soit.

M. KERBANTON.

Demain je vous emmène.

FLORIMOND.

Aujourd'hui, voulez-vous ?

M. KERBANTON.

Je ne puis aujourd'hui.
Le ministre m'attend, je vole auprès de lui ;
Puis satisfait de vous, et chéri de mon prince,
Je m'en retournerai content dans ma province.

(*Florimond l'embrasse, et il sort.*)

SCÈNE XI.

FLORIMOND, *seul.*

Ce monsieur Kerbanton est un brave homme au fond.
Comme on change pourtant ! moi, cela me confond.
Ce matin, tantôt même, eussé-je pu m'attendre
Que de Kerbanton, moi, je deviendrois le gendre ?
Enfin, c'est un tribut que je paie à l'honneur.

(*Il s'arrête.*)
Encor si dans ces nœuds je trouvois le bonheur !
(*Il rêve un peu.*)
Mais j'en doute... Je crains que cette expérience
Ne laisse à Léonor un fond de défiance.
(*Il rêve encore.*)
Et moi-même, après tout, je ne réponds de rien ;
Car je ne suis pas fait pour former un lien...
Si pourtant, à mon sort joignant sa destinée,
Léonor à jamais étoit infortunée ?...
Voilà le risque auquel je m'en vais l'exposer...
Je ferois mieux, je crois, de ne pas l'épouser...
(*s'arrêtant.*)
Mais quoi, notre marin verroit tromper encore
L'espoir que dans son cœur j'avois su faire éclore !...
Je ne sais que résoudre en ce triste embarras.

SCÈNE XII.

FLORIMOND, CRISPIN.

CRISPIN, *en postillon.*
Mais qui donc si long-temps peut arrêter vos pas ?
Depuis une heure, au moins, votre voiture est prête.

FLORIMOND.
Elle est prête ?

CRISPIN.
Oui, monsieur. — Hé bien ! qui vous arrête ?

FLORIMOND.
Je pense : d'une part, un hymen éternel !
De l'autre, voyager toujours ! c'est bien cruel...
Je ne sais pas ; mais tout me devient insipide...

ACTE V, SCÈNE XII.

Dans le fond de mon cœur... là... je me sens un vide.
Je ne vois rien de mieux, dans l'état où je suis,
Que d'aller dans un cloître enterrer mes ennuis.

(Il sort.)

SCÈNE XIII ET DERNIÈRE.

CRISPIN, *seul.*

Belle ressource! et puis courez, changez sans cesse
D'état et de pays, d'amis et de maîtresse.
L'ennui, le désespoir tôt ou tard vous attend.
C'est ainsi que toujours finit un INCONSTANT.

FIN.

TABLE DES POÉSIES

CONTENUES

DANS LE QUATRIÈME VOLUME.

Apollon et les Muses, pièce allégorique, en un acte en vers libres. pag. 3
La bonne Journée, monorime. 30
Claudine à la cour, ou le Voyage inutile, chanson. 31
Oui et non, consultation dialoguée. 34
Tant pis, tant mieux, folie dialoguée. 36
Mes Souvenirs. 38
Les deux Auteurs, dialogue. 41
L'Insomnie. 43
La Servante maîtresse, dialogue. 46
La Paix! la Paix! 49
Stances à la Mélancolie. 52
L'Air de famille, chanson. 53
Les trois Vertus, récit dialogué. 55
Le Poëte et son Jardinier, dialogue. 66
L'Homme et sa Conscience, dialogue. 74
La Campagne et les Vers. 82
Dialogue entre la Prose et la Poésie. 90
Une Journée de Paris. 100
Une Journée des Champs. 114
Les Lectures d'automne, anecdote. 130
Le Poëte et son Ami, dialogue. 140
Serments d'amoureux et de poëte, dialogue. 151

TABLE.

Les deux Rats, traduction libre d'Horace. 156
Les deux Rats, fable imitée d'Horace, par M. Andrieux. 158
L'Anglois à Montreuil. 160
Melpomène et Thalie, poëme allégorique, en deux chants. 164

———

L'Inconstant, comédie en cinq actes et en vers. 195

FIN DE LA TABLE DU QUATRIÈME ET DERNIER VOLUME.

LES QUERELLES

DES DEUX FRÈRES,

ou

LA FAMILLE BRETONNE,

COMÉDIE EN TROIS ACTES ET EN VERS.

Ouvrage posthume de COLLIN D'HARLEVILLE et propriété des éditeurs.

LES QUERELLES

DES DEUX FRÈRES,

OU

LA FAMILLE BRETONNE,

COMÉDIE EN TROIS ACTES ET EN VERS,

OUVRAGE POSTHUME
DE COLLIN D'HARLEVILLE,

PRÉCÉDÉE

D'UN PROLOGUE DE M. ANDRIEUX.

Représentée pour la première fois sur le théâtre de l'Impératrice, le 17 novembre 1808.

———

A PARIS,
CHEZ JANET ET COTELLE, LIBRAIRES,
RUE NEUVE-DES-PETITS-CHAMPS, N° 17.
M. DCCCXXI.

PROLOGUE.

PERSONNAGES

COLLIN D'HARLEVILLE.
UN DE SES AMIS.

(La scène est chez Collin d'Harleville. Le théâtre représente le cabinet d'un homme de lettres : il y a un secrétaire.)

N. B. Le costume de Collin-d'Harleville doit être : une redingote gris-blanc, ou vert pâle, sur un frac noir; un gilet blanc ou de fantaisie, une cravate blanche, la culotte noire, les bas de soie blancs ou noirs, un chapeau rond, une canne légère, mais sur laquelle il s'appuie un peu.

La coiffure peu élevée sur le devant; de chaque côté, un petit crêpé et une boucle à demi défaite, descendant de l'œil au-dessous de l'oreille; assez de poudre, et par derrière une petite queue.

Boutonner la redingote sur l'habit, d'un seul bouton, à l'endroit de la ceinture, de manière que la redingote s'ouvre sur la poitrine, et qu'on voie l'habit et le gilet.

PROLOGUE.

SCÈNE I.

COLLIN D'HARLEVILLE, seul.

(*Au lever de la toile, il est assis près d'une table, lisant. Il quitte son livre, se lève, et appelle.*)

Véronique... allons donc... ma canne, mon chapeau ;
Je vais prendre un peu l'air... Le temps est assez beau...
Mon ami doit venir ; nous sortirons ensemble...
Il doit être à-peu-près deux heures, ce me semble...
   (*Il tire sa montre.*)
Eh! non, pas tout-à-fait... Il faut, en attendant
(Car, moi, je n'aime pas à perdre un seul instant),
Que je relise un peu ma piéce des *deux Frères* ;
C'est mon dernier ouvrage... Il ne m'arrive guères
De me complimenter... mais il est bien, je crois.
Je ne l'ai pas revu depuis près de trois mois.
J'en pourrai mieux juger. Pour faire un bon ouvrage,
Il faut d'abord l'écrire avec verve et de rage ;
Puis, quelque temps après, corriger de sang-froid.
Voyons... Mon manuscrit doit être en cet endroit...
   (*Il cherche sur le secrétaire.*)
Je ne le trouve pas... par quel hasard?... J'ignore...
Comment?... il étoit là ces jours derniers encore,

J'ai cru l'y voir, du moins... Véronique... Ah! bon Dieu!
Qu'en aura-t-elle fait? l'a-t-elle mis au feu?
Quel accident fatal! N'est-il point de reméde?...
Vous voilà, mon ami!... Venez donc à mon aide...

SCÈNE II.

COLLIN D'HARLEVILLE, SON AMI.

L'AMI.

Que voulez-vous de moi? Qu'avez-vous, cher Collin?

COLLIN D'HARLEVILLE.

Je suis au désespoir.

L'AMI.

Pourquoi?

COLLIN D'HARLEVILLE.

        Je cherche en vain
Cette dernière piéce, oui, que je vous ai lue;
Vous en étiez content!... Eh bien, elle est perdue!

L'AMI.

Ah! ah! vous savez donc l'accident?

COLLIN D'HARLEVILLE.

        Et lequel?
Je ne sais rien.

L'AMI.

Non?

COLLIN D'HARLEVILLE.

Non. Vous m'effrayez. Oh ciel!

L'AMI.

Calmez-vous, mon ami; moi, j'en ai des nouvelles.

COLLIN D'HARLEVILLE.

De ma piéce?

PROLOGUE.

L'AMI.

Oui, sans doute.

COLLIN D'HARLEVILLE.

Eh bien! quelles sont-elles?
Parlez.

L'AMI.

Permettez-moi d'abord, mon bon ami,
De vous interroger : connoissez-vous ceci?
(Il lui montre un de ces pains de bougie, qu'on appelle ordinairement rats-de-cave.)

COLLIN D'HARLEVILLE.

Ceci?... Mais à quoi bon ! c'est un pain de bougie
Pour descendre à la cave.

L'AMI.

Oui, justement; Marie,
Ma gouvernante, hier, en fit l'achat pour moi,
Chez l'épicier.

COLLIN D'HARLEVILLE.

Après?... Me direz-vous en quoi?...

L'AMI.

Regardez l'enveloppe.

COLLIN D'HARLEVILLE.

Ah Dieu! mon écriture!
Je la reconnois bien. Mais par quelle aventure?...

L'AMI.

Elle n'est que trop vraie, et pourra s'éclaircir.
Mais lisez.

COLLIN D'HARLEVILLE.

Mon ami, vous me faites frémir!
(Il lit.)
La Famille bretonne... Oh! ciel!... *ou les Querelles...*
C'est de chez l'épicier que viennent vos nouvelles?

L'AMI.

Je ne puis vous offrir, pour comble de malheurs,
Que la première feuille, et le reste est ailleurs;
J'ai là le titre seul, les noms des personnages...

COLLIN D'HARLEVILLE.

Et voilà ce qu'on fait, mon cher, de mes ouvrages?

L'AMI.

Ah! ne vous plaignez pas, cher Collin; car tandis
Qu'on envoie au rebut un tas de vains écrits,
Qu'on dédaigne mes vers et ceux de beaucoup d'autres,
Jusque chez l'épicier on court après les vôtres.

COLLIN D'HARLEVILLE.

Comment? C'est moi d'abord qui vais courir après.
Mon ouvrage perdu, j'aurois trop de regrets!
Ce cruel épicier!... Savez-vous sa demeure?

L'AMI.

A merveille; j'en viens.

COLLIN D'HARLEVILLE.

     Retournons-y sur l'heure.
Venez.

L'AMI.

  Peine inutile, et vous iriez trop tard.

COLLIN D'HARLEVILLE.

Quoi!...

L'AMI.

  De ce que je sais il faut vous faire part.
Votre écriture nette, et qui m'est si connue,
Quand j'ouvris ce papier, frappa soudain ma vue...
C'étoit hier au soir... Je fis d'abord un cri,
Comme vous avez fait; je n'en ai pas dormi.
Ce matin, occupé de votre comédie,
Je fis pour cet objet ma première sortie;

PROLOGUE.

J'allai chez ce marchand : après cent questions,
Je voulus essayer des perquisitions,
Si dans de lourds amas de tristes paperasses
Je pourrois de vos vers retrouver quelques traces :
« Monsieur, dit le marchand, cette écriture-là
« Est d'un homme d'esprit; je gagerois cela.
« Je n'en ai bientôt plus; car chacun m'en demande :
« Chacun en veut avoir, et mon fonds s'achalande.
« Le faubourg Saint-Germain est plein de gens de goût. »

COLLIN D'HARLEVILLE.

Abrégez ce récit : quand serons-nous au bout?

L'AMI.

A l'honnête marchand je racontai sans feinte
Le but de ma recherche, et l'objet de ma crainte :
« Je sais ce qu'il en est, dit-il; on a trouvé
« De la même écriture un ouvrage achevé;
« C'est une comédie en trois actes, je pense :
« Un mien parent disoit que c'étoit du Térence;
« Et je l'en croirois bien, car c'est un connoisseur;
« Il est dans un lycée habile professeur;
« Je riois de le voir ramasser, pièce à pièce,
« Chaque acte, chaque scène, enfin toute la pièce;
« Il en a rassemblé jusqu'au moindre morceau :
« Mes garçons en ont eu, pour la peine, un cadeau;
« Enfin il est, monsieur, parti pour sa province,
« Charmé de sa trouvaille, et content comme un prince. »

COLLIN D'HARLEVILLE.

Eh bien! ce professeur a donc ma pièce?

L'AMI.

         Eh! oui.
Il faut, pour la ravoir, nous adresser à lui.

COLLIN D'HARLEVILLE.
Je comprends à présent... L'aventure est unique...
Mais je veux m'assurer... attendez... Véronique!...
Je gage...

L'AMI.
Elle est dehors; au moment où j'entrois,
Elle sortoit d'ici.

COLLIN D'HARLEVILLE.
Ce sont là de ses traits.
Mais celui-ci vraiment passe toute croyance.
Je vous ai dit, je crois, qu'usant de prévoyance,
Je voulus, vers la fin de l'automne dernier,
Supprimer des monceaux d'inutile papier,
De la prose et des vers, quelques extraits d'histoires,
Des travaux, des projets, des lettres, des mémoires,
Des mémoires payés; car, moi, je ne dois rien.

L'AMI.
Oui, quoique auteur, on sait que vous payez fort bien.

COLLIN D'HARLEVILLE.
Un jour donc, en sortant, je chargeai Véronique
De tout jeter au feu;... mais de ma domestique
L'imprudence...

L'AMI.
Ou plutôt le desir de gagner.
La chose est à présent facile à deviner.
Véronique est vraiment une fille économe,
Qui ne néglige pas la plus petite somme;
Vendre au lieu de brûler fut pour elle un profit.

COLLIN D'HARLEVILLE.
Mais pour mauvais papiers, me vendre un manuscrit!

L'AMI.
Elle en a pris un peu plus qu'il n'en falloit prendre;

PROLOGUE.

Quand on vend de bons vers, on n'en sauroit trop vendre.
Vous devez la punir; pour moi, je suis outré,
Et je la chasserois.

COLLIN D'HARLEVILLE.
Moi, je la garderai.
L'AMI.
Comment?... Vous?...
COLLIN D'HARLEVILLE.
Je suis sûr qu'elle en sera fâchée;
Elle me soigne bien; elle m'est attachée :
Vous en avez vous-même été souvent témoin;
Pour peu de temps peut-être encor j'en ai besoin.
L'AMI.
Allons!...
COLLIN D'HARLEVILLE.
Vous voyez bien qu'il faut qu'on lui pardonne.
Je regrette pourtant ma *Famille bretonne*;
Car cette comédie auroit pu réussir.
L'AMI.
Elle réussira.
COLLIN D'HARLEVILLE.
J'ai peint avec plaisir,
Parmi leur amitié sincère et fraternelle,
Les débats passagers, les plaintes, la querelle
Dont la vivacité ne dure qu'un moment,
Et que suit la douceur du raccommodement :
J'aimois ces bons Bretons et leurs mauvaises têtes,
Braves gens et pleins d'ame, emportés, mais honnêtes.
L'AMI.
Oui, c'est là le sujet; vous l'avez bien traité :
J'aurois voulu peut-être un plus de gaieté.

COLLIN D'HARLEVILLE.

J'en conviens; nos amis, comme vous, me le dirent;
Mais, comme vous aussi, souvent ils applaudirent.
Il est vrai que j'avois eu soin de vous donner,
Avant notre lecture, un fort bon déjeûner;
Ensuite on s'adoucit, on ne fut point sévère:
Que ne peut-on ainsi régaler le parterre (1)!
Mais ce provincial, s'il étoit un fripon,
Pourroit donner un jour ma piéce sous son nom?

L'AMI.

Un mensonge pareil seroit bien inutile;
Le public, mon ami, connoît trop votre style:
Écrivons à notre homme; il est à Perpignan...

COLLIN D'HARLEVILLE.

Ah!... quand répondra-t-il? s'il le veut, dans un an.
Je ne verrai jamais paroître cet ouvrage.

L'AMI.

Voilà de vos discours; allons, prenez courage.

COLLIN D'HARLEVILLE.

Je le voudrois... mais quoi!... mon cher, je m'affoiblis
Chaque jour.

L'AMI.

Cruel homme! Affligez vos amis.
Vous êtes doux et bon; mais bien opiniâtre
Sur un point...

COLLIN D'HARLEVILLE.

Si l'on met cette piéce au théâtre,

---

1 Ce vers est imité de Collin:

On seroit un Voltaire,
Si l'on pouvoit régaler le parterre.
Journée des champs, t. IV, *des OEuvres de Collin*, p. 114.

PROLOGUE.

Vous direz, mon ami, j'ose vous en charger,
Que j'aurois bien voulu pouvoir la corriger,
Qu'on y reconnoîtra plus d'une négligence,
Que votre ami toujours eut besoin d'indulgence,
Mais sur-tout...

L'AMI.

Du succès vous serez enchanté,
Et ce sera de quoi vous rendre la santé.
Allons : un professeur doit être un honnête homme ;
Je sais son domicile, et comment il se nomme,
Et nous aurons la pièce avant un mois.

COLLIN D'HARLEVILLE.

Un mois !
C'est bien tard, mon ami.

L'AMI.

Paix ; encore une fois,
Ou nous querellerons comme font vos deux frères.

COLLIN D'HARLEVILLE.

Chez nous, comme chez eux, cela ne dure guères.
Mais je vais pour sortir prendre ce qu'il me faut.

L'AMI.

Oui ; cela vaudra mieux.

COLLIN D'HARLEVILLE.

Je vous rejoins bientôt.

SCÈNE III.

L'AMI, *seul, le regardant aller.*

Pauvre ami !... cher Collin ! que ma peine est extrême !
Je lui donne un espoir que je n'ai pas moi-même...
Je l'aime dès l'enfance... Hélas ! je le perdrai...

Je resterai tout seul... et je le pleurerai !...
Oh ! combien je voudrois que son dernier ouvrage
Du public satisfait emportât le suffrage !
Car je prévois qu'un jour on le retrouvera ;
Quand il n'y sera plus, sans doute on le jouera...
Oh ! que ne puis-je alors, d'une voix attendrie,
Dire au public : Messieurs, écoutez, je vous prie,
Car c'est le chant du cygne à ses derniers moments :
Lui refuseriez-vous vos applaudissements ?
Chéri pour ses talents et pour son caractère,
Le bon, l'illustre auteur du *Vieux Célibataire*...
Il vient... cachons mes pleurs... qu'il ne soupçonne pas...

SCÈNE IV.

(*Collin d'Harleville rentrant avec sa canne et son chapeau.*)

COLLIN D'HARLEVILLE, L'AMI.

COLLIN D'HARLEVILLE.
Me voici, mon ami ; donnez-moi votre bras.
L'AMI, *affectant de la gaieté.*
De tout mon cœur, venez.
COLLIN D'HARLEVILLE.
         Allons aux Tuileries.
L'AMI.
Fort bien.
COLLIN D'HARLEVILLE.
   Nous parlerons de vers, de comédies...
L'AMI.
Très volontiers, mon cher ; sur-tout de vos Bretons.

PROLOGUE.

Vous m'en rappellerez quelques traits... nous rirons...
COLLIN D'HARLEVILLE.
Dieu veuille les sauver d'un accident funeste,
Si jamais on les joue!
L'AMI.
Allons; toujours modeste!
C'est un succès de plus; et je vous en réponds.
COLLIN D'HARLEVILLE.
Moi, je n'en réponds pas; mais je dis: espérons.
(*Ils sortent ensemble.*)

FIN DU PROLOGUE.

LES QUERELLES

DES DEUX FRÈRES,

ou

LA FAMILLE BRETONNE.

PERSONNAGES.

M. GERMAIN.
M. MARCEL, frère de M. Germain.
M. HILAIRE, voisin.
CHARLE, fils de M. Germain.
ANDRÉ, vieux domestique de M. Marcel.
Mme GERMAIN.
SUZETTE, nièce des deux frères.
NICOLE, gouvernante de M. et Mme Germain.

La scène est chez M. Germain, à Morlaix, dans la Basse-Bretagne.

LES QUERELLES
DES DEUX FRÈRES,
OU
LA FAMILLE BRETONNE.

Le théâtre représente un salon.

ACTE PREMIER.

SCÈNE I.

M. GERMAIN, M. MARCEL.

M. MARCEL.

Oh! ma foi, c'est trop fort: tu te moques, mon frère.

M. GERMAIN.

Non, mon frère, en honneur.

M. MARCEL.

Je gage le contraire.

M. GERMAIN.

Ah! fort bien! Alors, moi, j'ai donc menti?

M. MARCEL.

          Vraiment !
Chose rare ! un marin, un voyageur qui ment !

M. GERMAIN.

Je te dis vrai.

M. MARCEL.

    Le vrai n'est donc pas vraisemblable.

M. GERMAIN.

Encore un coup, c'étoit...

M. MARCEL.

      C'étoit !... c'est une fable.

M. GERMAIN.

Dans ma dernière course...

M. MARCEL.

       Oh ! tant que tu voudras.

M. GERMAIN.

Dans ce combat, te dis-je, où mourut dans mes bras
L'ami qui m'a laissé cette fortune immense.

M. MARCEL.

Soit ; mais pour ton récit...

M. GERMAIN.

     Allons, il recommence !

M. MARCEL.

Je n'en crois pas un mot.

M. GERMAIN.

       Ainsi tu vas nier
Un fait que moi ?...

M. MARCEL.

    J'ai lu le fait dans Tavernier.

M. GERMAIN.

Quand je te dis : J'ai vu, tu me cites un livre.

ACTE I, SCÈNE I.

M. MARCEL.

Je soutiens...

M. GERMAIN.

Quelle tête!

M. MARCEL.

Avec lui peut-on vivre?

M. GERMAIN.

En effet, quand il vient contrarier sur tout!

M. MARCEL.

On ne peut te parler.

M. GERMAIN.

Tu me pousses à bout.

M. MARCEL.

C'est toi plutôt.

M. GERMAIN.

Parbleu, c'est toi.

M. MARCEL.

Quel homme étrange!

M. GERMAIN.

Hé bien!... pour y tenir, il faudroit être un ange.

M. MARCEL.

Et tu n'en es pas un.

M. GERMAIN.

Tu l'es peut-être, toi?

M. MARCEL.

J'en ai bien supporté depuis six mois.

M. GERMAIN.

Et moi?

M. MARCEL.

Mais c'en est trop enfin.

SCÈNE II.

Les mêmes, Mme GERMAIN.

Mme GERMAIN.
Eh bien, on se querelle !
C'est encore, je vois, quelque scène nouvelle ?
M. MARCEL.
Comment n'en pas avoir ?
M. GERMAIN.
Le moyen d'être en paix !
M. MARCEL.
Il se fâche d'un rien.
M. GERMAIN.
Il ne cède jamais.
Je suis l'aîné pourtant.
M. MARCEL.
Cette raison est forte :
Mon aîné de deux ans !
M. GERMAIN.
Et demi.
M. MARCEL.
Non.
Mme GERMAIN.
Qu'importe ?
Sur votre âge, à présent, allez-vous disputer ?
M. GERMAIN.
Tout est avec Marcel matière à contester.
Pour tel, dès son enfance, il s'étoit fait connoître.
M. MARCEL.
Et Germain ! au collège on le nommoit Salpêtre.

M. GERMAIN.

On t'appeloit Taquin.

M. MARCEL.

Aussi, t'en souviens-tu?
Tu te battois toujours.

M. GERMAIN.

Et toi, maudit têtu,
Tu querellois sans cesse.

M. MARCEL.

Oui! te rappellerai-je?...

Mme GERMAIN.

Vous allez rappeler vos débats de collége,
Qui depuis quarante ans devroient être assoupis.

M. MARCEL.

Il est toujours le même.

M. GERMAIN.

Il est encore pis.

Mme GERMAIN.

Ah! mon ami!

M. GERMAIN.

Vraiment je sais très bien, madame,
Que j'aurai toujours tort, selon vous.

M. MARCEL.

Sans ta femme,
Je n'aurois pas resté quinze jours avec toi.

M. GERMAIN.

Non?

M. MARCEL.

Non, certainement.

M. GERMAIN.

Ce n'est donc pas pour moi
Que tu vins?...

M. MARCEL.

Oui, pour toi je vins, à la bonne heure !
Mais c'est à cause d'elle enfin que je demeure.

Mme GERMAIN.

Mon frère !

M. GERMAIN.

Tu l'entends : le voilà tel qu'il est.

Mme GERMAIN, *à M. Germain.*

Bon ! il ne pense pas ce qu'il dit là.

M. MARCEL.

Si fait,
Je le pense.

M. GERMAIN.

Fort bien ! et c'est ainsi qu'il m'aime !
Mon frère me méprise : oh bien ! alors, moi-même,
Je le lui rends, parbleu ! Quand aurai-je la paix ?
Quand chez moi...

M. MARCEL, *vivement.*

Je t'entends : adieu donc pour jamais.

Mme GERMAIN, *de loin.*

Marcel ! mon frère !

M. MARCEL, *de loin.*

Non.

(*Il sort.*)

SCÈNE III.

M. ET Mme GERMAIN.

Mme GERMAIN.

Il part ! Quoi ! de la sorte
S'en aller !

ACTE I, SCÈNE III.

M. GERMAIN.

Tu le vois !

Mme GERMAIN.

Nous affliger !

M. GERMAIN.

Qu'importe ?
Ne le rappelez pas ; moi, je vous le défends.

Mme GERMAIN.

Cependant...

M. GERMAIN.

Non, restez : sommes-nous des enfants ?

Mme GERMAIN.

Eh ! mais... peut-être un peu : dites-moi, je vous prie,
Quel étoit le sujet de votre brouillerie ?...

M. GERMAIN.

Le sujet, ma femme ?

Mme GERMAIN.

Oui.

M. GERMAIN.

Le sujet ? Eh ! ma foi,
Je ne m'en souviens plus.

Mme GERMAIN.

Fort bien ! alors je voi...
Vous avez querellé pour quelque bagatelle.

M. GERMAIN.

Eh ! bagatelle ou non, sur un rien il querelle !

Mme GERMAIN.

En vérité, tous deux je ne vous conçois pas :
A toute heure, entre vous, il survient des débats :
C'est tantôt de sa faute, et tantôt de la vôtre ;
Et vous ne pouvez vivre ensemble, et l'un sans l'autre.

M. GERMAIN.

Oh! l'un sans l'autre! A-t-on un moment de repos?
Son obstination!...

Mme GERMAIN.

Eh! qui n'a ses défauts?
N'êtes-vous pas aussi, Germain, soyez sincère,
Un peu trop vif, et même...

M. GERMAIN.

Oh!... sans doute, colère!

Mme GERMAIN.

Tiens, épargne ton frère, et gronde-moi plutôt.
Gronde-moi, mais écoute; oui, je le dis tout haut :
Marcel est bon, jamais il n'eut, j'en suis certaine,
Dessein de te causer la plus légère peine...

M. GERMAIN.

Il m'en cause sans cesse...

Mme GERMAIN.

Involontairement;
Mais tu ne peux douter de son attachement.
Il l'a prouvé cent fois; et pour n'en citer qu'une,
Quand ton frère, en un jour, perd toute sa fortune,
Quand la mauvaise foi de son associé,
A qui, pour son malheur, il s'étoit trop fié,
Le ruine et le force à quitter un commerce
Que depuis vingt-cinq ans à Cadix il exerce,
A qui s'adresse-t-il, ce pauvre malheureux?
Refusant le secours de ses amis nombreux,
N'est-ce pas près de toi qu'il vient chercher asile?
Il vient... et non pas seul, mais avec sa pupille,
Cette jeune Suzette, unique, aimable enfant
D'une sœur que tous deux chérissiez tendrement.

ACTE I, SCÈNE III.

M. GERMAIN.

Ah! oui... Pauvre Suzette!

Mme GERMAIN.

Hélas! l'infortunée,
Par le même revers fut aussi ruinée!

M. GERMAIN.

Je le sais.

Mme GERMAIN.

Ce n'est pas le besoin cependant
Qui le ramène à nous; non, libre, indépendant,
Il pouvoit vivre encor de ce peu qui lui reste;
Mais il avoit besoin, dans son revers funeste,
De nos soins consolants et de notre amitié :
Dans le sein de son frère il s'est réfugié;
Telle est sa confiance.

M. GERMAIN.

Eh bien! voyons, ce frère,
L'ai-je mal reçu, dis?

Mme GERMAIN.

Oh! Dieu! bien au contraire.

M. GERMAIN.

L'ai-je plaint, consolé des maux qu'il a soufferts?
Ma maison et mes bras lui furent-ils ouverts?

Mme GERMAIN.

Oui, j'ai reconnu là votre délicatesse.

M. GERMAIN.

Délicatesse! eh quoi! pour un frère, une nièce!
C'étoit justice.

Mme GERMAIN.

Oh! oui; mais depuis cet instant,
Depuis six mois, vous-même êtes bien plus content.
Et Marcel! avec vous comme il semble se plaire!

M. GERMAIN.

Il y paroît ! toujours il se met en colère.

Mme GERMAIN.

Et le moment d'après vous voyez sa douleur :
Il faut juger son ame, et non pas son humeur.
Marcel est votre ami le plus vrai, le plus tendre.

M. GERMAIN.

Marcel ? est-il possible ?

Mme GERMAIN.

O ciel ! il faut entendre
Comme il parle de vous quand vous êtes absent !
Tout le bien qu'il en dit ! Et quel ton ! quel accent !
Il me dit que je suis la plus heureuse femme ;
Il dit bien vrai.

M. GERMAIN.

Marcel n'a point de fiel dans l'ame,
Je le sais.

Mme GERMAIN.

Il s'en faut. Tenez, en vérité,
Pour notre fils souvent j'admire sa bonté :
Il le traite, il lui parle avec une tendresse !
A ses progrès sur-tout en père il s'intéresse !
Charle aussi l'aime.

M. GERMAIN.

Oh ! oui : mieux que nous tous, je croi ;
Que moi du moins. Vraiment, je lui trouve avec moi
Un air froid.

Mme GERMAIN.

Non, mon fils vous aime, vous révère ;
Mais vous êtes pour lui quelquefois si sévère...
Même...

####### M. GERMAIN.

Je suis terrible ! Ah ! j'attendois cela :
On ne peut rien lui dire...

####### Mme GERMAIN.

Hé bien ! s'il étoit là ?
Charle est doux, mais timide ; il n'ose, et c'est dommage,
Parler, développer plus d'un rare avantage ;
Il a de l'esprit : mais... je l'avoue, il vous craint.

####### M. GERMAIN.

Je vous entends, madame ; ainsi mon fils se plaint ?
Il accuse son père ? Il auroit l'insolence !...

####### Mme GERMAIN.

Non, non, plein de respect il garde le silence :
C'est moi seule, Germain, qui l'observe, et gémis.

####### M. GERMAIN.

Allons !

####### Mme GERMAIN, *souriant*.

Mais nous parlions du frère, et non du fils.

####### M. GERMAIN.

Eh oui ; car sans cela j'ai bien assez de peines.

####### Mme GERMAIN.

Croyez qu'en ce moment votre frère a les siennes.

####### M. GERMAIN.

Marcel ! Il est ravi de m'avoir tourmenté.

####### Mme GERMAIN.

Lui ? Je suis sûre, moi, qu'il a de son côté
Bien du chagrin !

####### M. GERMAIN.

Ah ! bon ! j'irois lui faire excuse !

####### Mme GERMAIN.

C'est lui qui, bien plutôt, se reproche, s'accuse...

M. GERMAIN.

N'importe, je l'attends.

Mme GERMAIN.

Entre frères, Germain,
Heureux qui prévient l'autre, et qui lui tend la main !

M. GERMAIN.

Eh !... l'excellente femme !

Mme GERMAIN.

Ah ! voici, ce me semble,
Nos enfants, les amis.

SCÈNE IV

Les mêmes, CHARLE et SUZETTE.

M. GERMAIN.

Aussi toujours ensemble.

CHARLE.

Oui, mon père... il est vrai. Je rencontre au jardin
Suzette ; et...

SUZETTE.

Moi, j'avois aperçu mon cousin
De ma fenêtre.

M. GERMAIN.

Oh ! oui, le jardin, la fenêtre...
Vous vous trouvez toujours.

SUZETTE.

Au fait, cela doit être :
Car mon cousin me cherche, et je ne le fuis pas.

M. GERMAIN.

Fort bien ; mais...

Mme GERMAIN, *à demi-voix, à son mari.*

J'aime à voir leur naïf embarras.

ACTE I, SCÈNE IV.

Chers enfants!
(*haut.*)
Qu'est-ce donc? Toi, ma chère Suzette,
Et si vive et si gaie, et dont la chansonnette
Sait, dès le point du jour, nous mettre tous en train,
Aujourd'hui je te trouve un air presque chagrin?

CHARLE.

Nous avons du chagrin, ma mère.

Mme GERMAIN.

Et pourquoi, Charle?

SUZETTE.

Ce n'est pas sans sujet.

Mme GERMAIN.

Comment?

M. GERMAIN, *à Charle.*

Allons donc, parle.

CHARLE.

Nous avons rencontré notre cher oncle.

M. GERMAIN.

Hé bien!
Ce cher oncle, voyons, que vous a-t-il dit?

SUZETTE.

Rien.

CHARLE.

Nous n'osions l'aborder, de peur de lui déplaire.

SUZETTE.

Ce pauvre oncle! il sembloit être bien en colère.

M. GERMAIN.

En colère? Ah! fort bien : sans doute contre moi?
Car il en a sujet.

CHARLE.

Nous ne savons pourquoi.

SUZETTE.

Mais nous nous en doutons.

Mme GERMAIN.

Allons...

M. GERMAIN, *à Suzette.*

Et vous, je gage,
Vous lui donnez raison; c'est assez votre usage.
C'est à l'oncle Marcel qu'on va toujours parler.

SUZETTE.

Si vous étiez tout seul, j'irois vous consoler.

M. GERMAIN.

Cet oncle est tout pour vous.

SUZETTE.

Permettez, je vous prie;
Cet oncle est mon tuteur.

M. GERMAIN, *vivement.*

Eh bien, qu'il vous marie;
Car ce ne sera pas avec votre cousin,
Et Charle épousera la fille du voisin.

CHARLE.

Mon père!

M. GERMAIN.

Taisez-vous.

Mme GERMAIN.

Mais, mon ami... j'ignore
Quel tort ont ces enfants...

M. GERMAIN.

Soutenez-les encore,
Madame! Tout le monde est ligué contre moi,
Épouse, frère, enfants, tous, en un mot.

Mme GERMAIN.

Eh quoi!
Contre nous tous ainsi vous êtes en colère?

SCÈNE V.

Les mêmes, M. HILAIRE.

M. HILAIRE, *de loin, à part.*
On querelle, tant mieux.

M. GERMAIN.
C'est vous, mon cher Hilaire?
Parbleu! plus à propos vous ne pouviez venir.

M. HILAIRE.
Trop bon. Je viens toujours avec nouveau plaisir.
Madame, j'ai l'honneur...

(*Madame Germain le salue assez froidement.*)

M. GERMAIN, *vivement.*
Donnez-moi des nouvelles
De ces dames, mon cher : comment se portent-elles?

M. HILAIRE.
A merveille, voisin ; toutes deux m'ont chargé
De tendres compliments.

M. GERMAIN.
Je vous suis obligé.

M. HILAIRE.
Particulièrement pour la chère voisine.

M%ME% GERMAIN.
Monsieur...

M. HILAIRE.
Sans oublier et Charle et la cousine.

SUZETTE.
Ces dames ont, monsieur, beaucoup trop de bonté.

M. GERMAIN, *avec affectation.*
De votre fille hier, moi, je fus enchanté.

3.

M. HILAIRE.

Ah! mon cher!

M. GERMAIN.

Sans vouloir lui donner de louange,
Elle a chanté, touché du piano comme un ange.

M. HILAIRE.

Vous la flattez.

M. GERMAIN.

Mais non.

M. HILAIRE.

Elle a quelques talents.
Je lui donnai d'abord des maîtres excellents,
Ce qu'on a de meilleur à Morlaix; je m'en pique.
Nous perfectionnons sa danse, sa musique,
Sur-tout son bon françois; j'arrête ce matin
Un maître plein de goût, de Quimper-Corentin.

Mme GERMAIN.

De Quimper-Corentin! c'est puiser à la source.

CHARLE.

Mais oui.

M. HILAIRE.

Notre Morlaix a si peu de ressource!...

M. GERMAIN.

Et voilà comme on forme un excellent sujet!
Votre fille est charmante.

SUZETTE, *à part.*

Oh! qu'elle me déplaît!

M. GERMAIN, *toujours avec affectation.*

Au reste, je parlois à mon fils, à ma femme
D'un projet qui me rit, me touche au fond de l'ame:
Vous savez...

ACTE I, SCÈNE V. 37

M. HILAIRE.

C'est aussi le plus cher de mes vœux.

M. GERMAIN.

Si vous le desirez, quant à moi, je le veux ;
Oui, j'y suis décidé, quoi qu'on dise et qu'on fasse.

M. HILAIRE.

Je ne vois point le frère ?

M. GERMAIN, *vivement.*

Il est sorti.

M. HILAIRE.

De grace,
Se porte-t-il ?...

M. GERMAIN.

Très bien. Le point essentiel...

M. HILAIRE, *à part.*

Seroient-ils brouillés ? bon.

(*haut.*)

Ce cher monsieur Marcel,
Toujours vif, disputeur comme à son ordinaire ?

M. GERMAIN.

Plus que jamais ; mais quoi ! parlons de notre affaire.

M. HILAIRE.

Ah ! le cher frère et vous, vous avez querellé.

Mme GERMAIN.

Ce n'est rien.

M. HILAIRE.

Sûrement.

(*à Germain.*)

Quel nouveau démêlé ?...

M. GERMAIN.

Vous connoissez Marcel et son humeur.

M. HILAIRE.

Sans doute,
Elle est rare, en effet; tous deux je vous écoute,
Et j'admire son ton contrariant, mutin,
Et votre complaisance.

M. GERMAIN.

Écoutez donc... Enfin
La patience échappe.

M. HILAIRE.

Un querelleur semblable
Impatiente; il est vraiment insupportable.

M. GERMAIN.

Insupportable? oh! mais le terme est un peu fort:
Mon frère est quelquefois un peu taquin, d'accord;
Mais il est bon.

M. HILAIRE.

Sans doute, il est loyal, honnête;
Mais il a franchement une terrible tête.

M. GERMAIN.

Terrible.

M. HILAIRE.

Revenons à ce charmant projet.

M. GERMAIN.

Ah! oui.

M. HILAIRE.

Tantôt encor ma femme s'affligeoit
Des délais que toujours essuya cette affaire.

M. GERMAIN.

Oh! bien, ce n'est pas moi désormais qui diffère.

M. HILAIRE.

Ni moi non plus, mon cher, puisqu'il en est ainsi.

M. GERMAIN.

Cela peut ne pas plaire à tout le monde ici.
Mais qu'importe? Après tout, ne suis-je pas le maître?

M. HILAIRE.

En effet, mon voisin.

M. GERMAIN.

Oui, je ferai connoître
Si c'est au père ou bien à l'oncle à décider.

M. HILAIRE.

Sans doute, il est des cas où l'on pourroit céder,
Ou déférer du moins aux volontés contraires
Qu'en ces occasions peuvent montrer des frères :
Ici vous n'avez rien de tel à ménager.

M. GERMAIN.

Comment!

M. HILAIRE.

Vous ne courez, je crois, aucun danger.

M. GERMAIN.

De quoi?

M. HILAIRE.

Votre refus, en cette circonstance,
Ne vous privera pas d'un héritage immense.

M. GERMAIN.

Qu'entendez-vous par-là?

M. HILAIRE.

Mais que le cher Marcel
Ne peut nous faire à tous ni bien ni mal.

M. GERMAIN.

O ciel!
Vous lui reprocheriez son défaut de fortune!

M. HILAIRE.

Je ne dis pas...

M. GERMAIN.

Eh quoi! pour n'en avoir aucune,
Pour être malheureux, faudra-t-il qu'aujourd'hui
On ait moins de tendresse et de respect pour lui?
En est-il moins leur oncle? en est-il moins mon frère?
Il est pauvre! Eh! c'étoit un motif, au contraire,
Pour redoubler d'égards... Et moi!... Ciel, qu'ai-je fait!
J'ai maltraité, blessé, j'ai lassé tout-à-fait
Mon frère, mon ami, qui se voit dans la gêne,
Qui s'adresse à moi seul pour soulager sa peine,
Qui demeure chez moi! Je fus assez cruel!
Ah! je cours de ce pas, je vais chercher Marcel:
A ce frère si bon je vais demander grace;
Il faut qu'il me pardonne, il faut que je l'embrasse.
Ma femme.. Excusez-moi, mon cher, mais je ne puis...
Je n'aurai de repos...

(*en s'en allant.*)
Malheureux que je suis!

SCÈNE VI.

Les mêmes, *excepté* M. GERMAIN.

M. HILAIRE, *à part.*
J'ai fait un beau chef-d'œuvre!

Mme GERMAIN, *qui sourit bas.*

Hé bien, monsieur Hilaire!
Voilà quel est Germain! Voilà ce qu'est un frère!

M. HILAIRE.
Oui, rien n'est plus touchant!

CHARLE.

Plus naturel.

SUZETTE.

Monsieur
N'a jamais, je le vois, eu ni frère ni sœur.

M. HILAIRE.

Non. Mais pourquoi, de grace?

SUZETTE.

Oh! j'en étois bien sûre.

Mme GERMAIN, *bas, à Suzette.*

Paix.

(*haut.*)

Oui, ce prompt retour est bien dans la nature.
Deux bons frères pourront (car sommes-nous parfaits?)
Se quereller souvent; mais se haïr, jamais.

CHARLE et SUZETTE.

Jamais.

Mme GERMAIN.

Je dois, monsieur, et du fond de mon ame,
Vous remercier, moi.

M. HILAIRE.

Vous? De quoi donc, madame?

Mme GERMAIN.

De cette attention que vous venez d'avoir
De faire à mon mari mieux sentir son devoir.
Eh! oui! c'est une adresse au fait très peu commune.
Rappeler que Marcel étoit dans l'infortune!
Que d'esprit! Rien n'étoit plus propre en ce moment
A réveiller en lui tout son attachement;
Et par ce peu de mots, que je crois très sincères,
Vous êtes cause enfin, monsieur, que deux bons frères
Vont se raccommoder un quart d'heure plus tôt.

M. HILAIRE.

Madame!

Mme GERMAIN.
Je vous quitte à regret ; mais il faut
Que je sois le témoin d'une scène touchante ;
Et croyez qu'à jamais j'en suis reconnoissante.

(*Elle sort en souriant.*)

SCÈNE VII.

M. HILAIRE, CHARLE ET SUZETTE.

(*Charles et Suzette se font des mines.*)

M. HILAIRE, *à part.*
Fort bien ; elle a raison au fond de me railler ;
C'est moi qui viens ici les réconcilier.
Maladroit !
(*haut.*)
Digne femme !
CHARLE.
Elle nous est bien chère.
Tendre sœur, tendre épouse, et sur-tout bonne mère.
SUZETTE.
C'est ma tante !... et pour moi, c'est une mère aussi.
CHARLE, *bas, à Suzette.*
Plût au ciel !
M. HILAIRE.
Mes enfants, je pense bien ainsi :
Oui, j'ai beaucoup d'estime et de respect pour elle.
CHARLE.
Avec ma mère ici personne ne querelle.
C'est elle qui toujours fait renaître la paix.

M. HILAIRE.

C'est charmant.

SUZETTE.

Jugez donc si chez autrui jamais
Elle viendroit troubler la bonne intelligence.

CHARLE, *bas*.

Suzette !

M. HILAIRE.

Oh ! non ! sans doute.

CHARLE.

Elle a tant d'indulgence !

SUZETTE, *à M. Hilaire*.

Pour Charle et moi, jamais, vous en êtes témoin,
Nous ne nous querellons.

CHARLE.

Non.

SUZETTE.

Il n'est pas besoin
Qu'un tiers officieux entre nous deux survienne.
De nous raccommoder personne n'a la peine.

M. HILAIRE.

Je vous en félicite.

(*à part.*)
Impertinente !

(*haut.*)
Adieu !

(*à Charle.*)
Te verra-t-on bientôt ?

CHARLE.

J'aurai l'honneur, dans peu...

M. HILAIRE.

Tu sais comme on te voit, Charle, dans ma famille.

CHARLE.

Monsieur...

M. HILAIRE.

Ma femme t'aime!... Et pour ma chère fille,
Je ne te dis rien d'elle.

CHARLE.

On est beaucoup trop bon.

M. HILAIRE, *avec affectation.*

Au revoir donc, mon gendre.

SUZETTE, *à part.*

Ah! ciel!

M. HILAIRE, *à part.*

Je crains que non.
(*Il sort.*)

SCÈNE VIII.

CHARLE ET SUZETTE.

SUZETTE.

Voilà donc son projet! J'ai beau paroître gaie,
J'ai du chagrin. Mon gendre... O que ce mot m'effraie!

CHARLE.

Suzette, et moi!

SUZETTE.

Toujours j'ai présent ce refrain :
Et Charle épousera la fille du voisin!

CHARLE.

Mon père dit cela quand il est en colère.

SUZETTE.

Il le fera de même. Ah! je hais ces Hilaire!

CHARLE.

Et les aime-je, moi?

SUZETTE.

Mais parfois, entre nous,
On le croiroit, à voir ton air honnête et doux
Pour tous ces chers voisins, et tes soins, ton beau zèle
Pour monsieur, pour madame, et pour mademoiselle.

CHARLE.

Je suis poli, cousine, et ne suis rien de plus.

SUZETTE.

Très poli.

CHARLE.

J'obéis aux ordres absolus
De mon père.

SUZETTE.

Fort bien! Et par obéissance
Vous épouserez donc mademoiselle Hortense!

CHARLE.

Jamais, non; mais mon père est vif... tranchons le mot,
Colère, et moi je suis timide.

SUZETTE.

Oh! beaucoup trop.

SCÈNE IX.

Les mêmes, M. MARCEL.

(M. Marcel entre fort agité.)

M. MARCEL.

C'est vous?

CHARLE.

Oui, mon oncle.

M. MARCEL.

Ah!

SUZETTE, *bas à Charles.*

Parle-lui donc.

CHARLE, *bas.*

Je n'ose.

SUZETTE, *d'un air bien caressant.*

Cher oncle! qu'est-ce donc? Vous avez quelque chose?

M. MARCEL.

Non, ma nièce.

SUZETTE.

Oh! si fait; je vois bien à votre air
Que vous avez...

M. MARCEL.

Non, rien.

SUZETTE.

Mais?...

M. MARCEL.

Tais-toi donc.
(*à Charle.*)
Mon cher,
Ton père, où donc est-il?

CHARLE.

Mon père?

M. MARCEL.

Eh! oui, ton père.

SUZETTE.

Vous ne l'avez pas vu?

M. MARCEL.

Non; je me désespère.
Je vais, viens, rentre, sors; en un mot, je ne puis...
Ah! je ne puis rester dans l'état où je suis.

Ce cher, ce bon Germain ! je sens combien je l'aime.
Il faut que je l'embrasse.

CHARLE.

Eh ! dans l'instant lui-même,
Mon oncle, il est sorti pour vous aller chercher.

M. MARCEL.

Qu'entends-je ?

SUZETTE.

Au désespoir d'avoir pu vous fâcher.

CHARLE.

Oui, mon père a couru, volé sur votre trace...

SUZETTE.

Il a dit comme vous : « Il faut que je l'embrasse. »

M. MARCEL.

Il se pourroit ?... Mais oui, sans peine je le crois ;
Je reconnois Germain : il vaut bien mieux que moi.

CHARLE.

Vous êtes bons tous deux.

M. MARCEL.

Il est meilleur.

SCÈNE X.

Les mêmes, M. GERMAIN.

(*M. Germain entre et écoute de loin sans être vu.*)

M. MARCEL.

Mon frère
Est vif et prompt, d'accord ; peut-être un peu colère ;
Mais c'est presque toujours le défaut des bons cœurs :
Les caractères vifs sont encor les meilleurs.

Aussi c'est toujours moi qui l'attaque et le fâche ;
Je m'obstine sans cesse et semble prendre à tâche
De le contrarier. Noble, franc, généreux,
De près, de loin, son cœur rend tout le monde heureux;
Tout Morlaix lui rendroit le même témoignage ;
Mais ne le regardons qu'au sein de son ménage.
Bon père, bon mari, meilleur frère...

M. GERMAIN, *se montrant.*

Ah! Marcel!
Ah! mon frère!

M. MARCEL.
(*Ils s'embrassent.*)
Germain! voilà ton naturel!
Et le premier toujours tu reviens de la sorte.

M. GERMAIN.
Oui ; car j'ai toujours tort.

M. MARCEL.
Eh! non ; c'est moi.

M. GERMAIN.
Qu'importe?
Ne parlons plus de torts ; que tout soit oublié.

M. MARCEL.
Tout, excepté la tendre et fidèle amitié.

M. GERMAIN.
Ah! oui, toujours amis... Je t'écoutois là, frère,
Et mon cœur jouissoit.

M. MARCEL.
Le mien parloit.

CHARLE, *avec désordre.*

Mon père!
Mon cher oncle!...

ACTE I, SCÈNE X.

SUZETTE.

Oui, tous deux, quel plaisir nous avons
De voir...

M. MARCEL.

Quoi! que mon frère et moi nous nous aimons?
Est-ce nouveau?

CHARLE.

Non ; mais... Quelle joie est la nôtre !

M. GERMAIN, *à M. Marcel.*

Comme ils nous aiment !...

M. MARCEL, *à M. Germain.*

Oui. Comme ils s'aiment l'un l'autre !

M. GERMAIN, *à M. Marcel.*

Ah ! coquin ! je t'entends.

M. MARCEL, *montrant Suzette.*

Son aimable gaieté
Nous rappelle la grace et la vivacité
De notre chère sœur...

M. GERMAIN.

Oui, pauvre Caroline !
Son orpheline au moins m'est bien chère...

SUZETTE.

Orpheline !
Est-ce qu'on l'est avec deux oncles tels que vous ?
J'ai deux pères pour un.

M. MARCEL.

C'est un enfant pour nous...

CHARLE.

O Suzette !

M. MARCEL, *à demi-voix à son frère, en lui montrant
Suzette, qui l'entend bien.*

Germain ! est-elle assez jolie !

M. GERMAIN, *de même.*

Oui ; depuis un moment elle semble embellie.

M. MARCEL, *plus haut.*

Chère enfant ! Mon ami ! regarde-la donc bien.

M. GERMAIN.

Pourquoi, frère ?

M. MARCEL.

Ces traits ne te rappellent rien ?

M. GERMAIN.

Mais... sa mère, d'abord.

M. MARCEL.

Sans doute ; mais encore ?
Un de nos grands parents.

M. GERMAIN.

Oui ? Lequel donc ? j'ignore...

M. MARCEL.

Tu ne remarques pas que c'est tout le portrait...

M. GERMAIN.

Et de qui ?

M. MARCEL.

De quelqu'un... tiens, quand elle rioit...
C'est elle...

M. GERMAIN.

Nomme donc.

M. MARCEL.

Mais notre grande tante,
Cette bonne Thérèse.

M. GERMAIN.

Ah ! Dieu ! cette méchante ?

M. MARCEL.

Méchante ?

ACTE I, SCÈNE X.

M. GERMAIN.

Sûrement, méchante; elle l'étoit.

M. MARCEL.

Quoi! la meilleure femme!

M. GERMAIN.

Oui, qui me détestoit!

M. MARCEL.

Je n'y pensois pas, moi.

M. GERMAIN.

Non? l'excuse est nouvelle!

SUZETTE, *bas.*

Nous voilà perdus, Charle; encore une querelle.

CHARLE.

Mon père!...

M. GERMAIN.

Laissez-nous.

SUZETTE.

Mon cher tuteur!

M. MARCEL.

Tais-toi.

M. GERMAIN.

Thérèse, bonne tante!

M. MARCEL.

Elle l'étoit pour moi.

M. GERMAIN.

Elle me haïssoit et m'accabloit d'injures.

M. MARCEL.

Tu lui disois souvent des paroles si dures.

M. GERMAIN.

La bonne tante!

M. MARCEL.

Aussi tu l'impatientois,

Tu la faisois pleurer.

M. GERMAIN.

Et toi, tu la flattois!

M. MARCEL.

Fort bien! On est flatteur, parcequ'on est honnête.

M. GERMAIN.

Et dur, quand on est franc.

M. MARCEL.

Je n'avois pas ta tête,
J'étois doux.

M. GERMAIN.

Oh! charmant! Mais moi, du moins, j'avois...
J'ai toujours un bon cœur.

M. MARCEL.

J'en ai donc un mauvais?

M. GERMAIN.

Tout exprès rappeler ce qui fait de la peine!
Il n'y manque jamais.

M. MARCEL.

Puis-je avoir de la haine
Pour une bonne femme, et qui m'a tant chéri?

M. GERMAIN.

Et moi, dois-je bénir celle qui m'a haï?

M. MARCEL.

Tout le monde l'aimoit.

M. GERMAIN.

Et moi, je la déteste.

M. MARCEL.

Déteste! mais pour moi, ma tendresse lui reste.
Chère tante! je l'aime enfin de tout mon cœur.

M. GERMAIN.

Soit.

ACTE I, SCÈNE X.

SUZETTE, *à M. Germain.*

Mon cher oncle.

M. GERMAIN.

Allez, suivez votre tuteur,
Et flattez-le toujours comme il flattoit sa tante :
Mais vous serez tous deux trompés dans votre attente,
Et Charle épousera la fille du voisin.

M. MARCEL.

Soit.

M. GERMAIN.

Je cours chez Hilaire.

(*Il sort.*)

M. MARCEL.

Eh! va-s-y.

(*Il sort aussi.*)

SUZETTE.

Mon cousin!

CHARLE.

Suzette!

SUZETTE.

Quel malheur!

CHARLE.

Oui ; mais je le répète,
Je n'aime et n'aimerai jamais que ma Suzette.

(*Ils sortent chacun de leur côté.*)

FIN DU PREMIER ACTE.

ACTE SECOND.

SCÈNE I.

M. GERMAIN, CHARLE.

M. GERMAIN.
Écoutez : il s'agit d'un point très important.
Je sors de chez Hilaire, et tous deux, à l'instant,
Nous venons de conclure enfin ce mariage
Si long-temps différé : sans tarder davantage,
Mademoiselle Hortense et vous, serez unis,
Et cela dans trois jours.

CHARLE.
Dans trois jours!

M. GERMAIN.
Oui, mon fils.

CHARLE, *à part.*
O ma chère Suzette!

M. GERMAIN.
Ainsi donc, tout de suite,
Charle, à votre future allez faire visite.
Partez, et de ce pas, vous êtes attendu ;
Voilà beaucoup de temps, beaucoup trop de perdu.
On vous recevra bien ; mais vous, soyez honnête,
Même empressé, galant... Hé bien, qui vous arrête ?

CHARLE.
Mon père...

M. GERMAIN.

Quoi, mon fils?

CHARLE.

De grace...

M. GERMAIN.

A quel propos?

CHARLE.

Me sera-t-il permis de vous dire deux mots?

M. GERMAIN.

Deux mots? Eh! qu'as-tu donc à dire?

CHARLE.

Ah! bien des choses,
Si j'osois vous parler, mon père...

M. GERMAIN.

Bon! tu n'oses?...
Oui! je suis si terrible!

CHARLE.

Oh non!

M. GERMAIN.

Au fond du cœur,
Je t'aime; je ne veux ici que ton bonheur,
Charle, et tu me craindrois!

CHARLE.

Je crains de vous déplaire.
(*M. Germain fait un mouvement.*)
Daignez donc un moment m'écouter sans colère.
Vous avez dès long-temps, je dois en convenir,
Vous et monsieur Hilaire, eu dessein de m'unir
Avec sa fille.

M. GERMAIN.

Oh. oui, depuis long-temps, sans doute;

Eh bien ! on vous unit.

CHARLE.

De grace...

M. GERMAIN, *se contenant à peine.*

Allons, j'écoute.

CHARLE.

Ce matin même... hélas ! déja vous l'oubliez,
L'oncle Marcel et vous, bien réconciliés,
Vous souriiez à Charle ainsi qu'à sa cousine,
Et vous ne parliez plus alors de la voisine.

M. GERMAIN.

Oui, j'aurois pu changer par égard, par bonté
Pour votre oncle... Mais lui, comment m'a-t-il traité?
Quand pour lui je manquois à d'anciennes promesses !

CHARLE.

Et nous, encouragés par vos douces caresses,
Suzette et moi, mon père, il semble qu'en ce jour
Nous ayons redoublé d'espérance et d'amour !
Et quand nous faisons vœu de constance éternelle,
Vous avez, l'oncle et vous, eu dispute nouvelle...

M. GERMAIN.

Pour la dernière fois, j'entends et je prétend...

SCÈNE II.

Les mêmes, Mme GERMAIN.

Mme GERMAIN.

Qu'est-ce donc, mes amis?

M. GERMAIN.

Mais depuis un instant
Je ne reconnois plus votre fils ; il m'étonne

Par son air décidé : monsieur répond, raisonne ;
Il est bien revenu de sa timidité,
Je vous assure.

Mme GERMAIN, *souriant*.

Ah ! ah ! tant mieux.

M. GERMAIN.

En vérité ?
Mais, monsieur, finissons. Sans débat, sans colère,
Allez, et de ce pas, chez mesdames Hilaire.

CHARLE.

Mon père, j'obéis.

(*à part, avec douleur.*)

J'irai, je les verrai ;
Mais je ferai si bien que je leur déplairai.

(*Il sort.*)

SCÈNE III.

M. ET Mme GERMAIN.

Mme GERMAIN.

Chez ces dames ? Eh mais... quelle raison nouvelle ?

M. GERMAIN.

Une telle visite est assez naturelle,
Sur-tout en ce moment ; et c'est le moins, je croi,
De voir sa belle-mère et sa future.

Mme GERMAIN.

Eh quoi !

M. GERMAIN.

Oui, je viens d'arrêter enfin ce mariage ;
Et c'est à notre fils de couronner l'ouvrage.

Mme GERMAIN.

Ah! sans me prévenir! Vous êtes bien discret,
Mon cher mari!

M. GERMAIN.

Mais non, ce n'est point un secret :
Ce projet, dès long-temps, je te l'ai fait connoître.

Mme GERMAIN.

J'ai cru que vous aviez changé d'avis.

M. GERMAIN.

Peut-être.
En tout cas, cette fois je n'en changerai plus;
Et nos arrangements sont arrêtés, conclus :
Toute observation seroit fort inutile.

Mme GERMAIN.

Je n'en ferai donc point, mon cher, soyez tranquille :
Parfois je me résous à me faire gronder;
Mais c'est quand j'ai l'espoir de vous persuader.
 (à part.)
Attendons.

M. GERMAIN.

Oui, toujours la meilleure des femmes!

SCÈNE IV.

Les mêmes, M. HILAIRE.

M. HILAIRE.

Votre fils tarde bien à venir voir ces dames,
Mon voisin.
 (à madame Germain.)
Ah! pardon.

ACTE II, SCÈNE IV.

M. GERMAIN.

Il y court dans l'instant.
Vous ne l'avez pas vu?

M. HILAIRE.

Non vraiment, on l'attend;
Ma fille cache en vain sa vive impatience.

M. GERMAIN.

Et la fille et la mère ont beaucoup d'indulgence.

M. HILAIRE.

Charle en a-t-il besoin? Mon ami! trop heureux
De former entre nous, de resserrer les nœuds...
Oui, qui nous unissoient dès long-temps!

M. GERMAIN.

Cher Hilaire!

M. HILAIRE.

Madame en ce moment voit du même œil, j'espère?...

Mme GERMAIN.

Monsieur...

M. GERMAIN.

Oh! j'en réponds; oui, Charle est notre fils;
Sur ce point, comme en tout, nous n'avons qu'un avis:
(*à sa femme.*)
N'est-ce pas?

Mme GERMAIN.

Mon ami, vous me rendez justice.

(*à part.*)
Pour la première fois, employons l'artifice.
(*haut.*)
Je vais vous le prouver; car...

M. GERMAIN, *à M. Hilaire.*

Ma femme sourit.

M. HILAIRE.
Mais, en effet...

Mme GERMAIN.
Tenez, il me vient à l'esprit
Une idée imprévue et pourtant naturelle;
Elle me semble heureuse...

M. GERMAIN.
Ah! voyons, quelle est-elle?

Mme GERMAIN, *à M. Hilaire.*
Je commence, monsieur, par vous faire un aveu:
C'est que jusqu'à présent je combattois un peu
(Tout en rendant justice à votre aimable fille)
L'union projetée entre votre famille
Et la nôtre.

M. GERMAIN.
Il est vrai, tu ne l'as pas caché.

M. HILAIRE.
Eh bien! madame?

Mme GERMAIN, *à son mari.*
Eh oui, j'avois toujours tâché
De te faire adopter le plan de ton bon frère;
Tel étoit mon avis.

M. GERMAIN.
C'est tout simple, ma chère.

M. HILAIRE.
Mais à présent?

Mme GERMAIN.
Je sens que j'y dois renoncer.

M. HILAIRE.
Il est certain...

M. GERMAIN.
Sans doute, il n'y faut plus penser.

ACTE II, SCÈNE IV.

Comme je te l'ai dit, l'affaire est décidée.

Mme GERMAIN.

Alors, je cède; et même... Oui, voici mon idée.

M. GERMAIN.

Voyons, ma chère femme.

M. HILAIRE, *à part.*

Où veut-elle en venir?

Mme GERMAIN.

Pour resserrer les nœuds qui vont tous nous unir,
Et ne faire entre nous qu'une seule famille,
Si nous?... Monsieur n'a pas seulement une fille...

M. HILAIRE, *à part.*

Ah! ciel!

Mme GERMAIN.

Il a de plus un fils.

M. GERMAIN.

Mais en effet...
Maurice.

Mme GERMAIN.

Que l'on dit un excellent sujet;
Un jeune homme, en un mot, d'une grande espérance.

M. GERMAIN.

Oh! oui.

Mme GERMAIN.

Si nous faisions une double alliance?

M. HILAIRE.

Madame... assurément... on pourroit...

M. GERMAIN.

Eh! vraiment:
La chose est possible; oui, cela seroit charmant:
Hortense avec mon fils, votre fils et Suzette...
Qu'en dites-vous, voisin?

M. HILAIRE.

     Oh ! l'idée est parfaite ;
Je suis reconnoissant... cependant permettez :
Je vois à ce projet quelques difficultés.

M. GERMAIN.

Oh ! nous les lèverons ; car moi, rien ne m'étonne ;
Lesquelles donc ?

M. HILAIRE.

    D'abord... Maurice est à Péronne,
Et vous sentez fort bien...

Mme GERMAIN.

     Ces dames, l'autre jour,
Me disoient que bientôt il seroit de retour.

M. GERMAIN.

Je m'en souviens.

M. HILAIRE.

    D'accord ; mais j'apprends avec peine
Qu'il remet son voyage à la saison prochaine.

Mme GERMAIN.

Nous attendrons.

M. GERMAIN.

 Sans doute.

M. HILAIRE.

     Ah ! quel retard ! jugez !

Mme GERMAIN.

Oui ; mais nous en serons si bien dédommagés !

M. HILAIRE.

Mon cher voisin lui-même est d'une impatience !...

M. GERMAIN.

Il n'importe ; en faveur de la double alliance
J'attendrai volontiers.

ACTE II, SCÈNE IV.

M. HILAIRE.

Hé bien, mes chers amis,
Il faut vous dire tout : apprenez que mon fils,
Par des liens puissants, va tenir à Péronne.
Il est amoureux...

M. GERMAIN.

Bon !

M. HILAIRE.

D'une jeune personne
Charmante, m'écrit-il : il en est transporté ;
Et moi, qui suis bon père, au fond je suis porté...

M. GERMAIN.

Amoureux... c'est fort bien ; mais quoi ! mon fils lui-même
Est amoureux aussi ; cette Suzette, il l'aime.

M. HILAIRE.

Sa cousine !

M. GERMAIN.

Oui, vraiment.

M. HILAIRE.

Allons donc ! Le beau feu !

M. GERMAIN.

Écoutez donc ; il vient de m'en faire l'aveu,
D'un ton qui m'a frappé.

M. HILAIRE.

Bon ! pur enfantillage,
Qui ne peut mettre obstacle à notre mariage.

M. GERMAIN.

J'en pourrois dire autant de votre fils, je croi.

M. HILAIRE.

Ah ! quelle différence !

M. GERMAIN.

En quoi ?

Mme GERMAIN.

Je pense, moi,
Que l'inclination de votre cher Maurice,
Comme de notre Charle, est un léger caprice,
Qui ne doit point du tout déranger nos desseins ;
Pour ne parler ici que des jeunes cousins,
Quand Suzette verra Charle, sans répugnance,
De bon cœur, épouser mademoiselle Hortense ;
Bientôt avec l'espoir, perdant ce bel amour,
Elle se trouvera trop heureuse, à son tour,
De recevoir les vœux d'un jeune homme estimable,
Qui doit trouver aussi notre Suzette aimable.

M. GERMAIN.

Votre cher fils pouvoit espérer plus de bien,
Soit ; Suzette n'est pas très riche.

M. HILAIRE, *à part.*

Elle n'a rien.

(*haut.*)

Cher voisin, ce n'est pas le défaut de richesse...
Qui me refroidiroit pour votre aimable nièce....
Soyez persuadé...

Mme GERMAIN.

Nous le sommes, monsieur ;
Nous connoissons très bien le fond de votre cœur,
Votre délicatesse.

M. GERMAIN.

Oh ! oui ; je me propose
Pour Suzette, d'ailleurs, de faire quelque chose.
C'est l'enfant de ma sœur, c'est ma nièce ; en un mot,
J'ai là mille louis de côté pour sa dot.

M. HILAIRE, *à part.*

La belle dot !

(*haut.*)
Eh! mais, ce n'est pas là, vous dis-je,
Ce qui m'arrêteroit, mon cher; ce qui m'afflige,
C'est de voir retarder l'hymen de Charle.

Mme GERMAIN.

Bon!
Retardé d'un moment.

M. HILAIRE.

D'au moins trois mois.

M. GERMAIN.

Eh! non.
Je veux absolument un double mariage,
Voilà mon dernier mot.

M. HILAIRE.

Allons, monsieur...

(*à part.*)

J'enrage.
Cédons, il est plus riche.

M. GERMAIN.

Oui, deux contrats ou point.

M. HILAIRE.

Je vais donc consulter ma femme sur ce point.

M. GERMAIN.

Soit ; mais...

M. HILAIRE.

Allons...

(*à madame Germain.*)

Je suis reconnoissant, madame,
De vos attentions.

(*à part.*)

Peste soit de la femme!

5

Mme GERMAIN.

Mon motif est bien pur.

M. HILAIRE.

Oh! j'en suis pénétré.

(*à part.*)

Elle me joue un tour; mais je le lui rendrai.

(*haut.*)

Au revoir, cher voisin.

M. GERMAIN, *de loin.*

Au revoir; mais du reste,
Je suis décidé.

M. HILAIRE, *en s'en allant.*

Soit.

Mme GERMAIN, *à part.*

Je crois qu'il me déteste.

(*M. Hilaire sort.*)

SCÈNE V.

M. ET Mme GERMAIN.

M. GERMAIN.

Ton projet est charmant.

Mme GERMAIN.

N'est-ce pas, mon ami?
Il faut, autant qu'on peut, ne rien faire à demi.

M. GERMAIN.

Eh! oui; je ne vois pas pourquoi le cher Hilaire
Combattoit une idée et si juste et si claire.

Mme GERMAIN.

Tu ne le vois pas?...

M. GERMAIN.

Non. Je ne puis concevoir...

ACTE II, SCÈNE V.

Quel motif... peut ainsi...

Mme GERMAIN.

Moi, j'ai cru l'entrevoir :
Motif très naturel.

M. GERMAIN.

Et quel est-il ?

Mme GERMAIN.

Écoute
Sans humeur : le voisin est brave homme, sans doute,
Mais ne néglige pas ses petits intérêts :
Il veut bien que sa fille épouse, et sans délais,
Charle ; car il y trouve un fort grand avantage :
Mais Suzette n'a rien, presque rien en partage ;
De l'unir à Maurice il n'est pas si pressé.

M. GERMAIN.

Mais en effet... Hilaire est fort intéressé :
Oui, pour tel, de tout temps, j'ai su le reconnoître.
N'importe ; moi, j'insiste.

Mme GERMAIN.

Il se rendra, peut-être ;
Et sa femme bientôt l'aura persuadé.

M. GERMAIN.

Je l'espère ; pour moi, c'est un plan décidé.
Je tiens infiniment à la double alliance.
Que tu mérites bien toute ma confiance !

Mme GERMAIN.

Je me sens incapable au moins d'en abuser.
 (*à part.*)
Je dissimule ici ; mais on doit m'excuser :
C'est pour gagner du temps et sauver des querelles.
Le frère, ô ciel ! Je crains quelques scènes nouvelles.

5.

SCÈNE VI.

Les mêmes, M. MARCEL.

M. MARCEL, *un petit livre à la main.*
Ah! frère, dis-moi donc, comme un vrai connoisseur,
Ton avis sur ce livre... Excusez, chère sœur.
Tiens.

M. GERMAIN.
Ah! ah! Cicéron?

M. MARCEL.
Oui, ses lettres.

M. GERMAIN.
Bon livre!

Mme GERMAIN, *à part.*
Ce retour est heureux. Voyons ce qui va suivre.

M. MARCEL.
Hé bien?

M. GERMAIN.
Ah! mon ami, la belle édition!

M. MARCEL.
N'est-ce pas?

M. GERMAIN.
Oui vraiment; d'une correction!

M. MARCEL.
Un Elzévir.

M. GERMAIN.
Tout pur.

M. MARCEL.
Rare!

ACTE II, SCÈNE VI.

M. GERMAIN.

Peut-être unique :
Où l'as-tu donc trouvé, dis ?

M. MARCEL.

Dans cette boutique
Nouvelle, près du port, et d'où l'on voit la mer.

M. GERMAIN.

Ah ! bon, je sais.

M. MARCEL.

Hé bien, j'étois allé, mon cher,
Me promener, errer, en un mot me distraire ;
J'entre, je vois ce livre...

M. GERMAIN.

A merveille, mon frère !
Ma foi, l'occasion étoit bonne à saisir ;
Je t'en fais compliment.

M. MARCEL.

Tu me fais grand plaisir !

M. GERMAIN.

Mais tu ne me dis pas ce que ce livre coûte ?

M. MARCEL.

Oh ! non, c'est mon secret.

M. GERMAIN.

Pourquoi donc ?

M. MARCEL.

Frère, écoute ;
C'est un petit cadeau que je veux faire.

M. GERMAIN.

A qui ?

M. MARCEL.

Tu ne devines pas ? à mon meilleur ami.

M. GERMAIN.

Comment?

Mme GERMAIN.
Eh! c'est à vous que le cadeau s'adresse.

M. GERMAIN.

A moi?

M. MARCEL, *imitant l'accent de son frère.*
« Je voudrois bien (nous disois-tu sans cesse)
« Un petit Cicéron, qu'on pût lire en chemin,
« Et mettre dans sa poche. » Aussi vois-tu, Germain,
Depuis un mois je rôde, et je cherche en cachette;
Je le rencontre enfin ce livre, je l'achète,
Et je te l'offre.

M. GERMAIN.
O Dieu! que voilà bien Marcel,
Et ses attentions, et son bon naturel!

M. MARCEL.
Vante ce trait bien fort! ma largesse est extrême!

M. GERMAIN.
Ah! Marcel! ce n'est pas le présent en lui-même,
C'est l'aimable abandon, la grace que tu mets...

M. MARCEL.
Eh! finis donc...

M. GERMAIN.
Dis-moi, femme, vis-tu jamais
Un cœur comme le sien?

Mme GERMAIN.
Mais je connois le vôtre;
Vous êtes tous les deux bien dignes l'un de l'autre.

M. MARCEL.
Bonne sœur!

M. GERMAIN.

Charmant livre! Oh! comme nous lirons!

M. MARCEL.

Tout en nous promenant! Tiens, frère, parcourons.

Mme GERMAIN.

Oui, oui, messieurs, songeons chacun à notre ouvrage :
Lisez Cicéron; moi, je vais à mon ménage.

M. GERMAIN.

Bien, femme.

M. MARCEL.

Au revoir, sœur.

Mme GERMAIN, *à part.*

Fort bien; vous oubliez,
Par bonheur, chers amis, que vous étiez brouillés :
De vous le rappeler, moi, je n'ai point envie.

(*Elle sort.*)

SCÈNE VII.

LES DEUX FRÈRES.

M. GERMAIN.

Quelle femme, Marcel!

M. MARCEL.

Quelle sœur! quelle amie!

M. GERMAIN, *qui tient le livre.*

Mais lisons donc un peu de notre Cicéron.

M. MARCEL.

Ah! volontiers, Germain; voilà du beau, du bon.

M. GERMAIN.

Marcel! cet orateur qu'on admiroit dans Rome,

Moi, je l'admire aussi ; mais j'aime mieux voir l'homme.

M. MARCEL.

Oui, le cœur parle là plus encor que l'esprit.

M. GERMAIN.

Tiens, voilà justement la lettre qu'il écrit
A son frère Quintus.

M. MARCEL.

La meilleure, je gage.

M. GERMAIN.

« *Mi frater! mi frater! mi frater!* (1)... » Doux langage !

M. MARCEL.

Quel exorde ! Trois fois mon frère !

M. GERMAIN.

C'est charmant ;
Mais peut-on répéter ce mot-là trop souvent ?
Mon frère !

M. MARCEL.

Mon cher frère !

(*Ils s'embrassent.*)

Ah ! ce livre m'enchante ;
Nous sommes bien tombés : la lettre est si touchante !

M. GERMAIN.

Ils avoient eu tous deux quelques débats, je voi...
Cicéron étoit vif, il étoit comme moi.

M. MARCEL.

Hé bien ! de son humeur est-on toujours le maître ?
Puis le frère Quintus... que sais-je... étoit peut-être
Obstiné comme moi.

M. GERMAIN.

Bon ! s'ils étoient brouillés,

---

1 *Epist. ad Quintum fratrem*, Lib. I, epist. 3.

ACTE II, SCÈNE VI. 73

Je vois que les voilà bien réconciliés.

M. MARCEL.

On ne se brouille pas long-temps avec son frère.

M. GERMAIN.

Oh! non : on a parfois un moment de colère...

M. MARCEL.

D'humeur ; mais on s'en aime encore mieux après.

M. GERMAIN.

Je sens tout ce qu'il dit.

M. MARCEL, *lisant par-dessus son épaule.*

Moi, je me reconnois.

(*Il lit.*)

« Je n'ai reçu de toi que choses agréables,
« Que consolations, que procédés aimables ;
« Et tu ne tiens de moi, j'en dois faire l'aveu,
« Que peines, que chagrins, que tourments... (1). »

M. GERMAIN.

Ah! bon Dieu!
Que dis-tu là?

M. MARCEL.

Je lis.

M. GERMAIN.

Cicéron a pu dire?

M. MARCEL.

Oui, mot pour mot, tiens...

M. GERMAIN.

Non, je ne veux point relire.
Entre frères, Marcel, tout n'est-il pas commun,

---

1 *Certè à te, mihi omnia semper honesta et jucunda ceciderunt, à me tibi luctus meæ calamitatis, metus tuæ, desiderium, mœror, solitudo.* Epist. supradict.

Et peines et plaisirs ? Deux frères ne font qu'un.

M. MARCEL.

J'entends bien ; mais...

M. GERMAIN.

Eh ! non ; pour être trop sensible,
Ce pauvre Cicéron en étoit susceptible.

M. MARCEL.

Je le suis donc aussi ?

M. GERMAIN.

Point du tout.

M. MARCEL.

Mais enfin...

M. GERMAIN.

Ah ! tu cherches encore à disputer, taquin ?
Mais moi, je ne veux pas. Ce seroit bien dommage.
Allons lire au jardin.

M. MARCEL.

Oui, sous ce bel ombrage ;
Et nous nous assiérons, mon frère, sur le banc
Que ma sœur a nommé *le raccommodement*.

M. GERMAIN.

Ah ! oui, mon cher Marcel, c'est là qu'il faut nous mettre
Digne place pour lire une aussi bonne lettre !

M. MARCEL.

Allons...

SCÈNE VIII.

Les mêmes, SUZETTE.

M. GERMAIN.

C'est toi, Suzette !

SUZETTE.

Oui, mon oncle, je vien...

M. MARCEL.

Et nous nous en allons.

SUZETTE.

Quoi ! sans me dire rien?

M. GERMAIN.

Nous allons au jardin.

M. MARCEL.

Adieu.
(*Ils sortent en lui souriant.*)

SCÈNE IX.

SUZETTE, *seule*.

La chose est claire :
Ce n'est point au jardin qu'ils vont, c'est chez Hilaire,
Pour ce beau mariage... A qui donc se fier?
Ma tante même aussi veut me sacrifier !
L'oncle Germain consent, mon tuteur m'abandonne ;
Dans la famille enfin pour moi je n'ai personne :
Ils me trahissent tous, tous jusqu'à mon cousin.
L'ingrat ! dans ce moment il est chez le voisin,
Ou plutôt chez Hortense. Il lui dit, lui répète
Qu'il l'aime, qu'il l'adore...

SCÈNE X.

SUZETTE ET CHARLE.

CHARLE.
            Ah! ma chère Suzette!...
SUZETTE.
Monsieur, je vous salue.
CHARLE.
            Ah! ciel! Eh quoi! monsieur!...
Je vous salue!
SUZETTE.
    Eh! oui.
CHARLE.
            Pourquoi cette froideur?
Qu'avez-vous contre moi, mon aimable cousine?
SUZETTE.
Rien. Vous venez de voir la charmante voisine.
CHARLE.
La charmante?.
SUZETTE.
        Oui, monsieur : me nierez-vous le fait?
CHARLE.
Pourquoi donc le nierois-je? oui, je viens en effet...
SUZETTE.
De faire votre cour à la sublime Hortense?
CHARLE.
Mon père l'ordonnoit.
SUZETTE.
            Oh! sans doute. Je pense
Que vous vous êtes vite empressé...

ACTE II, SCÈNE X.

CHARLE.

Pouvez-vous?...

SUZETTE.

Ne prenez pas ceci pour un dépit jaloux.
Moi, jalouse! Eh! pour nous tout s'arrange au contraire;
Vous épousez la sœur, et j'épouse le frère.

CHARLE.

Le frère!...

SUZETTE.

Eh! oui, le frère, un excellent sujet,
Fort aimable, dit-on; c'est un charmant projet
De ma tante: mon oncle approuve cette idée;
Mon tuteur y consent; la chose est décidée.

CHARLE.

Je ne comprends pas, moi...

SUZETTE.

Les deux noces, mon cher,
Par-là pourront se faire en même temps, c'est clair;
Cela sera charmant, et plus économique.
L'économie! oh! oui; mon beau-père s'en pique.

CHARLE.

Mais encore une fois...

SUZETTE.

J'avouerai cependant
Qu'il est dans cette affaire un fâcheux incident;
C'est que monsieur Maurice, oui, l'époux qu'on me donne,
N'est pas en ce moment ici, mais à Péronne,
Comme vous le savez; c'est dommage: il est vrai
Qu'on doit le rappeler; mais enfin, ce délai
Va retarder encor de quinze jours, je pense,
Votre union avec mademoiselle Hortense.
Que voulez-vous, monsieur? il faut se résigner.

Mais le parti pour moi n'est pas à dédaigner...

CHARLE.

Suzette est, je le sais, vive, aimable, charmante,
Et sa plaisanterie est tout-à-fait piquante;
Mais je meurs, si j'entends un mot de tout ceci!...

SUZETTE.

Quoi! vous n'entendez pas qu'en même temps ici,
Vous épousez Hortense, et j'épouse Maurice?

CHARLE.

J'ignore d'où vous vient un si nouveau caprice,
Et si vous épousez le frère; mais jamais
Je n'épouserai, moi, la sœur, je vous promets.
Je l'ai vue, il est vrai; mais, de feindre incapable,
Je n'avois, grace au ciel, point promis d'être aimable:
Aussi j'en réponds bien, je ne l'ai point été.

SUZETTE.

Oh! oui, croyez cela.

CHARLE.

Je dis la vérité!

SUZETTE.

Je voudrois bien vous croire, en mon chagrin extrême...

CHARLE.

Suzette, tu le sais; c'est toi seule que j'aime.

SUZETTE.

Ah! Charle!... cependant on veut nous séparer...

CHARLE.

Eh! quel est ce malheur qu'on me laisse ignorer?

SUZETTE.

Imagine-toi donc, cher cousin, que ma tante
Vient tout-à-l'heure... Ah, Dieu! voici la gouvernante.

SCÈNE XI.

Les mêmes, NICOLE.

NICOLE.

Venez donc, mes enfants, madame vous attend.

CHARLE.

Pourquoi?

NICOLE.

Venez toujours.

CHARLE.

Eh! mais...

NICOLE.

Dans un instant
Vous serez bien contents tous deux, sur ma parole.

CHARLE.

Tu ne veux pas nous dire?

SUZETTE.

Ah! ma bonne Nicole,
Je t'en conjure.

NICOLE.

Allez, vous le verrez bientôt.

CHARLE, *à Suzette.*

Je sais... Viens.

(*Ils sortent en courant et en se tenant par le bras.*)

SCÈNE XII.

NICOLE, *seule.*

Nous savons nous taire quand il faut.
Ce cher monsieur Marcel, comme il sera bien aise !
Il est temps, car je sens que le secret me pèse ;
Les voici, sauvons-nous de peur des questions.
(*Elle sort.*)

SCÈNE XIII.

LES DEUX FRÈRES.

M. GERMAIN.
Ah ! voilà donc encor tes obstinations !
M. MARCEL.
Et tes emportements !
M. GERMAIN.
Comment ? tu viens me dire
Qu'ici *desidero* se rend par, je desire ;
C'est, je regrette.
M. MARCEL.
Oui ; mais, c'est je desire aussi,
L'un et l'autre, en un mot.
M. GERMAIN.
Non, il faut lire ainsi :
(*avec tendresse.*)
« Oui, mon frère, c'est toi, toi seul que je regrette (1). »

---

1 *Cùm enim te desidero, fratrem solum desidero ? Ego verò suavitate, propè fratrem, propè æqualem, obsequio filium, con-*

ACTE II, SCÈNE XIII.

M. MARCEL, *de même.*

« Toi seul que je desire. »

M. GERMAIN.

Oh! le bel interprète!

M. MARCEL.

Tout aussi bon que toi.

M. GERMAIN.

Mais c'est tout simple, enfin ;
Vingt-cinq ans de commerce ont rouillé ton latin :
A lire mes auteurs chaque jour je m'exerce.

M. MARCEL.

Il va me reprocher à présent mon commerce!

M. GERMAIN.

Eh! non; mais c'est qu'ainsi l'on n'a jamais traduit.

M. MARCEL.

On l'a traduit toujours.

SCÈNE XIV.

LES MÊMES, Mme GERMAIN, CHARLE, SUZETTE.

Mme GERMAIN.

Ah! voilà bien du bruit!
Messieurs, je vous demande un moment d'audience.

M. GERMAIN.

Qu'est-ce donc?

---

silio parentem. Quid mihi sine te unquam, aut tibi sine me jucundum fuit?... In eâd. Epist.

Toute cette lettre est pleine de regrets, de larmes et d'amitié fraternelle, de sentiments nobles, tendres et touchants; et tout cela est exprimé dans un style qui est le comble de l'élégance et de la perfection.

M. MARCEL.

Des bouquets!

Mme GERMAIN.

Mais c'est le cas, je pense :
N'est-ce pas aujourd'hui le vingt-quatre de mai?

M. MARCEL.

Ah! mon jour de naissance!

M. GERMAIN.

O ciel! est-il bien vrai?
Le vingt-quatre!... En effet! et c'est moi qui l'oublie!
A quoi pensé-je donc?

Mme GERMAIN.

Pardon, je vous supplie;
Écoutez ces enfants.

M. MARCEL.

Ah! oui, de tout mon cœur.

Mme GERMAIN.

Asseyez-vous d'abord à la place d'honneur.
Vous êtes le héros, le dieu de notre fête.

CHARLE et SUZETTE.

Oh! oui.

M. GERMAIN.

Dès qu'une fois ma femme est à la tête,
Tout ira bien.

M. MARCEL.

André! Nicole! bonnes gens!

M. GERMAIN.

Ils sont de la famille.

Mme GERMAIN.

Allons, mes chers enfants,
Donnons tous nos bouquets.

(*On donne les bouquets.*)

A présent, ma Suzette,
Chante-nous la chanson.
SUZETTE.
C'est Charle qui l'a faite.
M. MARCEL.
Mon neveu, grand merci.
(*essuyant une larme.*)
Ce moment est bien doux,
Mon frère !...
M. GERMAIN, *lui serrant la main.*
Mon cher frère !...
Mme GERMAIN.
Enfin, écoutez-vous ?
(*Suzette est prête à chanter, quand M. Hilaire entre.*)

SCÈNE XV.

LES MÊMES, M. HILAIRE.

M. HILAIRE, *de loin.*
Qu'est-ce qu'on fait ?... Ah ! ah ! je dérange, peut-être ?
M. MARCEL, *à part.*
Assurément.
M. GERMAIN.
Qui ? vous ? c'est bien mal nous connoître ;
Nous fêtons notre frère, et comme bons parents...
M. HILAIRE, *à M. Marcel.*
Monsieur ne doute pas de la part que je prends
Au plaisir...
M. MARCEL, *assez froidement.*
Ah ! monsieur, vous êtes trop honnête.

CHARLE, *bas à Suzette.*

Qu'il vient mal-à-propos!

SUZETTE, *bas à Charle.*

Il va gâter la fête.

M. GERMAIN.

Votre présence ici ne peut que redoubler
Notre joie.

M. HILAIRE.

Ah! monsieur! je crains de la troubler.

Mme GERMAIN, *à Suzette.*

Allons, Suzette, à toi.

M. HILAIRE.

Si ma femme et ma fille
Avoient pu soupçonner ce bouquet de famille,
Vous jugez, cher voisin, de leur empressement...

M. GERMAIN.

Eh! c'est en impromptu : je l'ignorois vraiment;
C'est madame Germain...

M. HILAIRE.

On reconnoît madame.

Mme GERMAIN, *montrant Suzette.*

Ah! messieurs! permettez...

M. HILAIRE, *avec affectation, à madame Germain.*

Mais à propos, ma femme
Est fort de votre avis, madame.

M. GERMAIN.

A quel sujet?

Mme GERMAIN, *à part.*

O ciel!...

M. HILAIRE.

Mais à propos de ce charmant projet.

M. GERMAIN.

Ah! bon!... mais à demain les choses sérieuses.

M. HILAIRE.

Ah! tout ceci n'aura que des suites heureuses.
D'abord, je l'avouerai, j'étois d'un autre avis,
Mettant trop d'importance à l'amour de mon fils.

M. GERMAIN.

N'importe, mon voisin, remettons cette affaire.

M. HILAIRE.

Pourquoi? voilà déja trop long-temps qu'on diffère;
Je le vois à présent, cette inclination
Ne sauroit empêcher notre double union.

M. MARCEL.

Double union! De qui?

M. GERMAIN.
    Rien, rien.

M. MARCEL.
        Si fait, je pense;
Je vous entends parler d'une double alliance.

M. HILAIRE.

Il est bien vrai, monsieur; c'est qu'il s'agit...

M. MARCEL.
        De quoi?
Quel est donc ce mystère?

M. GERMAIN.
    Un mystère?

M. MARCEL.
        Oui, pour moi;
Car enfin vous parlez d'un projet que j'ignore.

Mme GERMAIN, *à part*.

O ciel! et je n'ai pu le prévenir encore!

M. GERMAIN.

C'est que je n'ai pas eu le temps... mon cher Marcel,
De te communiquer un dessein...

M. MARCEL.

Et lequel?

M. GERMAIN.

Mais c'étoit...

M. HILAIRE, *vivement.*

Oui, de faire une seule famille,
D'unir en même temps et Charle avec ma fille,
Et Maurice, mon fils, avec Suzette.

M. MARCEL, *laissant tomber ses bouquets, et de sang froid.*

Ah! bon!
Voilà le plan formé.

M. GERMAIN.

Formé, pas encor, non;
C'est, comme je disois, un conseil de ma femme,
Mais une simple idée...

M. MARCEL.

Ah! fort bien! c'est madame
Qui vous a, dites-vous, donné ce beau conseil?...
Eh! quoi! ma belle-sœur me joue un tour pareil?

Mme GERMAIN.

Mon frère, permettez... qu'ici je vous explique...

M. MARCEL.

Des explications! Eh! la seule réplique,
C'est de nier le fait.

Mme GERMAIN, *à demi-voix.*

De grace, écoutez-moi.

M. MARCEL.

Désavouez ce plan, s'il est faux.

M. HILAIRE.

         Eh! pourquoi
Madame nieroit-elle un dessein raisonnable,
Un double mariage, en un mot, très sortable?

M. MARCEL, *s'échauffant par degrés.*

Eh! ce n'est point à vous que je parle, monsieur:
Qu'ai-je à vous dire, moi? J'interroge ma sœur,
Mon frère; mais tous deux ne savent que répondre;
Et leur propre embarras suffit pour les confondre.
Fort bien! c'est donc ainsi que vous formez des plans,
Et que vous mariez en frères, nos enfants?

M. GERMAIN.

Mon frère!...

M. MARCEL.

    C'est ainsi qu'oubliant vos promesses,
Les vœux de notre sœur,

     (*montrant Charle et Suzette.*)

     et même leurs tendresses,
Sans daigner seulement demander mon avis...
Je ne dis rien pour Charle, au fait, c'est votre fils;
Mais je voudrois savoir de quel droit on dispose
De Suzette.

  (*à M. Hilaire.*)

    Monsieur ignore, je suppose,
Que de la marier moi seul j'ai le pouvoir.

M. HILAIRE.

Ah! monsieur!... j'ignorois...

M. MARCEL.

      Vous deviez le savoir.
Mais mon frère savoit, madame aussi, j'espère,
Que je suis son tuteur, et lui tiens lieu de père;
Et que...

M. GERMAIN.

Mon cher Marcel!...

Mme GERMAIN.

De grace, écoutez-nous.

M. MARCEL, *à madame Germain.*

Vous osez me parler, me regarder, qui? vous!
Madame, vous! après une action si noire?
De votre part jamais je n'aurois pu le croire...
Et quel moment encor, tous deux, vous choisissez!
Le jour de ma naissance! Ainsi, vous m'embrassez!
Et c'est pour me tromper!

Mme GERMAIN.

Oh! Dieu! je vous proteste...

M. GERMAIN.

Je n'ai point eu dessein...

M. MARCEL.

J'ai passé tout le reste;
J'ai pu l'attribuer à la vivacité,
Au premier mouvement d'un esprit emporté;
Mais des complots tramés avec tant de malice,
Et par un frère, un plan dont madame est complice!...
Je vous quitte à jamais...

M. GERMAIN.

Cher Marcel! je te dis...

M. MARCEL.

Oui, pour jamais, je pars, je retourne à Cadix.

Mme GERMAIN.

Ah! mon frère!

M. MARCEL.

Et j'emméne avec moi ma pupille;
Car j'ai de bons amis; j'en ai dans cette ville.
Que j'avois refusés, pour demeurer chez toi,

ACTE II, SCÈNE XV.

Ingrat!

M. GERMAIN.

Mon cher Marcel!

M. MARCEL.

Ils vont tous près de moi
Accourir, s'empresser de m'offrir leurs services;
Plus que moi-même ils vont trouver mille délices
Dans l'hospitalité dont ils sentent le prix;
Et je n'essuierai point leur haine, leur mépris:
Ils ne me blesseront jamais au fond de l'ame!

M. GERMAIN.

Mon cher Marcel!...

M. MARCEL.

Adieu, monsieur; adieu, madame...
Suis-moi, Suzette.

CHARLE, *à part.*

O ciel!

M. GERMAIN, *à son frère.*

Tu pars?

M. MARCEL.

Oui, je m'en vais.

Mme GERMAIN.

O mon cher frère! un mot...

M. MARCEL.

Rien; adieu pour jamais.
(*Il sort, Suzette le suit.*)

SUZETTE, *bas.*

O Charle!

SCÈNE XVI.

Les mêmes, *excepté* M. MARCEL et SUZETTE.

M. GERMAIN.
Est-il possible? il part! eh quoi! si vite!...
M. HILAIRE, *à part.*
Je l'avois bien prévu.
Mme GERMAIN, *à part.*
Malheureuse visite!
O ciel! et je n'ai pu tantôt le prévenir!...
M. HILAIRE.
Ce départ est terrible, il faut en convenir.
M. GERMAIN.
Qui l'auroit pu prévoir, au milieu d'une fête?...
M. HILAIRE.
Hélas! oui; mais avec une pareille tête
Peut-on compter sur rien?
M. GERMAIN.
Oui, d'abord se piquer,
Et partir sans m'entendre!
M. HILAIRE.
On pouvoit s'expliquer.
Mme GERMAIN.
Pauvre frère! il a cru qu'on lui tendoit un piége.
M. GERMAIN.
Un piége!
M. HILAIRE.
En quoi, madame? Oui, quel mal lui faisois-je,
En mariant mon fils, qui doit avoir du bien,
Avec une orpheline, après tout, qui n'a rien?

On lui faisoit grand tort, ainsi qu'à sa pupille !
Ce cher monsieur Marcel, il est fort difficile !
Je vous quitte à regret.

M. GERMAIN.

Déja, mon cher?

M. HILAIRE.

Il faut
Que je sorte un moment ; mais je reviens bientôt.
Germain, comptez toujours sur mes soins, sur mon zèle :
Le véritable frère, ah ! c'est l'ami fidèle.

(*Il sort en cachant à peine sa joie.*)

SCÈNE XVII.

M. ET Mme GERMAIN, CHARLE.

M. GERMAIN.

Il me reste un ami ; je n'ai pas tout perdu.

Mme GERMAIN.

Mais le meilleur de tous !... il vous sera rendu.

M. GERMAIN.

Qui, le meilleur?

CHARLE.

Ah ! oui, mon père.

M. GERMAIN.

Tais-toi, Charle.

Mme GERMAIN.

Ah ! Marcel...

M. GERMAIN.

Que de lui jamais on ne me parle.

(*Il sort.*)

SCÈNE XVIII.

Mme GERMAIN, CHARLE.

CHARLE.

O ma mère!

Mme GERMAIN.

Ah! mon fils!... Mais tout se calmera;
Ton père est bon: un rien, un mot l'adoucira;
Puis ton oncle bientôt reviendra de lui-même.

CHARLE.

Plût au ciel! il emmène avec lui ce que j'aime.

Mme GERMAIN.

Espérons, mon ami; mais suis ton père, vas.

(*Charle sort.*)

SCÈNE XIX.

Mme GERMAIN, *seule*.

Je lui donne un espoir qu'en secret je n'ai pas.
Cette querelle est forte; et loin que je le blâme,
Marcel avec raison m'accuse au fond de l'ame.
Seule j'ai tort; et moi, qui toujours m'occupois
Du soin de les calmer, de les tenir en paix,
Aujourd'hui je les brouille!... Ah! malheureuse ruse!
Mais au plus vite il faut que je le désabuse.
Ce cher frère, il est juste; et j'ai lieu d'espérer...
Oui, si j'ai fait le mal, je vais le réparer;
Il ne sera pas dit que ce méchant Hilaire
Profite d'un oubli, d'un instant de colère.

FIN DU SECOND ACTE.

ACTE TROISIÈME.

SCÈNE I.

NICOLE, ANDRÉ.

NICOLE, *à André, qui rentre.*
Ah! bon André; c'est vous?
    ANDRÉ.
      Oui, Nicole; et peut-être
Pour la dernière fois. A l'insu de mon maître,
Je m'échappe un moment pour vous parler, vous voir,
Me consoler un peu; je suis au désespoir.
    NICOLE.
Et moi donc! Ah! mon Dieu! quelle scène terrible
Que celle d'hier soir! Quelle dispute horrible!
    ANDRÉ.
Et quelle nuit, ma chère!
    NICOLE.
      Ah! oui, mon pauvre ami.
Je sais bien que chez nous personne n'a dormi.
Monsieur ne nous dit rien, madame se désole;
Charle soupire; et moi, vous voyez...
    ANDRÉ.
        Ah! Nicole!
C'est de même chez nous: oui, mon maître est outré.
Cette pauvre Suzette, ah! comme elle a pleuré!
Enfin, nous avons tous passé la nuit entière
A faire nos paquets.

NICOLE.
Comment donc?
ANDRÉ.
Oui, ma chère,
Nous partons pour Cadix.
NICOLE.
Vous partez?
ANDRÉ.
Hélas! oui :
Sur le vaisseau qui met à la voile aujourd'hui.
NICOLE.
Est-il possible?
ANDRÉ.
Et moi qui comptois si bien vivre
Ici, tranquille, heureux, il faut partir et suivre
Un maître bon, oui, mais... quand on n'a que pour soi;
Avec ses mille écus...
NICOLE.
Hélas! oui, je conçoi...
ANDRÉ.
Nous allons demeurer en maison étrangère,
Vivre aux dépens d'autrui.
NICOLE.
Sans doute; il quitte un frère
Et riche et généreux.
ANDRÉ.
Pour moi plein de bonté.
Je ne manquois de rien, bien nourri, bien traité.
NICOLE.
Pauvre André! que l'on est malheureux de dépendre!...
ANDRÉ.
Ah! vous, Nicole, au moins! vous...

ACTE III, SCÈNE I.

NICOLE.

Paix, je crois entendre,
C'est monsieur.

ANDRÉ.

Contre moi s'il alloit se fâcher?

NICOLE.

Non, non; vous voir, plutôt, pourroit bien le toucher.
Demeurez.

ANDRÉ.

Croyez-vous? Je crains qu'il ne s'emporte.

SCÈNE II.

LES MÊMES, M. GERMAIN.

M. GERMAIN.

Ah! c'est vous!...

ANDRÉ.

Oui, monsieur, je venois...

M. GERMAIN.

Il n'importe.

NICOLE.

Oui, mon cher maître. André venoit... il me parloit.

M. GERMAIN.

Soit, il suffit.

ANDRÉ.

Monsieur, pardonnez, s'il vous plaît.

M. GERMAIN.

C'est fort bien.

ANDRÉ, *à part*.

S'il pouvoit me faire une demande?

(*haut, à Nicole.*)
Permettez; à mon poste il faut que je me rende.

NICOLE.
Quoi! vous vous en allez déja?

ANDRÉ.
Mais oui, je vais,
Comme je vous ai dit, achever nos paquets.
(*Il appuie sur ce dernier mot.*)

M. GERMAIN.
(*vivement.*)
Vos?...
(*Il se reprend.*)
Allez donc, André.

ANDRÉ.
Pardon, mais je suppose...
Qu'ici monsieur vouloit me dire quelque chose.

M. GERMAIN.
Non, rien.

ANDRÉ.
Monsieur n'a point d'ordres à me donner?

M. GERMAIN.
Aucun.

ANDRÉ.
En ce cas-là, je vais m'en retourner...
Adieu, chère Nicole, et pour long-temps peut-être.
(*Ici M. Germain fait encore un mouvement involontaire.*)

NICOLE.
Adieu, mon pauvre André! J'espère... Votre maître...

ANDRÉ.
Moi, je n'espère plus; tout est dit.

ACTE III, SCÈNE II.

NICOLE.

     Que sait-on ?

  ANDRÉ.

Ah! Nicole!
  (*à part.*)
  Voyez, pas une question!
   (*Il sort en poussant un gros soupir.*)

SCÈNE III.

M. GERMAIN, NICOLE.

NICOLE.

Vous ne lui dites pas une seule parole?...
Si vous saviez, monsieur, ce qu'il m'a dit...

  M. GERMAIN.

      Nicole,
Je ne veux rien savoir.

  NICOLE.
  Son maître part.

  M. GERMAIN.

      Comment?
Mais n'importe.

  NICOLE.
  Oui, monsieur, il part réellement.

  M. GERMAIN.

Soit.

  NICOLE.

  Et dès ce soir.

  M. GERMAIN.
  Paix.

NICOLE.
Pour Cadix.
M. GERMAIN.
Paix, vous dis-je.
Malheureux!
NICOLE, *à part.*
Ce départ, au fond du cœur, l'afflige.
(*haut.*)
Cette pauvre Suzette, elle est au désespoir,
Et pleure...
M. GERMAIN.
Encore un coup, je ne veux rien savoir.
NICOLE.
Vous savez tout, monsieur.
M. GERMAIN.
Sortez donc, babillarde;
Et qu'on me laisse seul.
NICOLE.
Hélas! Dieu vous en garde!
(*Elle sort.*)

SCÈNE IV.

M. GERMAIN, *seul.*

C'en est donc fait, il part, il nous quitte à jamais!
Mon frère m'abandonne! un frère que j'aimois!
Hélas! je l'aime encore. Oui, malgré ma colère,
Je ne puis le haïr; on ne hait point son frère.
Pauvre Marcel!... Au fond, j'ai tort; j'ai toujours tort.
Quoi! sans avoir daigné le prévenir d'abord,

ACTE III, SCÈNE IV.

Marier nos enfants, et sur-tout sa pupille !
Puis je me fâche encore ; un rien m'émeut la bile :
Mon humeur va souvent jusqu'à la cruauté ;
Aussi mon frère part !... je l'ai bien mérité !

SCÈNE V.

M. ET Mme GERMAIN.

M. GERMAIN.

Eh bien ! tu sais, sans doute ; il part, ma chère femme !

Mme GERMAIN.

Oui, je l'apprends.

M. GERMAIN.

L'ingrat !

Mme GERMAIN.

                Mon cher, au fond de l'ame
Je le plains ; car enfin, soyons de bonne foi,
Pouvons-nous le blâmer ?

M. GERMAIN.

                Et tu me blâmes, moi ?

Mme GERMAIN.

Je ne dis pas cela ; si quelqu'un est blâmable
En tout ceci, c'est moi ; seule je suis coupable.
C'est moi qui vous donnai ce conseil imprudent :
Mon motif étoit pur, il est vrai ; cependant
Mon frère, avec raison, et se plaint et m'accuse ;
Et je sens envers lui que je suis sans excuse.

M. GERMAIN.

Justifiez-le bien !... Et quand même aujourd'hui
Nous aurions quelques torts, n'en a-t-il jamais, lui ?

N'avons-nous jamais eu de reproche à lui faire,
Lui qui sans cesse attaque et tourmente son frère?
Nous lui pardonnons tout ; il ne nous passe rien !

Mme GERMAIN.

Allons, mon cher Germain!

M. GERMAIN.

Il veut partir; hé bien!
Qu'il parte, qu'il s'en aille! à mon tour je l'oublie
Pour toujours; c'en est fait...

Mme GERMAIN.

Ah! je vous en supplie!

M. GERMAIN.

Qu'a-t-il dit en partant? Je vous quitte à jamais!
Oui, je jure!...

Mme GERMAIN.

Ah! de grace...

M. GERMAIN.

Où donc est Charle?

Mme GERMAIN.

Eh! mais
Il est sorti, je crois.

M. GERMAIN.

Pour aller où?

Mme GERMAIN.

Je pense
Qu'il alloit...

M. GERMAIN.

Chez mon frère? Il auroit l'insolence?...
Sans ma permission mon fils auroit?...

Mme GERMAIN.

O ciel!

ACTE III, SCÈNE V.

M. GERMAIN.

C'est son oncle, après tout, rien n'est plus naturel.

Mme GERMAIN.

C'est ce que j'ai pensé, je l'avoue.

M. GERMAIN.

Oui, ma femme,
C'est un devoir pour lui.

Mme GERMAIN.

Notre fils a de l'ame;
Il sait concilier tous les devoirs.

M. GERMAIN.

Oh! oui;
En cette occasion je suis content de lui.

Mme GERMAIN.

Va, je te connois mieux que tu ne fais toi-même;
Ce frère, toujours cher, qui te fuit et qui t'aime,
Te fait souffrir un mal qu'à son tour il ressent;
Présent tu le grondois, tu le pleures absent.

M. GERMAIN.

Ma femme, à son départ, oui, je suis trop sensible.
Marcel est heureux, lui; son cœur est inflexible.

Mme GERMAIN.

Oh! pouvez-vous le croire!

M. GERMAIN.

Ah! je crois...

Mme GERMAIN.

Vous sortez?...

M. GERMAIN.

Je vais... ne me suis point.

Mme GERMAIN.

Mon ami, permettez.

M. GERMAIN.

Laisse-moi ; j'ai besoin d'un peu de solitude.

Mme GERMAIN.

J'obéis.

(*M. Germain sort.*)

SCÈNE VI.

Mme GERMAIN, *seule*.

Je le puis, sans nulle inquiétude,
Laisser avec lui-même, et son bon naturel
Parlera mieux que nous en faveur de Marcel.
Quels chagrins, quels remords tous deux ils se préparent !
Quoi ! deux frères si bons à jamais se séparent !
Ce cher Marcel !... Et quoi, refuser de me voir !...
Et mes lettres aussi ne pas les recevoir !
J'en ai remis à Charle encore une troisième :
Espérons ; Charle est doux, et son bon oncle l'aime.

SCÈNE VII.

Mme GERMAIN, SUZETTE.

SUZETTE.

Ma chère tante !

Mme GERMAIN.

Hé bien ! quoi ? les larmes aux yeux !

SUZETTE.

Je viens vous faire à tous mes adieux.

Mme GERMAIN.

Tes adieux !

ACTE III, SCÈNE VII.

SUZETTE.

Hélas, oui! nous partons, ma tante.

Mme GERMAIN.

Est-il possible?
Quoi, tout de bon? Ainsi ton oncle est inflexible?
Ainsi des bras d'un frère il pourra s'arracher!

SUZETTE.

Mes prières, mes pleurs, rien n'a pu le toucher.
C'en est fait : tout est prêt, la place est arrêtée,
Et la dernière malle est enfin emportée.
Mon oncle l'accompagne.

Mme GERMAIN.

O ciel! il est donc vrai?
Nous n'obtiendrons pas même un seul jour de délai?

SUZETTE.

Non, nous partons ce soir, dans deux heures.

Mme GERMAIN.

Suzette,
Tu sais combien je t'aime, et si je te regrette;
Mais si ton cher tuteur persiste jusqu'au bout,
S'il part, tu dois partir et le suivre par-tout.

SUZETTE.

Je le sais bien, ma tante.

Mme GERMAIN.

Il n'est pas nécessaire
Que je te recommande ici notre bon frère,
Que je te prie enfin d'avoir bien soin de lui;
C'est ce que ma Suzette a fait jusqu'aujourd'hui.

SUZETTE.

Oui; mais...

Mme GERMAIN.

Par cet espoir je me sens soulagée :

Tu vas de son bonheur être seule chargée :
Redouble, ô mon enfant, d'égards, d'attentions ;
Ton oncle aura besoin de consolations :
Tâche de le distraire et de charmer ses peines ;
Il en aura, sans doute.

SUZETTE.

Et moi, j'aurai les miennes.
Comment pourrai-je, moi, seule, le consoler ?

Mme GERMAIN.

Essaie : un jour, de nous si tu peux lui parler,
Peins-lui bien nos regrets, nos vœux, notre tendresse,
De son frère sur-tout la profonde tristesse.

SUZETTE.

Oui, ma tante.

Mme GERMAIN.

A ses yeux tâche de m'excuser...
Tu sais ce qu'il en est ; ainsi pour l'apaiser,
Assure-le qu'il fut trompé par l'apparence.

SCÈNE VIII.

LES MÊMES, CHARLE.

Mme GERMAIN.

Ah ! Charle ! Hé bien ? est-il encor quelque espérance ?

CHARLE.

Non, ma mère.

Mme GERMAIN.

Ton oncle ?

CHARLE.

Eh ! je n'ai pu le voir.

Mme GERMAIN.

Quoi ! mon fils, il n'a pas voulu te recevoir ?

ACTE III, SCÈNE VIII.

CHARLE.

Il étoit déja loin.

Mme GERMAIN, *à Charle.*

Et tu n'as pu le suivre?

CHARLE.

J'ai couru, mais en vain ; je n'y pourrai survivre.
O Dieu! si vous saviez ce qu'en chemin j'apprend!

Mme GERMAIN.

Quoi donc?

CHARLE.

J'apprends, ma mère, un malheur bien plus grand.

Mme GERMAIN.

Et quel est-il?

SUZETTE.

Parlez.

CHARLE.

J'avois perdu la tête,
Et j'errois... Je rencontre un ami qui m'arrête :
Il me plaint, et je vois que ce dernier débat
Est su de tout le monde, et fait un grand éclat.

Mme GERMAIN.

O Dieu!

CHARLE.

Ce n'est pas tout : il ajoute... O ma mère!

Mme GERMAIN.

Achéve donc, mon fils!

CHARLE.

On accuse mon père;
On lui donne le tort, on lui reproche... O ciel!

Mme GERMAIN.

Quoi?

CHARLE.

D'avoir fait sentir à mon oncle Marcel
Qu'il étoit...

Mme GERMAIN.

C'est assez; j'ai peur d'en trop entendre :
Et ces brûits outrageants, qui les a pu répandre?

CHARLE.

Je le soupçonne, moi.

SUZETTE.

Je l'ai d'abord pensé.

CHARLE.

A brouiller nos parents il est intéressé.

Mme GERMAIN.

Hilaire auroit formé des projets si coupables?

SUZETTE.

O ma tante, de tout ces gens-là sont capables!

CHARLE.

En effet. Pour mon père, ah! quel chagrin mortel!

SUZETTE.

Jugez donc de celui de notre oncle Marcel!

CHARLE.

Que mon père l'ignore.

Mme GERMAIN.

Il faut bien qu'il le sache.

CHARLE.

Comment!

Mme GERMAIN.

Ce ne sont pas de tels secrets qu'on cache :
Il faut l'en informer; et même je prévoi
Que ce malheur pourra produire un bien.

CHARLE.

Eh quoi,

ACTE III, SCÈNE VIII.

Ma mère?

Mme GERMAIN.

Va, mon fils, je sais ce qu'il faut faire;
Et je vais de ce pas... Courage! moi, j'espère.
Fiez-vous à mes soins. Oui, croyez, mes enfants,
Que tôt ou tard les bons triomphent des méchants.
(*Elle sort.*)

SCÈNE IX.

CHARLE, SUZETTE.

SUZETTE.

Plût au ciel!

CHARLE.

Suzette, ah! mon sang bout dans mes veines.

SUZETTE.

Nous avions cependant bien assez de nos peines.
Cher cousin! pour jamais il faut nous séparer.

CHARLE.

Nous séparer! Tu vas, toi, me désespérer!
Ah! ne me parle pas de départ, je t'en prie.

SUZETTE.

C'est mon oncle...

CHARLE.

Ton oncle auroit la barbarie
De t'emmener, Suzette?

SUZETTE.

Hélas! il veut partir.

CHARLE.

Vous ne partirez pas; je n'y puis consentir.

SUZETTE.

Pouvons-nous l'arrêter?

CHARLE.

Tu veux donc que je meure?

SUZETTE.

Mais, sans mon oncle, ici veux-tu que je demeure?

CHARLE.

Je veux... puisque pour nous il a si peu d'égards,
Je ne ménage rien : si vous partez, je pars.

SUZETTE.

Quoi! se peut-il?

CHARLE.

Sans doute; avec vous je m'embarque;
Sinon, je me saisis d'un esquif, d'une barque;
Car tout me sera bon : oui, je vous poursuivrai,
Fût-ce même à la nage, et je vous atteindrai,
N'en doute pas; l'amour me donnera des ailes.
Cet amour, je le sens, prend des forces nouvelles.

SUZETTE.

Ah! Charle! ah! mon ami! Cette aimable chaleur
Me ravit.

CHARLE.

Elle naît de l'excès du malheur.
Je fus jusques ici trop foible, trop timide;
A force d'injustice on me rend intrépide.

SCÈNE X.

Les mêmes, M. HILAIRE.

CHARLE.

Monsieur Hilaire, ici vous venez à propos,
Et je vais vous parler franchement en deux mots.

M. HILAIRE.

Oui? sur quoi?

ACTE III, SCÈNE X.

CHARLE.
Sans vouloir juger les apparences,
Et sans examiner les vœux, les espérances
Que l'on a pu fonder sur nos fâcheux débats,
Je déclare... et déja vous ne l'ignorez pas,
Que j'aime ma cousine, et du fond de mon ame,
Et que jamais, jamais je n'aurai d'autre femme.

M. HILAIRE.
Ah !

CHARLE.
Mon oncle aujourd'hui peut bien me l'arracher;
De la rejoindre enfin pourra-t-il m'empêcher?
Vous le savez, l'amour a fait plus d'un miracle :
Mon père à cet hymen en vain mettroit obstacle;
S'il m'ôte ce que j'aime, il ne peut, en tout cas,
Me forcer d'épouser ce que je n'aime pas.
Ma franchise à vos yeux ne sauroit être un crime.
Mademoiselle Hortense a toute mon estime;
Je ressens ses bontés ainsi que je le dois;
Mais on ne peut aimer deux femmes à-la-fois :
Cela n'est pas possible ; et je vous le répéte,
Je n'aime et n'aimerai jamais que ma Suzette.

M. HILAIRE.
Comment donc, mon ami, quelle vivacité !
Courage !...

CHARLE.
Vif ou non, j'ai dit la vérité.

M. HILAIRE.
Eh! mais, mon cher ami, tu m'étonnes; j'admire
Cette énergie !

CHARLE, *montrant Suzette.*
Hé bien, voici ce qui l'inspire.

M. HILAIRE.

Mademoiselle, alors je vous fais compliment.

SUZETTE.

Oui! félicitez-moi! c'est bien là le moment!

SCÈNE XI.

Les mêmes, M. et Mme GERMAIN.

Mme GERMAIN.

Consolez-vous, de grace.

M. GERMAIN.

Eh! le puis-je, madame?
Puis-je me consoler, quand on me perce l'ame,
Quand on me calomnie, et qu'on m'ose imputer?...

M. HILAIRE.

Ces injustices-là pourroient vous affecter,
Mon cher voisin? qui? vous? et que pouvez-vous craindre?
De tels propos jamais ne sauroient vous atteindre.

M. GERMAIN.

Ils m'atteignent pourtant. Moi, j'aurois maltraité,
Chassé ce pauvre frère!

M. HILAIRE.

Oh! quelle indignité!...

Mme GERMAIN.

C'en est une, en effet, bien méchante et bien noire,
D'avoir semé ces bruits : mais qui pourroit les croire?

M. HILAIRE.

Oh! personne, et tous ceux qui les ont entendus...

M. GERMAIN.

Ces bruits-là cependant on les a répandus.

M. HILAIRE, *avec malice.*

Mais qui, mon cher voisin?

ACTE III, SCÈNE XI.

M. GERMAIN.

Hélas! moi, je l'ignore.

M. HILAIRE.

Je voudrois, comme vous, moi, l'ignorer encore.

M. GERMAIN.

Vous le connoissez donc?

M. HILAIRE.

On l'a nommé du moins.
J'en doute encor, malgré de fidèles témoins...

M. GERMAIN.

Mais qui donc?

M. HILAIRE.

Ah! mon cher, un tel aveu me coûte.

M. GERMAIN.

Son nom?

M. HILAIRE.

Cela ne fait de tort qu'à lui, sans doute.

M. GERMAIN.

Soit; nommez donc.

M. HILAIRE.

Hé bien, on dit que c'est Marcel
Qui, lui-même, se plaint et vous accuse.

CHARLE et SUZETTE.

O ciel!

M. GERMAIN.

C'est Marcel! Quoi? mon frère auroit?...

Mme GERMAIN, *avec feu.*

C'est impossible;
On vous fait à tous deux l'affront le plus sensible.

CHARLE.

Ah! oui.

M. HILAIRE.

C'est bien d'abord ce que j'ai répondu ;
Mais lorsque l'on m'a dit qu'on l'avoit entendu,
Je n'ai plus su que dire.

Mme GERMAIN.

Atroce calomnie
Contre Marcel lui-même !

SUZETTE.

Oui, certes.

M. GERMAIN.

Qu'il le nie.

M. HILAIRE, *à M. Germain.*

Vous êtes au-dessus du soupçon, par bonheur.

M. GERMAIN.

Ah! non, quand le soupçon nous blesse dans l'honneur.

M. HILAIRE.

Bien loin d'être touché d'une pareille injure,
Je suis plus empressé que jamais, je vous jure,
De m'allier à vous, malgré tout cet éclat ;
Et je viens de nouveau...

M. GERMAIN.

Bon Dieu ! suis-je en état,
Monsieur, de m'occuper ici de mariage,
Quand je suis accablé d'un si sanglant outrage ?

M. HILAIRE.

Je sens votre douleur, et j'en suis pénétré ;
Mais cependant, mon cher, tout haut je le dirai :
La meilleure réponse à ces vains bruits, je pense,
Est de me voir toujours briguer votre alliance.

M. GERMAIN.

Je vous entends, Hilaire, et sens votre amitié...
Mais je suis hors de moi ; cher voisin, par pitié...

ACTE III, SCÈNE XI.

M. HILAIRE.

Rien ne seroit pourtant plus propre à vous distraire.

Mme GERMAIN.

Eh! monsieur! rien peut-il faire oublier un frère?

M. HILAIRE, *avec amertume.*

Ah! madame, pardon; je suis trop indiscret.

M. GERMAIN.

Hé bien! voyez! ma femme encor le défendroit!
Je veux que de ces bruits il ne soit point coupable;
D'abandonner son frère au moins il est capable.

SCÈNE XII.

Les mêmes, M. MARCEL.

M. MARCEL, *de loin.*

Qui? moi, t'abandonner, mon frère? oh! non, j'accours,
Et je reviens à toi, j'y reviens pour toujours.

Mme GERMAIN.

Ciel!

M. GERMAIN.

Est-il vrai?

M. MARCEL.

Germain, je suis d'une colère!
Ce n'est pas contre toi. C'est vous, monsieur Hilaire?
Parbleu! je suis charmé de vous trouver ici.

CHARLE et SUZETTE.

Mon cher oncle!

M. HILAIRE.

Monsieur, je suis fort aise aussi...

M. MARCEL.

J'en suis persuadé..

(*à son frère.*)
Si tu savois la rage
Où j'étois dans l'instant ! Si tu savois l'outrage !

M. GERMAIN.

Qu'on nous fait à tous deux ? Je sais tout.

M. MARCEL.

Non, ma foi :
Tu ne sais pas encor ce qui m'arrive, à moi.
Écoute, et vois s'il est une noirceur égale !
J'étois au port, j'avois accompagné ma malle ;
Car, je te l'avouerai, je voulois m'en aller.

M. GERMAIN.

Quoi ! tu voulois, cruel ?

M. MARCEL.

Eh ! laisse-moi parler.

Mme GERMAIN.

Pauvre frère !

M. MARCEL, *avec douceur*.

Paix donc. Je vois de près un groupe ;
On parloit avec feu ; j'écoute : un de la troupe
Prononçoit nos deux noms ; frère, on parloit de nous,
On contoit nos débats ; juge de mon courroux,
Mon cher frère : on osoit... quelle imposture affreuse !
T'accuser... toi, dont l'ame est noble et généreuse,
De m'avoir maltraité, fait sentir que je suis...
Je n'articule point ce mot-là, je ne puis.
Et c'étoit peu d'avoir proféré ce blasphème,
On m'accusoit encor de l'avoir dit moi-même.
« Quels sont les malheureux qui tiennent ces propos ?
« (Dis-je en jurant un peu). Messieurs, rien n'est plus faux,
« C'est moi qui suis Marcel, et j'ai le meilleur frère...
« Qui ? lui ? me traiter mal, se lasser !... au contraire,

« Germain est délicat autant que bienfaisant ;
« Plus j'ai besoin de lui, plus il est complaisant. »

M. GERMAIN.

Marcel !

M. MARCEL.

Paix. « Chaque jour j'en fais nouvelle épreuve ;
« Mais nous avons besoin l'un de l'autre ; et la preuve,
« C'est que de sa maison je reprends le chemin. »
Tout aussitôt j'accours ; et me voici, Germain.

M. GERMAIN.

Ah ! sois le bien-venu.

Mme GERMAIN.

Vous nous rendez la vie.

CHARLE.

Et l'espérance.

SUZETTE.

Ah ! oui.

M. HILAIRE.

Moi, j'ai l'ame ravie
D'un retour si touchant.

M. MARCEL.

Vraiment ? Oui, je le croi.
Aussi vais-je, monsieur, vous prier...

M. HILAIRE.

Et de quoi ?

M. MARCEL.

Oui, si vous connoissiez quelqu'un, monsieur Hilaire,
De ceux qui lâchement calomnioient mon frère,
Faites-moi le plaisir de le désabuser.

M. HILAIRE.

Qu'entendez-vous par-là ? pouvez-vous supposer ?...

M. MARCEL.

Je ne suppose rien ; mais moi, je vous exhorte
De dire à ces gens-là qu'attaquer de la sorte
Un frère, c'est blesser l'autre frère d'abord ;
Que c'est entre nous deux à la vie, à la mort.

M. GERMAIN.

Ah ! oui, mon cher Marcel.

M. MARCEL.

Tenez, monsieur Hilaire,
Je vais vous en donner une preuve plus claire.
Vous savez le sujet de notre démêlé ?
Hé bien ! ce pauvre frère, il est si désolé,
Et du débat lui-même, et sur-tout des sottises
Que des méchants, monsieur, sur nous se sont permises,
Que si je lui disois, en lui tendant la main :
« Ah ! ne nous brouillons plus, plus jamais, bon Germain ;
« Unissons-nous encor de plus près ; et pour gage,
« Va, de notre maison suivons l'antique usage :
« N'allons point au-dehors nous allier ; enfin,
« Que la jeune orpheline épouse son cousin »,
Je suis sûr que Germain, que cet excellent frère,
Loin de me résister, saisiroit au contraire
La main de ma pupille et celle de son fils,
Et leur diroit bientôt : « Enfants, soyez unis. »

M. GERMAIN.

C'est vrai. Mes chers enfants, votre oncle le desire,
Soyez unis.

CHARLE et SUZETTE.

O Dieu !

CHARLE.

Mon père !

ACTE III, SCÈNE XII.

Mme GERMAIN.

Ah! je respire.

M. MARCEL.

Monsieur Hilaire, eh bien, l'avois-je mal jugé?

M. HILAIRE.

Monsieur...

SUZETTE, *bas, à Charle.*

Le cher voisin va prendre son congé.

M. GERMAIN.

Pour vous, monsieur Hilaire, assurez bien madame
Que je regrette fort, dans le fond de mon ame,
De ne pouvoir...

M. HILAIRE.

Fort bien. Ainsi donc vous rompez
D'anciens engagements que j'avois crus sacrés?
Vous revenez de loin. Mais, malgré l'apparence,
J'oserai conserver un reste d'espérance.
Tout n'est pas terminé; d'ici jusqu'au contrat,
Il pourra survenir quelque nouveau débat:
Mon cher voisin... alors... J'attends et me retire.

Mme GERMAIN, *de loin.*

Il n'en surviendra plus, j'ose bien le prédire,
Lorsque nul étranger ne viendra désormais
Troubler de ce séjour l'union et la paix.
Malheur, disoient toujours nos respectables pères,
A qui pourroit semer la discorde entre frères!

SCÈNE XIII.

M. ET Mme GERMAIN, M. MARCEL, CHARLE ET SUZETTE.

M. MARCEL.

Quel trait il nous lançoit avant que de partir !
Le traître !

Mme GERMAIN.

Mes amis, vous le ferez mentir.

M. GERMAIN.

Ah ! oui.

Mme GERMAIN, *à M. Marcel.*

Mais il faut, moi, qu'envers vous je m'excuse ;
Mon projet de tantôt, ce n'étoit qu'une ruse,
Pour sauver à mon fils un hymen importun ;
Et j'en demandois deux pour n'en avoir aucun.

M. MARCEL.

Ah ! j'entends, chère sœur ! cet aveu me soulage ;
Vous trouver un seul tort, c'eût été bien dommage.

M. GERMAIN.

Elle n'en a jamais.

Mme GERMAIN.

Je ne m'en flatte point ;
Mais unir ces enfants, amis, voilà le point.

M. MARCEL.

Oh ! oui, leur union fut toujours retardée.
Allons, Germain.

M. GERMAIN, *après avoir rêvé.*

Mon frère, il me vient une idée :
Si, pour faire tomber ces scandaleux propos,
Que sèment les méchants, que recueillent les sots ;

ACTE III, SCÈNE XIII.

Si, pour donner enfin aux faux rapports d'un traître
Un démenti public, on nous voyoit paroître,
Nous tenant par le bras, joyeux et triomphants,
Avec ma chère femme et ces heureux enfants,
Au Mail, où tout Morlaix à présent se promène?
Cela feroit, je crois, une assez bonne scène!
Qu'en dis-tu?

M. MARCEL.

Volontiers; mais pourquoi relever
De tels propos?

M. GERMAIN.

Pourquoi, Marcel? pour leur prouver
Que nous sommes d'accord mieux que jamais ensemble.
Allons au Mail.

M. MARCEL.

Mon frère, il vaudra mieux, ce semble,
Aller tous cinq ailleurs.

M. GERMAIN.

Où donc?

M. MARCEL.

Eh! mais, Germain,
Chez le notaire.

CHARLE.

Ah! oui.

M. MARCEL.

Dieu sait comme en chemin
Nous serons aperçus! C'est au bout de la ville!
Et cette course-là seroit bien plus utile.

Mme GERMAIN.

En effet.

CHARLE.

Mon père, oui; le notaire plutôt.

M. GERMAIN.

Eh! nous irons demain, monsieur; d'abord, il faut
Aller au Mail.

M. MARCEL.

Il faut aller chez le notaire.

M. GERMAIN.

Non.

SUZETTE, *à demi-voix, d'un ton caressant.*

Vous allez encor fâcher votre bon frère.

Mme GERMAIN, *souriant.*

Cette chère Suzette, elle aime bien la paix!

M. MARCEL, *à son frère.*

Tu ne l'aimes pas, toi?

M. GERMAIN.

Cédera-t-il jamais?
Mon idée étoit bonne.

M. MARCEL.

Et la mienne est meilleure.

M. GERMAIN.

Au Mail.

M. MARCEL.

Chez le notaire.

M. GERMAIN.

Oui, demain.

M. MARCEL.

Tout-à-l'heure.

Mme GERMAIN.

Hé bien.... (car avec vous toujours nouveau travail),
Allons chez le notaire, en passant par le Mail.

FIN.

DE L'IMPRIMERIE DE P. DIDOT L'AÎNÉ,

www.ingramcontent.com/pod-product-compliance
Lightning Source LLC
Chambersburg PA
CBHW052115230426
43671CB00009B/1013